CHIC
清洁供热产业委员会
Clean Heating Industry Committee

U0962052

中国清洁供热产业发展报告 2022

CHINA CLEAN HEATING INDUSTRY DEVELOPMENT REPORT 2022

中国建筑节能协会 指导
清洁供热产业委员会（CHIC）编写

主编◎周宏春
副主编◎李长征　周　春　宋竹元

中国经济出版社
CHINA ECONOMIC PUBLISHING HOUSE

图书在版编目（CIP）数据

中国清洁供热产业发展报告．2022／周宏春主编．--北京：中国经济出版社，2022.2

ISBN 978-7-5136-6825-5

Ⅰ．①中… Ⅱ．①周… Ⅲ．①无污染能源－供热工程－产业发展－研究报告－中国－2022 Ⅳ．①F426.9

中国版本图书馆 CIP 数据核字（2022）第 029988 号

责任编辑 张 巍
责任印制 马小宾
封面设计 原创在线

出版发行 中国经济出版社
印 刷 者 北京艾普海德印刷有限公司
经 销 者 各地新华书店
开　　本 710mm×1000mm 1/16
印　　张 19.75
字　　数 293 千字
版　　次 2022 年 2 月第 1 版
印　　次 2022 年 2 月第 1 次
定　　价 168.00 元
广告经营许可证 京西工商广字第 8179 号

中国经济出版社 **网址** www.economyph.com **社址** 北京市东城区安定门外大街 58 号 **邮编** 100011
本版图书如存在印装质量问题，请与本社销售中心联系调换（联系电话：010-57512564）

指导委员会

刘燕华 国务院原参事、科学技术部原副部长、国家应对气候变化专家委员会顾问

张玉清 国家能源局原副局长

武　涌 中国建筑节能协会会长、住房和城乡建设部建筑节能与科技司原巡视员

周长益 工业和信息化部节能与综合利用司原司长

戴彦德 国家发展和改革委员会能源研究所原所长、研究员

史作廷 国家节能中心副主任

冯　良 国家发展和改革委员会资源节约和环境保护司原副司长

编写委员会

主　编 周宏春

副主编 李长征　周　春　宋竹元

编　委 杨旭东　赵文瑛　聂亚洲　窦继岩　石慧杰
李晓震　王　健　梁宇晴　李海霞　张佳思
孙小宇　丁　云　张亮亮　姚振华　王　伟
杨志刚　刘相东　武海滨　周　琼　周北京
白　瑜　岳　亮　贺煜程

鸣　谢

潍坊滨投天然气有限公司

杭州云谷科技股份有限公司

四季沐歌科技集团有限公司

肥城三汇热力有限公司

联美量子股份有限公司

森创中汇（北京）热电科技有限公司

中瑞天新科技（北京）有限公司

序 言

PREFACE

发展清洁供热产业，是涉及热源多元化、用热高效化、全程清洁化、成本可承受、管理智能化、室温适宜化的系统工程。2016 年 12 月，习近平总书记在中央财经领导小组第十四次会议上指出，推进北方地区冬季清洁取暖是重大的民生工程、民心工程，关系北方地区广大群众温暖过冬，关系雾霾天能不能减少，是能源生产和消费革命、农村生活方式革命的重要内容。近年来，我国北方地区坚持企业为主、政府推动、居民可承受方针，宜气则气、宜电则电、宜煤则煤、宜热则热，有效利用工业余热资源，大力发展可再生能源供热，淘汰燃煤小锅炉，逐步取消散煤取暖，加快老旧热网改造，提高建筑节能低碳水平，以便让群众看到更多的蓝天白云，迈向第二个百年奋斗目标新征程。

清洁供热工程是城乡公用市政设施之一，根本目的是为居民提供一个“室温适宜”的生产生活环境。从经济学角度看，清洁供热工程具有自然垄断性，是准公共物品，因为供热工程建设具有排他性特点，即一地建了一条供热管道就不能再建；但又希望已建的供热设施得到最大化利用，即供热设施利用具有非排他性。从需求角度看，供热是气候寒冷和严寒地区居民的生存型需求；而南方气候过渡带地区夏季用空调、冬季取暖则属于居民生活质量改善型需求。从管理方面看，供热行为主体涉及中央、省（区、市）和县（市、区）政府及供热企业，是地方或城镇的事权。中央及省（区、市）政府主管部门只进行宏观管理和政策引导，县（市、区）政府进行直接管理。从发展趋势看，满足居民冬季取暖的室温需求，是我国清洁供热产业高质量发展的必然要求。

清洁供热产业发展取得积极进展。相关各地从保证热源稳定性出发，利用低品位工业余热、生物质能、太阳能、污水/河水源热泵、浅层地热能、空气能、电能、天然气能等清洁热源，形成了多源互补、清洁利用燃煤、冷热联供等不同的散煤取暖替代模式。在充分肯定成绩的同时，也应当清楚地认识到，一些地方在推进清洁供热产业发展过程中存在亟待改善的问题。为促进清洁供热产业可持续发展，提出如下建议：

一是准确认识清洁供热内涵。虽然中央和相关地方出台了专门规划和相关政策，但各地在推进、热源占比、技术路线等问题上并未形成共识，甚至对生物质供暖还存在误解。因此，要以构建“安全、高效、清洁、低碳、经济、智能”的供热系统为目标。安全，要求供热不出或尽可能少出事故，居民健康永远是清洁供暖的第一位要求；高效，要求供热节能低碳或热源利用效率最大化；清洁，要求供热产生的环境和气候不利影响最小化；低碳，要求供暖过程中二氧化碳的排放最小化；经济，要求以居民可承受的成本温暖过冬；智能，要求供暖管理智能化，热源选择因地制宜，宜电则电、宜气则气、宜煤则煤、宜热则热，做到多能互补、梯级利用、品位对口，以技术可行、能耗较少、环境友好、经济合理的途径为用户提供所需的热量。

二是准确理解清洁供热产业属性。清洁供热工程是公益性的公用设施，应发挥市场配置供热资源的基础性作用和政府的调控指导作用。保证供热安全是政府和企业提供准公共物品的基本要求，应避免供热管道破裂，防止居民因取暖发生煤气中毒等安全问题；在新冠肺炎疫情背景下，更要保障人体健康和生命安全。要削减煤炭特别是散煤使用，以使“蓝天常在”。要优化热源结构，推进工业余热、生物质能、太阳能、风能等的开发利用，努力提高热源利用效率；增加生物质等低碳能源利用，降低污染物和温室气体排放强度。依据用户需求、室内外温度差等因素自动调节室温，促进供暖行业节能低碳减排和管理智能化，不断满足居民用热的改善性需求，满足居民生活舒适化、个性化需求，供暖方式要因地制宜、形式多样。

三是要顺应绿色低碳国际潮流，加强顶层设计。统筹规划，推广清洁供热产业中的先进适用技术、成熟经验和商业模式。要把余热利用、热电联产、热泵等作为优选方式。垃圾发电余热利用，不仅可以“变废为宝”，也是变“邻避”为“邻利”的重要举措；热源供应—智能化管理—建筑节能低碳一体化，是提高供热节能减排低碳水平的重要保证。清华大学相关团队研究提出清洁供热产业发展应以低排放、低成本为目标，通过降低热网回水温度、余热利用、长输管网供热、燃气末端调峰、热电协同等措施，推动现行供热系统发生四个变化：其一，以余热为主的低品位热源取代燃煤，实现近零碳供热；其二，把两级管网改变为长输热网、城市热网、庭院热网三级管网；其三，把热力站改变为能源站，包括分布式和集中式能源站，功能从单纯隔压换热变为降低热网回水温度、热源调峰和隔压；其四，储能与热泵结合，热力、天然气服务于电力，实现热、电、气协同，由此可带来节能90%、减排90%和成本接近燃煤锅炉的效果。

四是增强电供热的科学化。电是清洁的二次能源，热是低品位能源：一方面，电直供热的效果是“先暖房后暖墙”，升温降温均很快，空调、电热缆等直热式能用于较小面积（如一个房间）实现按需供热，但也仅适于分散式供热。另一方面，电直供热不应也没有必要采用传统的大型集中供热方式，尤其在农村。电驱动热泵（空气源、水源、地源热泵等）能源转换效率较高，热效率经过发电和供热效率COP为3的两次转化，一次能源利用效率在1.2左右甚至更高，适用于分布式或分散式供热。利用夜间谷电蓄热作为移动热源，在少数地方也有一定市场。而煤制气、煤制甲醇等用于供热并非科学选择，虽然可以提高用户所在地乃至更大范围的环境质量，但因能源转化环节多，势必带来能耗和污染物排放的增加。

五是重视协同增效。不能“一刀切”推进煤改气，而应因地制宜。在碳中和导向下应优先利用秸秆等生物质，推广利用型煤和高效无烟燃煤炉供热，并对散煤生产流通和使用严加监管。推进清洁供热，应充分听取群众意见，以提高用户满意度、幸福感为目标，而不能事与愿违。推动清洁供热或散煤替代势必会增加公共财政支出，也会增加用户负担。既要蓝天白云、空气质量变好，又要家里灰尘少、温暖过冬，实现节能环保的有机统一，增加支出是可以理解的，但应考虑用户承受能力，减少“改而不用、改了又改”等情况的出现。

六是完善相关政策。例如，虽然大多数地方的清洁供暖工程基本已经结束，但燃煤机组改造升级工程刚刚开始。因此，在招标政策中要增加约束条件：最低价由成本加一定利润构成；禁止转让，工程建成后在显眼位置标注施工单位，防止短期行为。分户热计量虽可提高热效率，但将国外的按幢计量改变为我国的按户计量难以付诸实施，不少居民家庭买了热表却没用上就是证明；因而可以按楼、按单元进行热计量，以减少既希望温暖过冬而又不愿付费的“蹭热”行为；对自行调节室温的用户可以在基础热价不低于一定比例下核减。供热产业发展离不开资金支持，应拓展渠道，吸引社会资金进入；对于炒作供热工程而不运行甚至导致运行质量下降、成本上升的情形，应加强监督管理，以确保供热工程的可持续运行。

清洁供热作为一个新兴的万亿级产业，已经吸引了清洁供热企业、产品设备生产商、节能环保服务公司、工程设计公司、金融机构、科研院所等产业链的8000 多家相关企事业单位参与。作为中国清洁供热行业组织，中国建筑节能协会清洁供热产业委员会（Clean

Heating Industry Committee，CHIC）将在政策研究、标准制定、品牌宣传、技术推广、能力建设、国内外交流等方面发挥“平台、桥梁和窗口”作用，规范和引领中国清洁供热产业健康稳定发展。

由 CHIC 主任周宏春研究员领衔编制的《中国清洁供热产业发展报告（2022）》，视野开阔，逻辑清晰，内容丰富，涉及技术、政策、管理、融资以及政府、企业、用户等方面，既有政策导向也有典型案例，既有理论阐述也有实践总结，是清洁供热产业发展的系列年度报告，可供政策制定者、供热企业和行业研究者参阅。

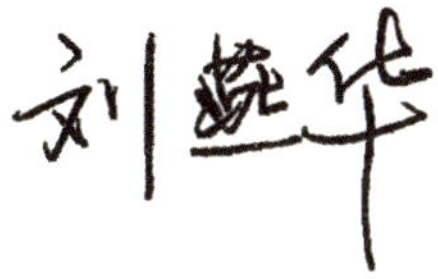

科技部原副部长 国务院原参事

国家气候变化专家委员会顾问

内容提要

ABSTRACT

2021年是《北方地区冬季清洁取暖规划（2017—2020年）》（以下简称《规划》）实施的收官之年，也是“十四五”规划开局之年。2021年10月8日至10日中央经济工作会议指出，2022年将召开党的二十大，这是党和国家政治生活中的一件大事。要继续做好“六稳”“六保”工作，持续改善民生。传统能源逐步退出要建立在新能源的安全可靠替代基础上。要立足以煤为主的基本国情，抓好煤炭清洁高效利用，增加新能源消纳能力，推动煤炭和新能源优化组合。所有这些，也是我国清洁供热产业发展的基本遵循。

一、我国清洁供热产业发展概况

中国清洁供热工程主要集中在北方十五省（自治区、直辖市），包括黑龙江、吉林、辽宁、北京、天津、河北、山西、内蒙古、宁夏、甘肃、青海、新疆和陕西北部、山东北部、河南北部等，面积约占全国的70%，这些地方的人口超过全国的40%。

北方地区清洁取暖工程催生了新技术、新产品、新模式。清洁供热产业快速发展，行业规模逐步扩大，产业链日渐形成，设备水平不断提高，产品也渐次升级。

据不完全统计，截至2021年底，北方地区清洁供热面积为158亿平方米，比2020年新增16亿平方米。实现了《规划》提出的清洁取暖率70%这一目标。清洁供热企业从2017年的7700家增加到2021年的8250家；从业人员从110万人扩展到120万人；产业总产值从8200亿元增长到9100亿元。

北方城镇供热的能源消耗以煤为主，其次是天然气和电力。热电联产和燃煤锅炉是最主要的热源提供方式，分散燃煤锅炉不断被大型燃煤锅炉和热电联产所替代。具体而言，清洁煤占供暖能耗的58%，天然气占14%，生物质能占15%，电能占8%，地热、工业余热和其他可再生能源占5%。

南方气候过渡带以及部分高寒山区也有一定的清洁供热需求，主要包括工业用户和散户取暖。其中，湖北、江苏、上海、浙江等省（市）已有城镇集中供热，但用户以工厂和公共建筑为主，市场化程度较高，供热企业效益较好，利润水平较高。

南方地区采暖方式主要以分散式采暖为主。有关调研报告显示，在南方地区86%的人冬天常用采暖工具为家用式空调、小型电暖器。互联网对南方省市5000户家庭的调查显示，目标地区居民采暖工具主要为空调、电供暖设备、烤火炉、暖气片、中央空调及其他方式，采暖户数占比分别为50%、30.1%、8.9%、3.6%、2.1%和5.3%。接受调查的采暖用户对中央空调供暖能力认可度最高；对自装暖气片、家用空调供暖能力认可度较高；对电烤炉、烤火炉及其他供暖工具的供暖能力认可度略低。

2015—2020年，中国城市热网管道铺设长度持续增长，2020年热网管道长度为425982千米，是2015年热网管道长度（192721千米）的两倍多。

国家统计局数据显示，2020年我国能源消费49.8亿吨标准煤；其中，煤炭消费量增长0.6%，原油消费量增长3.3%，天然气消费量增长7.2%，电力消费量增长3.1%。煤炭消费量占能源消费总量的56.8%，比2019年下降0.9个百分点；天然气、水电、核电、风电等清洁能源消费量占能源消费总量的24.3%，上升1.0个百分点。

2019年，北方供热能源消耗2.13亿吨标准煤，占全国建筑能耗的19.2%。北方单位面积供热能耗为14.1千克标准煤，与2008年相比，单位面积供热能耗降低16.8%。

清洁供热试点城市的雾霾天气发生率明显下降。到2021年4月，前三批43个试点城市共完成清洁取暖改造39.1亿平方米，改造3526万户。各项清洁取暖政策实施后，清洁供热成效明显，京津冀及周边地区“2+26”

城市空气质量状况逐年变好，平均优良天数比例从 2018 年的 50.5% 提升到 2020 年的 63.5%。

从碳排放情况看，根据清华大学建筑节能研究中心测算，2019 年我国建筑运行能源消耗造成的碳排放为 21.8 亿吨，占全社会一次能耗碳排放的 16.4%。北方城镇供热碳排放为 5.5 亿吨，占建筑运行碳排放的 25.2%。

农村地区清洁供暖助力污染物减排。自清洁供暖实施以来，农村散煤使用量减少了 3000 多万吨，对改善大气环境作出了实质性贡献。2020 年，京津冀和汾渭平原地区 PM2.5 平均浓度分别为 48 微克/立方米和 38 微克/立方米，相比 2017 年分别下降了 11.8% 和 20%。截至 2019 年取暖季结束，农村地区清洁取暖率 24.0%，替代散烧煤约 1 亿吨，超额完成《规划》中散煤消减 7400 万吨的中期目标，表明 2017—2019 年清洁取暖的推进力度较大。

二、清洁供暖工程实施中的问题

政策执行走样。在清洁供暖工程的推进中，“一刀切”地采用某种消洁取暖技术，不顾群众冷暖“先禁煤再说”的情形屡见不鲜。虽然 2021 年 10 月国务院召开常务会议部署保供，保证群众温暖过冬，但一些地区仍出现集中收缴群众取暖炉具，甚至对 80 岁以上的老人罚款；还有一些地方的群众联名给央视网去信反映情况。一些地方没有协调好保供和环保监管的关系，没有考虑到农村能源使用需求和条件，也没有考虑农民的生活习惯，照搬其他区域发展模式，盲目推进改造工程，导致“改了用不起”“改了不能用”等情况。

热价改革迟缓，财政补贴困难。供暖原料由政府定价，燃料是市场价格，供暖企业维持在微利水平。能源价格上涨，供暖成本增高，但用暖价格没有发生相应变化。虽然各地采取了保供措施，但由于政策落地需要一个过程，部分供暖企业不得不事先购买煤炭备用，即使加上地方补贴或政策优惠仍然存在很大的资金缺口。地方政府尤其是县级以下人民政府，不少靠中央或上级政府财政转移支付维持运转，根本拿不出资金来支持清洁供热工程运行；即使部分经济相对富裕的地方，靠政府财政补贴维持供暖工程运行的，也是难以为继，迫切需要改革清洁供暖工程的定价政策，以实现政府、企业和热用户的多赢。

农村供暖是一块难啃的“骨头”。农村燃煤取暖不仅污染环境，还容易引发煤气中毒等安全事故，影响居民健康。受地域限制，农村人口少，在“进城上楼”的情况下，如果建设燃煤热电机组，前期投入是最大问题；如果强推“煤改气”“煤改电”，取暖成本势必增加。依靠财政补贴，一旦补贴退坡，就可能出现“返煤”现象。北京大学《中国散煤综合治理研究报告2021》显示，在“煤改电”用户中，“改而未用”“基本不用”“低水平使用”的用户约占七至八成。生物质用作农村供暖燃料，原料获取方便，工艺简单，但部分地区并未将生物质纳入清洁能源。清洁供热在农村地区的推广能否被农民接受，主要看成本能否承受。

实施程序与机制亟待完善。中央政府文件出台后，地方存在以文件传达文件的情形，形式主义泛滥，“令行禁止”与“下情上达”缺乏有效的机制和渠道。北方地区供热存在高耗能、高排放、高投入、低效率的“三高一低”特点，现有政策过于宏观、缺乏细则，难以落实。清洁供热产业发展市场机制不够完善，在财政补贴、项目验收、能效测评等方面还未形成行之有效的管理体系。基层群众的呼声也缺乏正常渠道传递给政策制定者。

缺乏统一评价指标。各地区经济发展不平衡，供热产业侧重点也不同，评价标准在能源布局、热源生产、生态环境、技术规范、经济成本等方面尚未统一，缺乏普适性。部分已出台的行业标准规格很高，但执行难度大，可操作性不强。

供热管网能效水平有待提升。部分城市集中供热管网存在着管道老化、腐蚀严重、热能浪费严重、安全事故时有发生等问题，而且供热系统调控技术水平落后，大部分用户未采用热计量措施，企业无法根据用户需求对整个供热系统进行精准调控，过量供热或供热不足现象时有发生。

三、碳中和目标导向和中央的政策红利

2020年9月22日，习近平主席在第75届联合国大会的一般性辩论上

宣布“中国将提高国家自主贡献力度，采取更加有力的政策和措施，二氧化碳排放力争2030年前达到峰值，努力争取2060年前实现碳中和”。这是党中央统筹国内国际两个大局、深思熟虑做出的重大战略决策，是我国转变发展方式、调整能源结构、保障能源安全、实现高质量可持续发展的内在要求，也是构建人类命运共同体的庄严承诺。

2021年8月，国家发展改革委、国家能源局印发《关于做好2021年北方地区清洁取暖工作的通知》，进一步要求夯实前期工作成果，扎实推进后续工作，全面高质量完成北方地区清洁取暖率70%的目标任务。因此，要实施好新一批清洁取暖工程；切实改进服务，确保已建清洁取暖设施长期稳定运行；加强资金保障，落实好清洁取暖补贴价格支持政策。

2021年11月，国务院机关事务管理局、国家发展改革委、财政部、生态环境部等联合印发《关于印发深入开展公共机构绿色低碳引领行动促进碳达峰实施方案的通知》，部署了五方面任务：一是着力推进终端用能电气化，鼓励因地制宜采用空气源、水源、地源热泵及电锅炉等清洁用能设备替代燃煤、燃油、燃气锅炉。二是大力推广太阳能光伏光热项目，推广光伏发电与建筑一体化应用。开展太阳能供暖试点。三是严格控制煤炭消费，因地制宜推广利用太阳能、地热能、生物质能等能源和热泵技术。四是加大既有建筑节能改造力度，对建筑屋顶和外墙进行保温、隔热改造。五是提高建筑用能管理智能化水平。运用物联网、互联网和数据技术，优化空调、电梯、照明等用能设备控制策略，提高能源使用效率。推动有条件的公共机构建设能源管理一体化管控中心。

2021年11月17日，财政部发布《关于提前下达2022年大气污染防治资金预算的通知》，共计207亿元用于支持开展减污降碳、清洁供暖等方面相关工作，并要求确保农村地区清洁取暖长效运营，有关已明确补贴政策的省份，要按规定及时将补贴拨付到位；拟出台补贴政策，或需进一步完善的省份，要充分考虑本地区实际运行、农村居民实际收入水平、财政承受能力和可持续发展等情况，精准分类施策，向农村困难群体倾斜；有关清洁取暖运营补贴需求较大的省份，可使用因素法切块下达资金用于安排补贴支出，确保群众温暖过冬。

国家税务总局成立电力保供专项工作协调小组，发布《关于做好今冬明春能源电力保供 实施支持煤电企业纾困解难税收措施的通知》。截至2021年10月20日，全国税务系统共为纳入“电力保供”税收扶持的煤电和供热企业办理“减、退、缓”税75亿元，有效缓解了企业的经营压力。

上述政策性文件，不仅为清洁供热产业发展指明了方向，也切实减轻了企业负担。

四、努力推进清洁供暖，实现碳中和目标

“十四五”期间是清洁供热产业健康有序发展的关键期，也是能源供给侧改革和消费侧管理的关键期。为实现“3060”目标推动供暖工程的低碳转型，现提出以下建议。

1. 相关政府部门方面

各级政府、不同部门要通力合作，加强集成。在清洁供热方案选择上，要赋予地方政府更大的自主选择权。鼓励县、镇一级政府自行聘请第三方团队，因地制宜选择本地区清洁供热方案，规模化实施方案要经过科学严谨的论证和前期试点示范。市级相关部门应负责方案审核、效果评估和奖补资金拨付，省级相关部门应综合统筹能源、资金、人才等方面资源，中央政府部门应规划方向和出台政策。

用好财政政策。一是要体现公平性。综合考虑热源清洁替代、农宅能效提升及技术进步、经济发展水平等条件，保障试点工程质量。二是要体现福利性。进一步向农村和中小城镇低收入人群倾斜，使之与大多数居民一样享受到热舒适水平。三是要体现导向性。要提高住宅围护结构改造在补贴资金中的份额，恪守“只补初装费不补运行费”的原则，推动节能高效技术产品的应用，并使中小型清洁供热企业也享受优惠政策。

用好绿色金融政策，拓展资金渠道。国内金融行业要创新绿色金融产品和服务，构建多层次绿色金融市场体系，对清洁供热项目投融资、项目运营、风险管理等提供金融服务。围绕碳达峰碳中和目标的重大战略部署，进一步推动地方金融改革创新试点。应探索清洁供热行业进入碳市场

的途径，鼓励清洁能源在热源中占比提升，经济欠发达地区可以通过碳交易市场获得一定资金支持，更好地推动清洁供热行业发展。

推动建筑节能改造，提升用户侧能效水平。应坚持经济、适宜、本地化原则，科学评估节能潜力，推广经济适用节能方案，坚持“大用大保，小用小保，不用不保”的建筑围护结构保温理念，避免“一刀切”对建筑进行保温改造。严格市场资质评估，严禁质量不过关、安全有隐患的产品进入农村。制定定向补贴、建设指南，积极组织科普宣传，提升试点示范作用，提高农民参与度，有序推进相关工作的进行。

引导农村用能清洁化、低碳化。因地制宜发展空气热能、太阳能、浅层地热能、生物质能等，开发利用水能和风能，解决农房供热、炊事、生活热水等多重用能需求。在可再生能源丰富的农村地区，充分利用光伏、光热、生物质等多种形式的可再生能源，宜柴则柴，试点推进源网荷储一体化微能源网建设。在经济发达及大气污染防治任务较重地区，优先推广可再生能源供热，促进供能体系现代化。从气候变化、能源革命高度看待农村和气候过渡带地区建筑用能问题。建立农村有机废弃物收集、转化、利用网络体系，推进农林产品加工剩余物资源化利用，探索建立适合农村电气化和零碳用能新模式。

促进南方气候过渡带地区供暖产业健康发展。一是要加强南方地区供暖顶层规划，结合电力供应、气候特征、建筑形式、居民需求等方面因素，构建“安全高效、清洁低碳、经济可持续”的清洁供暖体系。二是通过税费减免政策，支持新能源发电用于南方地区供暖。三是鼓励电网公司根据大数据统计，及时调整谷电优惠时段和力度。四是提倡电供暖设备采用独立电表，以便精准确定适用优惠电价。五是加强监管，及时更新和完善各种电供暖设备标准，淘汰劣质产品，建立良好的市场环境。

2. 企业及用户方面

抢抓清洁供热发展机遇。从全国市场来看，清洁供热产业仍处于快速发展阶段，相关企业应自觉提高政治站位，关注政策动向，关心市场需求。满足人民群众日益增长的美好生活需要是政策制定的出发点，也是企业主动作为拥抱市场的契合点。

努力提高产品质量和服务水平。一是严格遵守有关国家标准、行业标准，从源头杜绝生产伪劣产品；二是加强与高校、科研院所的合作，加大研发投入；三是积极采用物联网、大数据分析、人工智能算法等技术手段，助力智慧供热发展；四是认真调研，针对复杂的用户侧需求特性有针对性地研发供热产品。

积极承担社会责任。一是自觉遵守行业道德操守，努力做到“有所为有所不为”；二是行业内企业，特别是头部企业，要在力所能及的范围内关心服务对象中的低收入群体，通过赠送供暖设备、制定优惠供暖费用的方式主动为政府排忧解难；三是配合政府建立完善的售后服务体系，不能推卸应该承担的责任；四是加强与政府、高校、产业协会等方面的沟通，积极建言献策，努力营造健康有序的产业氛围。

增强公众清洁供热意识。一是主动参与相关知识学习，了解清洁供热改造优点；二是算好经济账，树立节能意识，认识到必要的房屋保温节能改造以及选择高效节能供热设备对降低实际运行费用的重要性；三是党员、干部、社区能人等有一定影响力的群体，要主动配合政府的清洁供热改造工作，起到模范带头作用；四是强化主人翁意识，依法向有关部门反映问题，通过网络、电话、信访等途径积极建言献策，协助清洁供热改造工作及时纠偏。

五、报告框架及主要内容

CHIC 主任、国务院发展研究中心研究员周宏春领衔编制的《中国清洁供热产业发展报告（2022）》分八篇，分析了清洁供热产业发展现状及面临的问题与挑战；介绍了碳中和目标导向和国家政策红利，绿色金融投融资及清洁供热企业的实践；对不同供热方式和技术进行了经济适用性评价；展示了技术应用和投融资的大量案例，展望了清洁供热产业发展趋势，并提出对策建议。

清洁供暖“双改”是民心工程，必须因地制宜，不能“好心办坏事”，要以提高群众满意度为标准，让清洁供暖工程成为领导省心、企业热心、用户舒心的工程。

第一篇，发展概况与面临问题。阐明了清洁供热内涵、沿革及其特征。我国供热产业经历了四个时期，2017 年印发的《北方地区冬季清洁取暖规划（2017—2021 年）》明确了清洁供暖概念及范围，因而2017 年被称为清洁供热产业元年。在碳中和导向下，清洁供热被赋予了新的内涵，即以“安全、高效、清洁、低碳、经济、智能”为特征，因地制宜使用清洁化能源（热源），直接或通过高效输配管网为热用户提供绿色、经济高效热能的供热方式。本篇分析了清洁供热产业发展概况以及存在的问题，概述了产业空间特征、试点城市进展、供热领域能源消费情况。与此同时，也提出政策执行情况、地方财政补贴、农村供暖、调节机制等方面亟待解决的问题。

第二篇，清洁供热产业发展政策促进。阐述了“双碳”目标导向背景下清洁供热产业发展得到各项政策支持，向绿色低碳转型；完善绿色低碳循环发展经济体系要求供热产业发展以打好污染防治攻坚战作为重要标准；不同地区通过政策支持采用不同的能源保证清洁供热产业健康有序发展。结合 2021 年供热行业煤炭短缺、能源价格上涨等现象，总结了供暖季北方地区清洁供暖保供措施；梳理了煤电机组的改造和可再生能源与其他供暖方式互补的相关政策，引导清洁供热产业高质量发展。

第三篇，低碳技术支持。主要介绍了面向“双碳”目标的热源侧清洁低碳技术。热源侧清洁低碳化具体有四点内涵：一是有序取消单纯用于供热的煤炭、天然气等含碳高的热源，减少直接碳排放；二是充分挖掘推进热电联产、工业余热利用，在不增加碳排放的前提下显著增加系统供热能力；三是努力提高太阳能、地热、生物质等可再生能源在热源结构中的比例；四是因地制宜推动供热系统电气化，以电力系统的低碳化降低间接碳排放。分别介绍了余热利用、热泵、可再生能源、核能等方面的清洁供热技术及其发展趋势。

第四篇，绿色金融服务。阐述绿色金融建立、发展以及碳金融工具的使用，以碳金融产品支持碳中和目标的实现。投融资难是目前清洁供热产业发展的瓶颈之一，合理使用金融工具是清洁供热产业获得金融服务的要点之一，重点介绍了六种融资方式来解决中小型清洁供热企业融资难题；分析企业投资并购的原动力以及头部企业投资并购的途径；通过居民供热和供热用热的案例分析，阐明绿色金融在清洁供热项目中的落地实施。

第五篇，项目设计管理。阐述了清洁供热项目商业模式设计和项目筛选原则，通过清洁供热项目经济适用性评价模型对不同供热方式进行评价，找出区域内最适用的项目运营模式。提出清洁供热项目在合同谈判、签订的过程中要注意的核心条款事项，以免企业在合同签订时出现问题；提示了清洁供热项目在执行过程中可能出现的风险，供热企业在立项时可进行自我风险识别，规避投资风险，实现企业的健康发展。

第六篇，典型案例展示。实现碳达峰碳中和，供热是一个重要领域，近年来我国清洁供热技术取得了长足发展，在各地出现很多具有先进示范意义的应用案例。在“双碳”目标下，仍存在散煤复燃率高、建设成效打折，方案科学性待提高、过度依赖财政补贴，市场化机制未建立、行业发展出现瓶颈，农宅能效提升投入不足，工程存在安全隐患等问题，典型案例从项目概况、主要技术点及创新点、商业模式、可推广性分析、综合效益、推广建议等五个方面展示出案例先进性。

第七篇，国际经验借鉴。我国拥有世界最大的供热系统，未来行业发展升级，要在清洁供热、节能降耗、优化服务等方面创新，探索智慧供热。要做到这一点，紧跟以清洁供热为主线的国际能源及技术革命新趋势至关重要。本篇围绕国际标准、各国区域能源政策、最新供热技术和模式等方面借鉴国际经验，探索清洁供热产业低碳发展前景，以期促进我国清洁供热产业的安全、高效、清洁、智慧化发展。

第八篇，发展趋势与建议。在总结 2021 年清洁供热行业发展状况的基础上，展望了清洁供热行业发展趋势，并对政府、企业、用户提出建议。一方面在“双碳”目标导向下，清洁供热产业发展仍需不断巩固取得的成果，建立起长效机制，推动技术优化升级，促进清洁供暖工程可持续运行，久久为功；另一方面，跟随政策导向，引领产业高质量发展。应以减碳为战略方向和重要抓手，推动减污降碳协同增效，促进全社会绿色转型发展。

目录

CONTENTS

第一篇　发展概况与面临问题

第二篇　清洁供热产业发展政策促进

第三篇　低碳技术支持

第四篇　绿色金融服务

第五篇 项目设计管理

第六篇　典型案例展示

第七篇　国际经验借鉴

附　录

CHIC
清洁供热产业委员会
Clean Heating Industry Committee

第一篇　发展概况与面临问题

核心数据：据清洁供热产业委员会（CHIC）不完全统计，截至2021年底，我国北方地区供热总面积225亿平方米（城镇供热面积154亿平方米，农村供热面积71亿平方米），其中，清洁供热面积158亿平方米，清洁供热率超过70%。全国涉及清洁供热企业8250家，产业总产值9100亿元，从业人员达120万人，清洁供热产业是实现碳达峰碳中和目标的关键领域和重要抓手。

一、清洁供热内涵、沿革及其特征

1. 清洁供热的内涵

清洁供热，源于保护人居环境的要求，自然有着“干净”的内涵；在碳中和导向下，清洁供热以“安全、高效、清洁、低碳、经济、智能”为特征。安全，要求供热不出或尽可能少出事故，健康永远是清洁供热的第一要求；高效，要求供热节能低碳或热源利用效率最大化；清洁，要求供热产生的环境和气候不利影响最小化；低碳，要求供热过程中二氧化碳排放最小化；经济，要求以居民可承受的成本温暖过冬；智能，热源选择应当因地制宜，宜电则电、宜气则气、宜煤则煤、宜热则热，尽可能做到多能互补、梯级利用、品位对口、管理智能，以技术可行、能耗较少、环境友好、经济合理的途径为用户提供所需的热量。

清洁供热有广义和狭义之分。

广义的清洁供热，是指为工业、农业和建筑业等所有生产生活场所供应热水和蒸汽，或因地制宜使用清洁化能源（热源），直接或通过高效输配管网为热用户提供绿色、经济高效热能的供热方式，不仅覆盖清洁化能源（热源）、高效输配管网（热网）、节能建筑（热用户）等，还包含方案设计、融资服务、节能改造、工程施工、精细管理及智慧运营等环节。清洁化能源主要指工业余热、清洁煤、生物质、太阳能、风能、地热、空气能、电、天然气及核能等。热用户覆盖工业、农业及建筑等生产生活用户。

狭义的清洁供热，主要是建筑清洁供暖，指高效利用工业余热、清洁煤、生物质、太阳能、风能、地热、空气能、电、天然气及核能等清洁化能源（热源），直接或通过高效输配管网（热网）为节能建筑（热用户）提供绿色、经济热能的供暖方式。

高效输配系统是指管网具有高能效的水力平衡运行工况及保温性能，直接连接热网系统失水率应控制在总循环水量的 1.5% 以内，间接连接热网系统失水率应控制在 0.5% 以下；热水管道散热损失应控制在每公里管道温降小于 0.1℃（蒸汽管道每公里温降小于 10℃）；综合热损失控制在 5% 以内；管网水力失调度应控制在 10% 以内。

智能热力站具有高能效的换热性能和调节性能，可根据室外温度变化调节二次侧供水温度，保证终端用户室内温度适宜；同时节约能源，实现换热站中控室在无人值守的情况下远程调度热力站参数，保证整个热网的热力平衡及供热系统的安全可靠运行。

节能建筑是高能效的建筑物围护结构体系和供暖末端设备，新建居住或公用建筑节能 65% 以上，每平方米采暖面积一个采暖季的标准煤耗在 8.75 千克以下。北方冬季平均消耗热量为每平方米 0.3 吉焦，这就需要每年 42 亿吉焦的热量来满足供暖需要。

清洁供热工程，主要有以下两方面特征：

关系民生："推进北方地区冬季清洁取暖，是重大的民生工程、民心工程"。清洁供暖是解决冬季大气污染的重要手段，也是打赢蓝天保卫战的重要措施，不仅能满足北方地区人民群众温暖过冬的需要，更能提高居民的生活质量。

公益性：供热产业关系民生、民心，也是环境保护和公共设施建设的要求，是社会稳定发展的因素之一，主要服务于人民群众的基本生活需要，是不可或缺的，所以兼具公益性特征。

2. 供热产业发展沿革

我国幅员辽阔，跨 5 个气候带，有着显明的温度差异；冬季受寒冷天气的影响，取暖成为北方居民过冬的刚性需求。中华人民共和国成立以来，随着经济的高速发展，人民生活水平不断提高，供热产业逐步走上健康发展轨道，已成为重要民生工程之一。中国供热产业发展可分为四个时期。

（1）供热产业起步期（1949—1979 年）

1949—1979 年，中国处于恢复经济和全面建设社会主义时期，人民生活水平低，居民取暖主要依靠每家每户烧煤烧柴，“南盆北炕”是当时居民冬季取暖的主要特征。

第一个五年计划明确指出，重点建设工业，建立国家工业化基础。“一五”期间，在苏联援助下，中国共设立了 156 个工业领域项目，其中煤炭和电力相关项目各 25 个，包含北京、哈尔滨、西安、吉林等城市建立的 20 个热电厂项目，中国的集中供热体系雏形逐步显现。

1955 年，在苏联专家指导下，仿照莫斯科的城市供热模式，北京市编制了《北京市供热规划方案》，提出 50 年远景以及 5 年、10 年的近期规划，总的原则是用集中供热代替分散供热，以热电厂为主、区域锅炉房为辅。

1958 年，北京市建立了我国第一家煤气热力公司，开始向中南海和长安街沿线的人民大会堂、革命历史博物馆等大型公共建筑集中供热。

1960 年，北京市成立热力管理处。

1975 年，2. 8 兆瓦机械式链条炉排热水锅炉在上海投入使用，供热行业初步进入机械化时期。

（2）供热产业发展期（1980—1999 年）

1980—1999 年，中国进入社会主义现代化建设时期，国家发展水平大幅提升，供热产业随之进入发展期。统计资料表明，1980 年北方有 10 个城市建立了集中供热设施。

1981 年和 1987 年，14 兆瓦和 29 兆瓦的大容量锅炉投入使用，大面积供热时代正式来临。

1981 年 2 月，《关于在国民经济调整时期加强环境保护工作的决定》指出，通过发展热电联产、工业余热和地热利用，大力发展城市集中供热。

1984 年，北京市编制了集中供热近期规划，明确了采取多种方式发展集中供热的原则，包括热电厂供热、大型区域锅炉房供热、集中锅炉房供热、低温核供热、工业余热和地热供热等。

1986 年，国务院批准《关于加强城市集中供热管理工作的报告》，为城市集中供热奠定了基础。

1987 年，在 1975 年建设部颁布的设计规范基础上，颁布了适合我国国情的《采暖通风与空气调节设计规范》（GBJ 19—1987），供热产业开始规范化。

1989 年，全国 81 个城市开展集中供热。

20 世纪 90 年代，随着供热技术的发展以及先进设备的使用，热能利用率逐步提高。

1997 年，中国热电联产供热设备容量 2222. 2 万千瓦；年供热量 95067. 60 万吉焦；供热厂平均用电率 7. 10 千瓦・时/吉焦；供热标准煤耗率 40. 77 千克/吉焦；6000 千瓦及以上供热机组共 1229 台；总容量达 2197. 1 万千瓦，占同容量火电装机总容量的 12. 12%。

1997 年以后，我国开始对 14 兆瓦以下的燃煤锅炉实施“煤改气”工程，清洁供热工作开始推进；随着空气污染的治理，虽然供热工作地位逐步提升，但并未形成正式规划。

（3）供热产业转型期（2000—2016 年）

2003 年，建设部、国家发展改革委、财政部、人事部、民政部、劳动和社会保障部、国家税务总局、环境保护总局等八部委联合印发《关于城镇供热体制改革试点工作的指导意见》（建城〔2003〕148 号）。文件指出，根据国务院领导同志的指示，决定在我国东北、华北、西北及山东、河南等地区开展城镇供热体制改革的试点工作。

2003 年，在全国 600 个设市城市中，有 321 个城市建设了集中供热设施，供热面积达到 18. 9 亿平方米，是 1989 年的 12 倍。随着全球资源、环境问题的逐渐突出，中国供热产业进入转型期。

2005 年，八部委再次联合印发《关于进一步推进城镇供热体制改革的意见》，在 2003 年文件基础上增加了低收入困难群体采暖的保障要求；鼓励开发和利用地热、太阳能等可再生能源及清洁能源供热；促进供热节能工作，加强供热市场监管和应急保障。从热源侧，供热能源开始向清洁化能源转型。

2013 年，国务院发布《大气污染防治行动计划》，要求全面整治燃煤小锅炉。加快推进集中供热、“煤改气”“煤改电”工程建设。到 2017 年，除必要保留的以外，地级及以上城市建成区基本淘汰每小时 10 蒸吨及以下的燃煤锅炉，禁止新建每小时 20 蒸吨以下的燃煤锅炉；其他地区原则上不再新建每小时 10 蒸吨以下的燃煤锅炉。在供热供气管网不能覆盖的地区，改用电、新能源或洁净煤，推广应用高效节能环保型锅炉。在化工、造纸、印染、制革、制药等产业集聚区，通过集中建设热电联产机组逐步淘汰分散燃煤锅炉。

2014 年，《重点地区煤炭消费减量替代管理暂行办法》出台，要求重点地区提出煤炭减量具体措施和相应削减数量的工作方案，主要包括：①淘汰效率低、煤耗高、污染重的项目，重点是电力、钢铁、水泥、炼焦等行业落后产能项目。②节能重点工程，余热余压利用、燃煤电厂升级改造、能量系统优化等节能改造项目。③燃煤锅炉节能环保综合提升工程，燃煤锅炉改造和分散落后锅炉淘汰项目。④“煤改气”“煤改电”项目。⑤焦化、煤化工、工业窑炉煤炭清洁高效利用改造项目。

2015 年，国家能源局出台《煤炭清洁高效利用行动计划（2015—2020 年）》，明确主要任务和行动目标为加强煤炭质量管理，加快先进的煤炭优质化加工、燃煤发电技术装备攻关及产业化应用，稳步推进相关产业升级示范，建立政策引导与市场推动相结合的煤炭清洁高效利用推进机制，构建清洁、高效、低碳、安全、可持续的现代煤炭清洁利用体系。

2016 年，国家发展改革委发布《关于推进电能替代的指导意见》，提出在存在采暖刚性需求的北方地区和有采暖需求的长江沿线地区，重点对燃气（热力）管网覆盖范围以外的学校、商场、办公楼等热负荷不连续的公共建筑，大力推广碳晶、石墨烯发热器件、发热电缆、电热膜等分散电采暖替代燃煤采暖。在燃气（热力）管网无法达到的老旧城区、城乡接合部或生态要求较高区域的居民住宅，推广蓄热式电锅炉、热泵、分散电采暖。在农村地区，以京津冀及周边地区为重点，逐步推进散煤清洁化替代工作，大力推广以电代煤。在新能源富集地区，利用低谷富余电力，实施蓄能供暖。

2016年，习近平总书记在中央财经领导小组第十四次会议上强调，推进北方地区冬季清洁取暖等6个问题都是大事，关系广大人民群众生活，是重大的民生工程、民心工程。推进北方地区冬季清洁取暖，关系北方地区广大群众温暖过冬、关系雾霾天能不能减少，是能源生产和消费革命、农村生活方式革命的重要内容。要按照企业为主、政府推动、居民可承受的方针，宜气则气、宜电则电，尽可能利用清洁能源，加快提高清洁供暖比重。

（4）清洁供热新时代（2017年至今）

2017年，《京津冀及周边地区2017—2018年秋冬季大气污染综合治理攻坚行动方案》《关于推进北方采暖地区城镇清洁供暖的指导意见》《北方地区冬季清洁取暖规划（2017—2021年）》（以下简称《规划》）等政策促进供热行业从传统燃煤供热方式向清洁能源供热方式快速转变，我国进入全面清洁供热发展时期。

《规划》作为清洁供热产业首部发展规划，明确了清洁取暖的概念及范围，提出到2021年我国清洁供热率达到70%的目标；还提出“宜电则电、宜气则气、宜煤则煤、宜柴则柴”的指导方针。截至2018年底，农村累计“煤改气”825万户，“煤改电”623万户，生物质能、地热、太阳能等其他清洁能源取暖135万户，我国形成了供热行业以热电联产为主、集中锅炉房为辅、其他新能源供热方式为补充、多种供热方式并存的局面。2017年被称作清洁供热产业元年。

2020年，“双碳”目标提出使清洁供热产业进入高质量发展阶段。截至2020年底，我国北方地区供热总面积218亿平方米（城镇供热面积148亿平方米，农村供热面积70亿平方米），其中，清洁供热面积142亿平方米，清洁供热率达65%。全国涉及清洁供热企业8200多家，总产值达9000亿元，从业人员超过119万人。

2021年，《中共中央 国务院关于完整准确全面贯彻新发展理念做好碳达峰碳中和工作的意见》（中发〔2021〕36号，以下简称《意见》）、

《国务院关于印发2030年前碳达峰行动方案的通知》（国发〔2021〕23号，以下简称《方案》）相继印发，要求清洁供热产业向绿色低碳转变进程加速。

3. 清洁供热产业链及其构成

清洁供热分为集中清洁供热、分布式清洁供热和分散户式清洁供热等。集中供热是指由集中热源所产生的蒸汽、热水，通过管网供给一个城市（镇）或部分区域生产、采暖和生活所需的热量的方式，集中供热是城市公用事业的一项重要设施。集中供热不仅能给城市提供稳定、可靠热源，保障居民用热需求，改善民生，还能节约能源，减少城市污染，具有明显的经济效益和社会效益。在有集中供热管网、建筑密度高的北方大中型城市主要采用集中供热方式。而在受经济、地理条件和生活习惯限制的城乡接合部和乡村主要采用分散式清洁供热方式，如各种类型的户式炉具、电暖气、发热电缆、碳纤维发热材料、燃气壁挂炉等。部分居住建筑、公共建筑以及厂矿、学校等建筑采用分布式清洁供热，如采用热泵、燃气锅炉、电锅炉、地热能作为热源为一个或几个小区供热。分布式供热热源生产出温度和压力较低的热水，通过二次管网送到最终热力用户。这种供热方式温度压力低、热损小，运行安全隐患少、热效率高。分散式供热没有热力管网，运行灵活，收费按电表或气表计量，最适合行为节能管理。

清洁供热与使用清洁化能源供热并不是一个含义，指热能生产、管网输配及用户使用全过程的清洁高效，要求实现能源效率最大化、环境污染最小化、热能使用安全化、建筑节能低碳化及室内温度舒适化（即“五化”）。随着我国城镇化进程加快，建筑能耗增加不可避免，将建筑节能放在重要位置势在必行。

按热源的不同，清洁供热可以分为清洁燃煤集中供暖（包括超低排放热电联产和燃煤锅炉供暖）、天然气供暖、电供暖、可再生能源供暖（包括太阳能、生物质、地热供暖）、工业余热供暖等几种类型（如图1－1所示）。

清洁供热产业上游为规划设计和清洁热源，中游是以供热系统为核心的一二级热网、换热站等，服务商主要是各地热力公司，随着各种供热方式不断涌现，呈现数字化、智能化趋势，下游为用户。上游主体为热源、

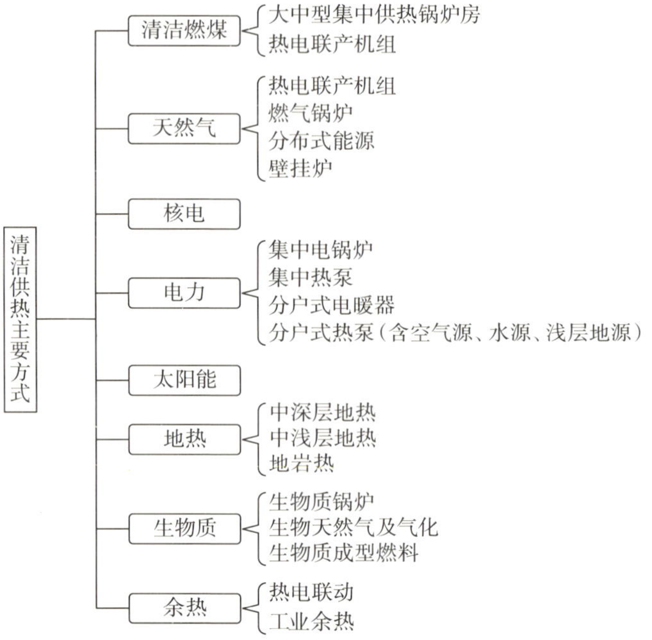

图 1－1　清洁供热主要方式

能源供应企业；中游的主要参与者为热力公司、自有热源供热企业以及工业余热利用企业；下游用户则涉及工业企业消费者、住宅采暖消费者与非住宅采暖消费者。产业链如图 1－2 所示。

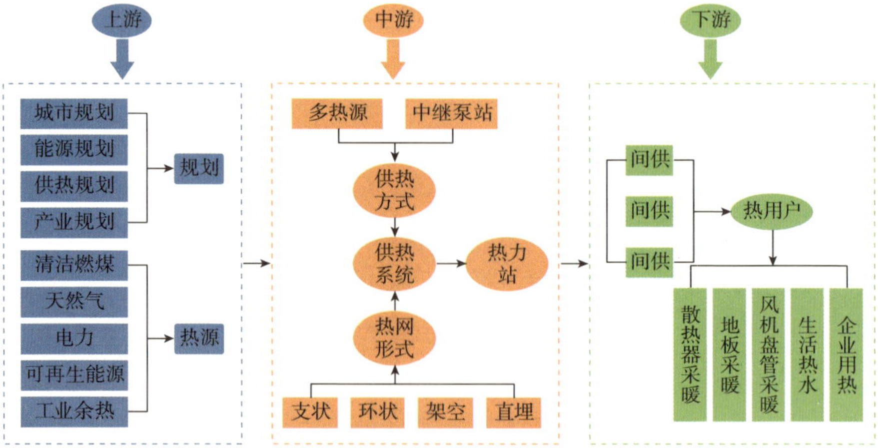

图 1－2　集中式清洁供热产业链示意图

集中式清洁供热覆盖上游清洁化热源、中游高效输配管网和换热站、下游用户终端，涉及规划设计、技术路线、装备生产、建设运营、科技研发与就业等方面。

装备制造贯穿产业链的各环节，包括电厂、锅炉、壁挂炉、炉具、热泵、换热器、集热器、储能设备、加热设备等。设备制造处于多元化竞争状态，行业细分领域均有多家设备供应商，包括国产和进口设备厂，呈现分散化、小型化趋势。

（1）清洁供热产业上游产业

清洁供热产业上游产业主要为政策规划设计相关部门或企业、能源企业和热源供应企业。政策规划设计相关部门或企业根据各地实际情况制定清洁、高效、安全、节能的供热规划，保障区域供热产业有序发展。能源企业主要包括洁净煤、天然气、电力、可再生能源、工业余热利用等企业。热源供应企业通过能源利用产生热和电，为热力公司和用热企业提供热源。热源供应方式以热电联产和燃煤锅炉房为主，工业余热为辅。热电联产具有节约能源、改善环境、提高供热质量等优点，传统火力发电机组热效率低于40%，热电联产机组热效率可高达80%以上。但热电联产建厂要求较高，对地区人口和经济、管道长度、交通运输及选址要求多，且投资规模大、建设周期长、审批手续繁多，只能在经济发达、人口多且集中的城市建设。目前煤炭依旧是我国主要供热能源，北方地区冬季取暖主要依靠锅炉房供热，东北、西北等地部分城市的燃煤锅炉房供热占比达50%以上。部分工业企业在生产时会产生大量的热量，为降低成本、提高能源利用率，会将产生的余热卖给中游的热力公司进行供暖。但这部分工业余热比较分散，且以中低品质余热为主，需要借助技术进行收集和转化。

（2）清洁供热产业中游企业

清洁供热产业中游企业主要包含热力公司、自有热源供热企业。热力公司负责热网、配套设施建设和维修，不需要建设热电厂和燃煤锅炉，仅需负担配套费和热力采购费用。热力公司向上游采购热力为下游热用户供热，靠热力差价获得盈利，其市场规模约占行业的54%。自有热源供热企业以燃煤锅炉供热企业为主，承担能源采购、锅炉房建设、管网建设、配套设施、设备维修等费用，投资大、回收期长、易受能源价格影响，其市场规模约占行业的36%。

（3）清洁供热产业下游企业

清洁供热产业下游企业主要是用热终端，包括工业用热、居民用热、公用建筑用热等。工业用热主要集中在制药、造纸、化工、纺织及有色金属冶炼等行业，除部分大型工业企业自备热电厂供热外，这类工业企业主要通过采购热量满足生产需求。工业企业生产对热源要求较多，供热企业按照其需求定制专业供热系统，因而购热成本很高。居民用热以保证城市居民采暖为主，包括采暖、生活用热水和热风。随着城市化进程的加快，人口不断向城市聚集，居民用热需求不断扩大，保障居民温暖过冬事关民生、民心，也是供热行业的重要使命。公共建筑用热主要是指企事业办公楼、图书馆、博物馆、地铁等公共建筑的采暖，用以满足人民在公共区域活动的用暖需求。

二、清洁供热产业发展概况

中国清洁供热工程主要集中在北方十五省（自治区、直辖市），包括黑龙江、吉林、辽宁、北京、天津、河北、山西、内蒙古、宁夏、甘肃、青海、新疆和陕西北部、山东北部、河南北部等，面积约占全国的70%，人口超过全国的40%。

南方气候过渡带以及部分高寒山区也有一定的市场，主要市场在工业用户和散户取暖，其中湖北、江苏、上海、浙江等省（市）已有集中供热，但以工厂和公共建筑为主，市场化程度较高，供热企业效益较好，利润水平较高。

1. 总体概况

截至2021年底，我国北方地区供热面积为225亿平方米。其中，城镇供热面积154亿平方米，农村供热面积71亿平方米（如图1－3）。整体来说城镇供热面积增长高于农村供热面积的增长，农村地区清洁供热依旧是清洁供热工作的重难点。

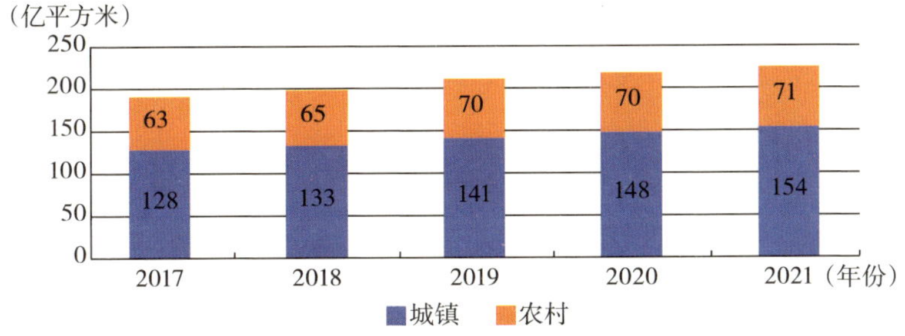

图 1－3　2017—2021 年北方地区总供热面积

2021 年北方地区清洁供热面积为 158 亿平方米，比 2020 年新增 16 亿平方米（如图 1－4），实现了《北方地区冬季清洁取暖规划（2017—2020 年）》提出的清洁取暖率 70% 的目标。

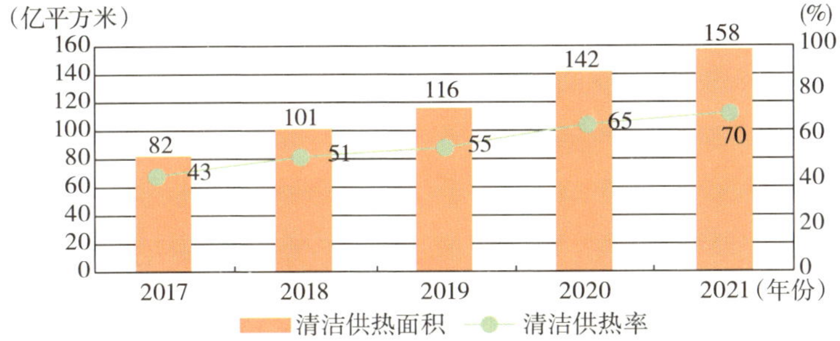

图 1－4　2017—2021 年北方地区清洁供热概况

2017—2021 年，随着能源结构的调整，以及市场机制的完善，我国北方地区清洁供热面积不断增加，总产值随着市场需求也不断增加。我国清洁供热产业的营商环境呈现良好态势，清洁供热万亿元市场指日可待。

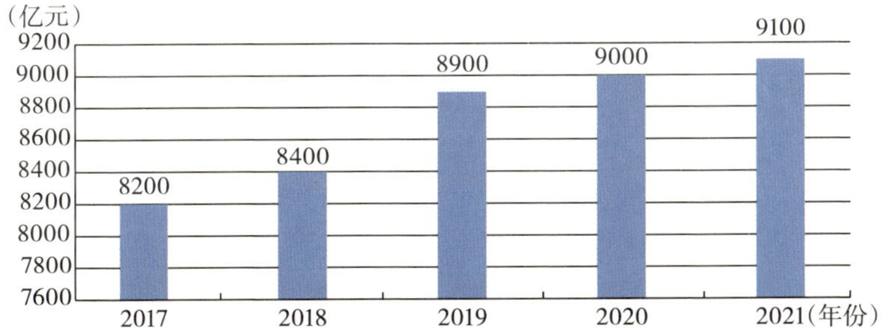

图 1－5　2017—2021 年清洁供热总产值

清洁供热企业从2017年的7700家增加到2021年的8250家；从业人员从110万人扩展到120万人；产业总产值从8200亿元增长到9100亿元（如图1-5、图1-6）。

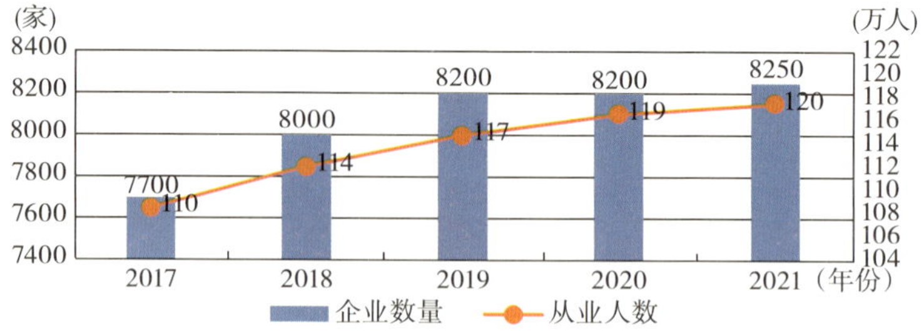

图1-6　2017—2021年涉及供热企业数量和从业人数

从供热管道长度看，2015—2020年，中国城市热网管道铺设长度持续增长，2020年热网管道长度为425982千米，是2015年热网管道长度192721千米的两倍多（如图1-7）。

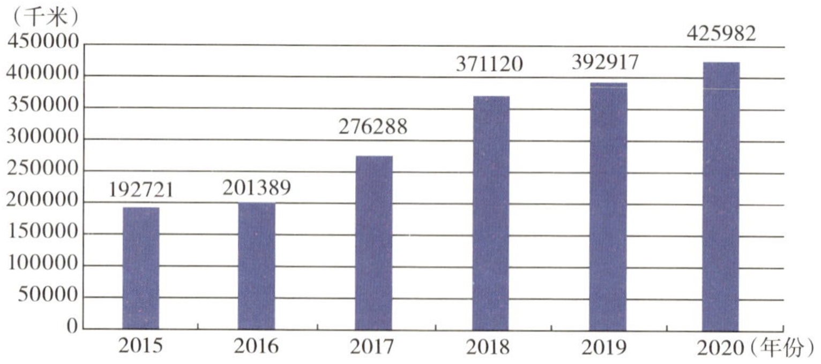

图1-7　2015—2020年中国供热管道长度

从固定资产投资看，2019年，全国市政设施建设固定资产投资总额23203亿元，其中城市20126.3亿元，县城3076.7亿元；集中供热466.8亿元，其中城市集中供热总投资333亿元，占全国投资总额的1.43%，县城集中供热总投资133.8亿元，占全国投资总额的0.58%（如图1-8、图1-9）。

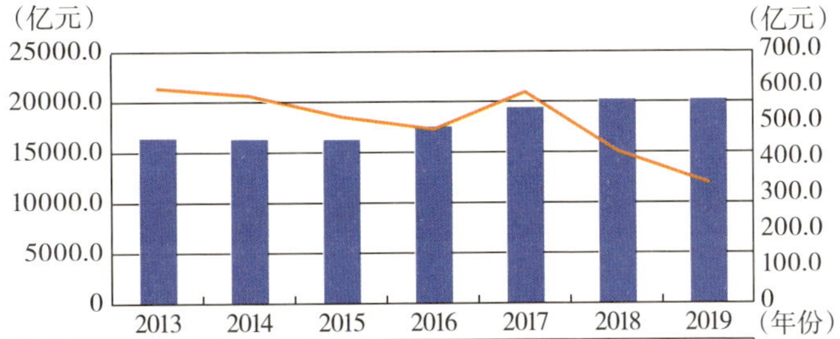

	2013	2014	2015	2016	2017	2018	2019
本年度固定资产投资（亿元）	16349.8	16245.0	16204.4	17460.0	19327.6	20123.2	20126.3
集中供热（亿元）	596.0	575.4	516.8	481.9	584.2	420.0	333.0

图 1-8　2013—2019 年中国城市集中供热固定资产投资

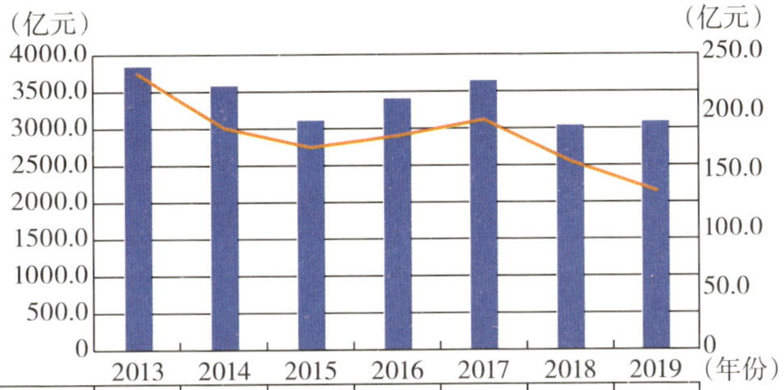

	2013	2014	2015	2016	2017	2018	2019
本年度固定资产投资（亿元）	3833.6	3572.9	3099.8	3394.5	3634.2	3026.0	3076.7
集中供热（亿元）	233.4	187.6	171.0	180.7	194.1	158.6	133.8

图 1-9　2013—2019 年中国县城集中供热固定资产投资

2. 热源及其应用

随着《北方地区冬季清洁取暖规划（2017—2021 年）》的实施，我国热源清洁化进程加快，形成以超低排放的燃煤热电联产为主、天然气为辅，其他热源为补充的格局。

（1）热电联产供热发展情况

热电联产（Cogeneration，Combined Heat and Power，CHP）又称汽电共生，是利用热机或发电站同时产生电力和有用的热量。三重热电联产（Trigeneration）或冷却、热和电力联产（CCHP）是指从燃料燃烧或太阳能集热器中同时产生电和有用的热量和冷却。

热电联产是我国目前集中供热的主要方式，可将热效率提高到 80% 以上。相比其他清洁供热方式，热电联产是经济、合理地利用能源、节约能源的有效途径。

热电联产行业主要集中在北方地区，南方地区较少。北方地区28.09%的城镇常住人口消耗全国81.17%的集中热量供应，行业需求较大，发展速度较快。根据占比测算，截至2020年底中国热电联产装机容量约为4.98亿千瓦（如图1－10）。

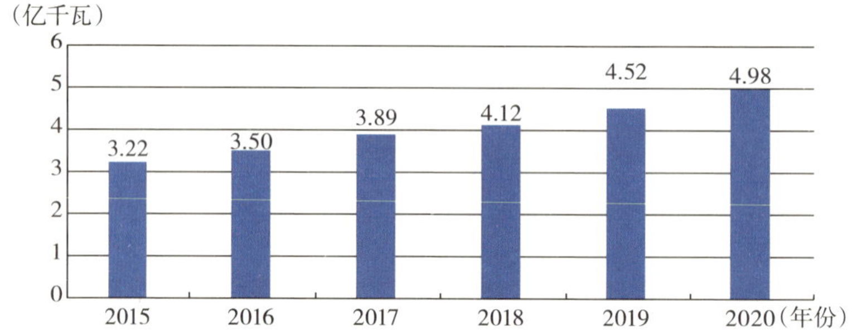

图1－10　2015—2020年中国热电联产装机容量

热电联产发展迅速。2016—2020年中国电力、热力生产和供应业营业收入持续增长。2020年，随着新冠肺炎疫情得到有效控制以及国家逆周期调控政策逐步落地，复工复产、复商复市持续取得明显成效，社会用电、用热稳定恢复。2020年中国电力、热力生产和供应业营业收入达6.85万亿元（如图1－11），同比增长1.7%，社会用电、用热需求增长。

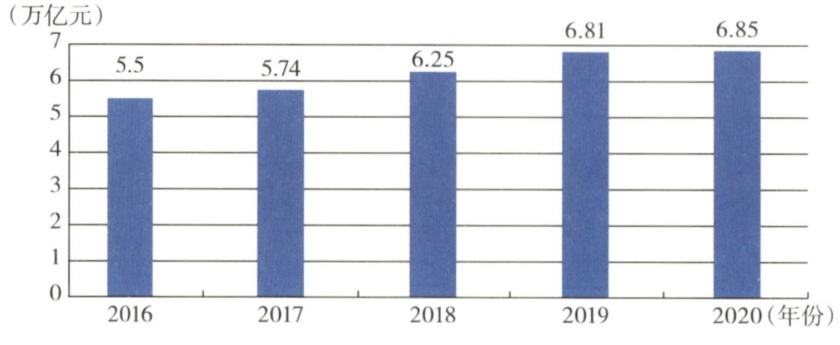

图1－11　2016—2020年中国电力、热力生产和供应业营业收入

（2）工业余热供热发展情况

工业余热利用，主要是用从工业设备回收的余热作为热源的城市集中供热方式。多数耗能设备，如原动机、加热炉等，都只利用了热能中的一小部分。回收一部分本来废弃不用的工业余热进行集中供热，能节约一次能源，提高经济效益，减少污染。2015—2020 年可回收余热总资源测算情况如图 1－12 所示。

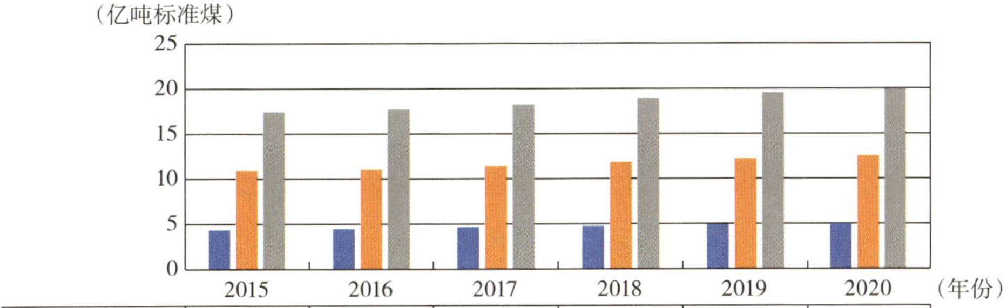

	2015	2016	2017	2018	2019	2020
总资源最小值	4.3	4.4	4.6	4.7	4.9	5
总资源平均值	10.9	11	11.4	11.8	12.2	12.5
总资源最大值	17.4	17.7	18.2	18.9	19.5	19.9

图 1－12　2015—2020 年可回收余热总资源测算情况

按来源看，余热可以分为烟气余热，冷却介质余热，废汽废水余热、化学反应热、可燃废气、废料余热，高温产品及炉渣余热。其中烟气余热，占比 50%，在工业余热使用中占比最高，其次是冷却介质余热，占比 20%。其他余热来源占比都低于 15%（如图 1－13）。

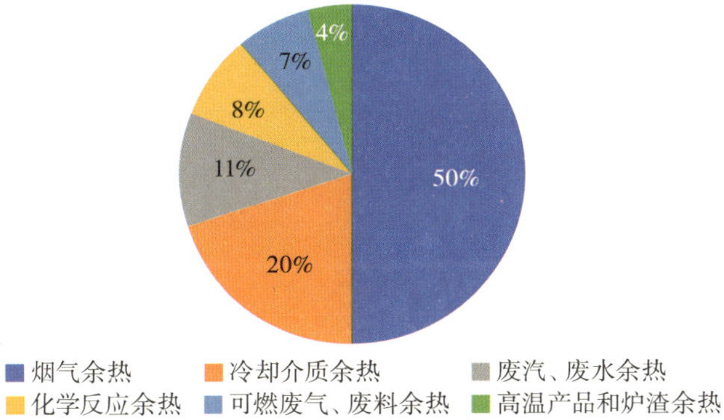

图 1－13　余热热源占比

总体上，中国余热开发利用率不到 50%。其中高品位余热资源已经得到充分利用，中低品位余热尚未得到有效利用。根据占比测算，2020 年中国可回收余热总资源平均值约 13 亿吨标准煤。余热回收可有效地节能减排，实现环境效益、社会效益、经济效益的有机统一。

（3）燃气供热发展情况

随着“煤改气”项目的推进，集中供暖以及农村“煤改气”带来农村取暖用气增长，2020 年燃气供热在清洁供热行业中占比 14%。2020 年，我国城镇化率约 63%，城镇居民气化率达到约 54%。发达国家城镇化率普遍在 80% 以上，日本城镇化水平甚至达到 93%。

天然气作为清洁能源在供热产业中的主要应用方式有天然气热电联产、天然气锅炉房供热、天然气直燃机供热、天然气热泵供热、天然气壁挂炉供热等。应用最广的是天然气锅炉房供热，占供热面积的 64% 以上，主要应用地区是京津冀；其余供热方式以分散壁挂炉供热为主，重点集中在银川、乌鲁木齐、西安等城市，南方地区也有少量分布。

（4）电供热发展情况

电供热清洁高效，国家鼓励电供热，近年来实施了电能替代、电供热工程等一系列政策和措施支持。电供热分为**电直供热和热泵供热**。

电直供热：电力属于二次能源，中国发电的主要原料是煤炭，电力还不能完全算是清洁能源，电直供热是指一种将电能转化成热能直接放热，或者通过热媒介质在供热管道中循环来满足供热需求的采暖方式。电直供热分为分散式电供热和集中式电供热。

分散式电供热：主要是通过电暖器、碳晶电热板、发热电缆、电热膜等小型取暖器进行供热，灵活性较高、投资小、运行简单方便。

集中式电供热：主要依靠电锅炉供热，电锅炉是使用电阻式和电磁感应式加热器将电能转化为热能的设备，分为直热式电锅炉和蓄热式电锅炉两种。

使用高品位电能直接转化为热能，综合能源效率低下，造成资源浪费。近两年国际能源价格一路飙升，煤炭价格也在上涨，用电供热企业供热成本增加明显。

热泵供热：利用高品位电能作为驱动，从低品位热源中提取更多的热量用来供热。热泵可分为空气源热泵、海（河）水源热泵、污水源热泵、浅层地源热泵等。电能驱动的热泵机组制热 COP 达到 2.5～5.0，吸收式热泵 COP 为 1.5 ~1.7 左右。

空气源热泵：利用空气能为作为低温热源，电能作为驱动能源。按热源与供热介质组合可划分为空气—空气和空气—水两种。空气—空气换热中空气源热泵相当于户用空调。在室外温度高于 0℃时，空气源热泵机组 COP 可达到 3.0 以上，运行费用相对较低。

地源热泵：集空调、热水器和家庭取暖设备三位一体，一体多机、灵活便捷且节能高效。地源热泵在一些大城市得到推广应用，不仅能控制室内的温度适宜，还能常年提供热水。

水源热泵：分为地下水源热泵和地表水源热泵。地表水源热泵的低位热源为江河、湖泊、水库、海水等地表水以及污水处理厂原生水、中水，分为开式和闭式系统。

（5）地热供热发展情况

地热供热系统利用地热能为主要热源。地热能为地球本身蕴藏的能量，属于可再生能源，具有储量大、分布广、清洁环保的特点。

地热供热的常见形式有三种：纯地热水换热供热、地热水换热 + 压缩式热泵供热、地热水换热 + 吸收式热泵供热。全球近 60% 的地热由地源热泵利用。中国占全球地热消耗量的 2/3，其次是土耳其和美国，占 18%。2018 年，中国和美国合计占地热消费增长的近 90%。

（6）生物质供热发展情况

生物质是重要的可再生能源，包括农林废弃物、生活垃圾、畜禽粪便、生活污水和工业有机废水等，用于供热的主要为农林剩余物、生活垃圾和畜禽粪便，具有清洁、低碳、可再生等特点，在替代化石能源、促进环境保护、带动农民增收等方面发挥了积极作用。

3. 空间分布特征

北方地区冬季供暖方式主要是集中供热。国家统计局数据显示，2020 年，中国城市集中供热面积约为 98.82 亿平方米（如图 1 - 14）。

供热总量。国家统计局数据显示，2020 年，中国蒸汽供热总量为 6.51 亿吉焦，占城市供热总量的 15.8%，与 2019 年持平；热水供热总量为 34.5 亿吉焦，比 2019 年的 32.74 亿吉焦增加 1.76 亿吉焦（如

图 1－14　2012—2020 年中国城市集中供热面积和增长率

图 1－15 所示)。热水供热总量增长快于蒸汽供热总量增长，是中国城市供热主流。

图 1－15　2015—2020 年中国城市集中供热总量分析

从供热能力看，2015—2020 年中国城市供热能力整体提升。据国家统计局数据，2020 年中国蒸汽供热能力约为 103471 吨/小时，中国热水供热能力约为 566181 兆瓦（如图 1－16、图 1－17）。

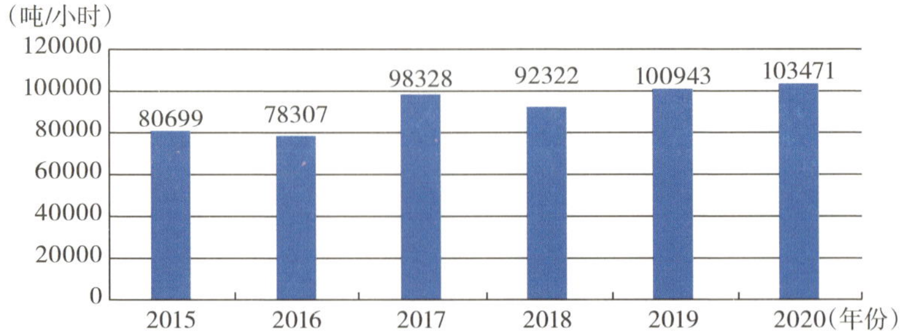

图 1－16　2015—2020 年中国蒸汽供热能力

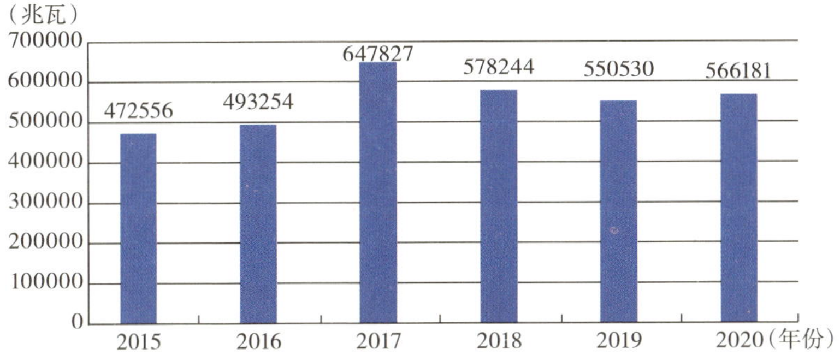

图 1－17　2015—2020 年中国热水供热能力

（1）北方地区产业现状

区域供热总面积。2020 年，中国城市供热行业占比大的是东北和华北地区，占比分别为 28.63%、35.14%，供热总面积分别为 28.3 万平方米、34.7 万平方米。华东地区为 16.2 万平方米，占比 16.39%；西北地区为 13.8 万平方米，约占 13.95%；华中和华南地区为 5.8 万平方米，约占 5.84%；西南地区占比约为 0.05%（如图 1－18）。

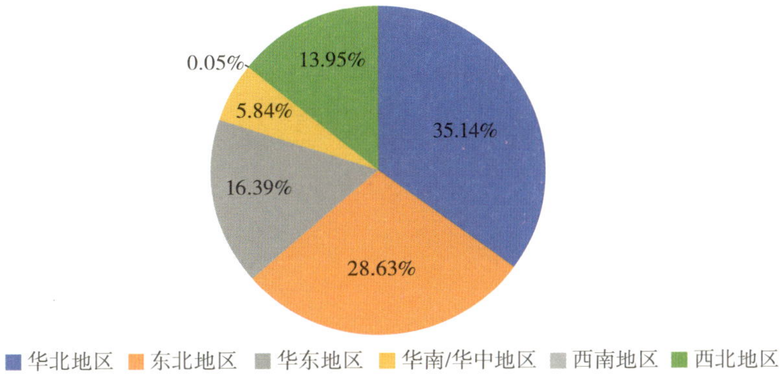

图 1－18　区域城市集中供热占比分析

区域供应能力。国家统计局数据显示，2020 年，山东省供热面积 15.93 亿平方米（如图 1－19），较 2019 年的 14.8 亿平方米增长 1.13 亿平方米，占城市集中供热总面积的 16.12%。辽宁省以 13.28 亿平方米位居第二，较 2019 年增长 1.28 亿平方米，占城市集中供热总面积的

13.44%；南方地区以湖北为代表，供热面积为0.18亿平方米，占城市集中供热总面积的0.18%。

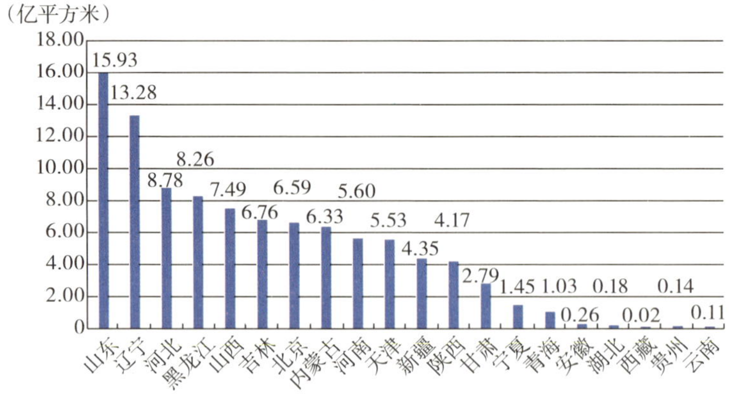

图1－19　2020年中国各地区城市集中供热面积

2020年，中国蒸汽供热总量最多的是山东，为13849万吉焦；其次是辽宁，为11414万吉焦；再次是山西，为10682万吉焦。热水供热量最多的地区是辽宁，为51777万吉焦；其次是黑龙江，为42887万吉焦；再次是山东，为38698万吉焦。其中热水供热量排名前13的地区供热量均超过1亿吉焦（如图1－20、图1－21）。

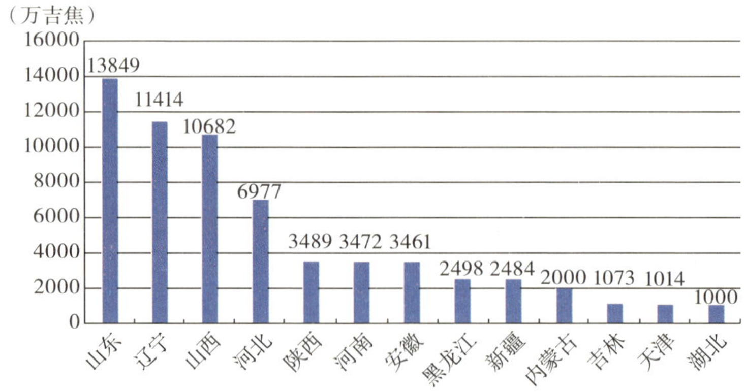

图1－20　2020年中国蒸汽供热量排前13的地区

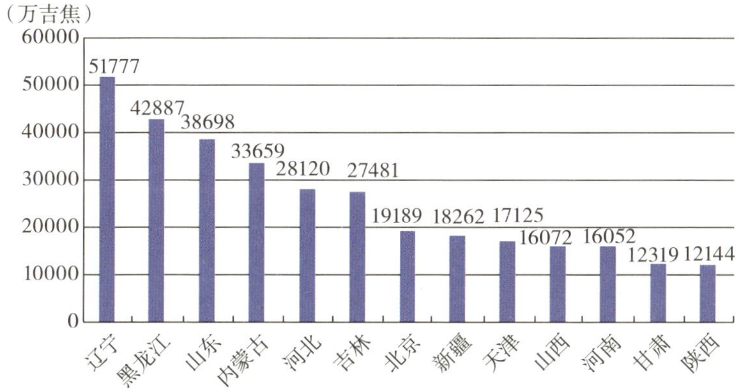

图 1－21 2020 年中国热水供热量排前 13 的地区

（2）南方地区产业现状

南方过渡带地区的气候特点是夏季闷热、冬季湿冷，气温日差小，1 月平均气温 0～10 摄氏度，7 月平均气温 25～30 摄氏度，年日平均气温大于等于 25 摄氏度的天数为 40～110 天；年日平均气温小于等于 5 摄氏度的天数为 0～90 天。随着生活水平的提升，南方群众对冬季采暖的需求日益增长，秦岭—淮河以南的长江中下游地区，包括四川、重庆、湖北、湖南、安徽、江西、浙江、江苏、上海七省二市有强烈而明确的采暖需求。

南方过渡带地区冬季日供暖时长为 3～5 个小时（如图 1－22 所示），供暖周期及日供暖时间短，对温度要求也不高。据专家预估，未来 10 年，南方的供暖市场规模可达到 4500 亿元左右，每年平均增加 400 亿元左右。

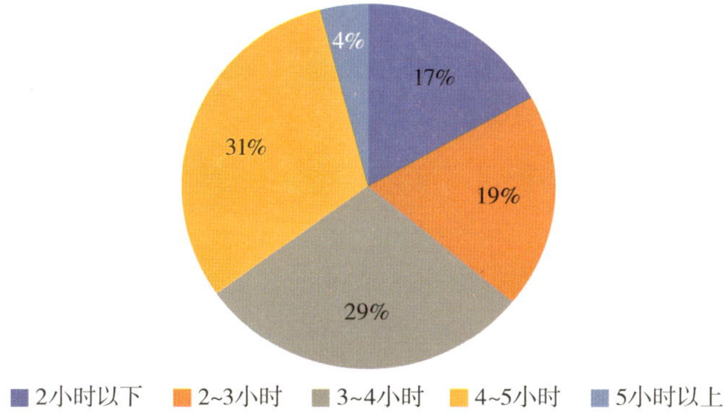

图 1－22 南方地区供热小时数占比

中国南方地区采暖方式主要以分散式采暖为主。有关调研报告显示，在南方地区86%的人冬天常用采暖工具为家用式空调、小型电暖设备。清华大学等机构的研究显示，南方地区主要以空调或电加热方式采暖，供热耗电量约为200亿~240亿千瓦时。

互联网对南方省份5000户家庭的调查数据显示，目标地区居民主要采暖工具为空调、电供暖设备、烤火炉、暖气片、中央空调及其他，采暖户数占比分别为50%、30.1%、8.9%、3.6%、2.1%和5.3%。采暖用户对中央空调供暖能力认可度最高；对自装暖气片、家用空调的供暖能力认可度较高；对电烤炉、烤火炉及其他供暖工具的供暖能力认可度略低。

4. 试点城市及其进展

2017年以来，全国4批63个城市入选中央财政支持北方冬季清洁取暖试点城市，范围从“2+26”城市逐步扩展到汾渭平原、西北和东北非重点地区城市。

2017年6月，环境保护部等10部门联合发布《京津冀及周边地区2017—2018年秋冬季大气污染综合治理攻坚行动方案》。天津、石家庄、太原、济南、郑州、唐山、保定、廊坊、衡水、开封、鹤壁、新乡12个城市入选首批清洁取暖试点城市。

2018年8月，财政部、生态环境部、住房城乡建设部、国际能源局联合下发《关于对第二批中央财政支持北方地区冬季清洁取暖试点城市名单进行公示的通知》，明确邯郸、邢台、张家口、沧州、阳泉、长治、晋城、淄博、济宁、滨州、德州、聊城、菏泽、安阳、焦作、濮阳、晋中、运城、临汾、吕梁、洛阳、西安、咸阳23个城市进入中央财政支持北方地区冬季第二批清洁取暖试点城市范围。

2019年6月，财政部发布了《关于下达2019年度大气污染防治资金预算的通知》，列出定州、辛集、三门峡、济源、铜川、渭南、宝鸡、杨凌示范区8个新增冬季清洁取暖试点城市（区）。

2021年4月，财政部等四部门再次联合发布《2021年北方地区冬季清洁取暖项目竞争性评审结果公示》，北京、兰州、烟台、忻州、泰安、承德、大同、许昌、秦皇岛、潍坊、榆林、朔州、延安、阜新、佳木斯、包头、海西州、乌鲁木齐、辽源、吴忠 20 个城市入选。

对前三批清洁取暖试点城市，中央财政累计安排北方地区清洁取暖试点工作奖补资金 493 亿元，引导带动地方财政、社会资本投入超过 2000 亿元。对第四批清洁取暖试点城市，中央财政奖补一年 68 亿元，3 年累计 204 亿元。四批试点城市试点结束后，预计中央奖补资金累计拨付 774 亿元，清洁取暖改造工作将进一步提升。

2021 年 11 月，中共中央、国务院发布《关于深入打好污染防治攻坚战的意见》，提出有序扩大清洁取暖试点城市范围，稳步提升北方地区清洁取暖水平。在碳中和碳达峰背景下，清洁供热产业开创了绿色发展新格局，清洁供热产业将进入高质量发展时期。

截至 2019 年底，北方地区完成《北方地区冬季清洁取暖规划（2017—2021 年）》中“到 2019 年，北方地区清洁取暖率达到 50%，代替散烧煤 7400 万吨”的目标。清洁取暖率从 2017 年的 43% 提升到 2020 年的 65%。京津冀及周边地区、汾渭平原清洁取暖率达到 80% 以上，农村散煤改造完成 2500 万户左右，北京以南约 20 万平方千米基本完成散煤替代，顺利实现《打赢蓝天保卫战三年行动计划》中“2020 年采暖季前，在保障能源供应的前提下，京津冀及周边地区、汾渭平原的平原地区基本完成生活和冬季取暖散煤替代”的目标。

到 2021 年 4 月，前三批 43 个试点城市共完成清洁取暖改造 39.1 亿平方米，改造 3526 万户。随着各项清洁取暖政策实施，清洁供暖成效明显，京津冀及周边地区“2+26”城市空气质量状况逐年变好，平均优良天数比例从 2018 年的 50.5% 提升到 2020 年的 63.5%（如图 1-23）。

2021 年 9 月，京津冀及周边地区“2+26”城市平均空气质量优良天数比例为 81.1%，同比上升 7.1 个百分点。长治优良天数比例为 100%，北京、濮阳、德州等 19 个城市的优良天数比例在 80%~100%；济南、鹤壁、菏泽等 8 个城市优良天数比例在 50%~80%。“2+26”城市 PM2.5 平均浓度为 25 微克/立方米；PM 10 平均浓度为 47 微克/立方米；SO_2 平均浓度为 7 微克/立方米；NO_2 平均浓度为 23 微克/立方米，同比下降 32.4%。总体上，9 月京津冀及周边地区“2+26”城市环境空气中

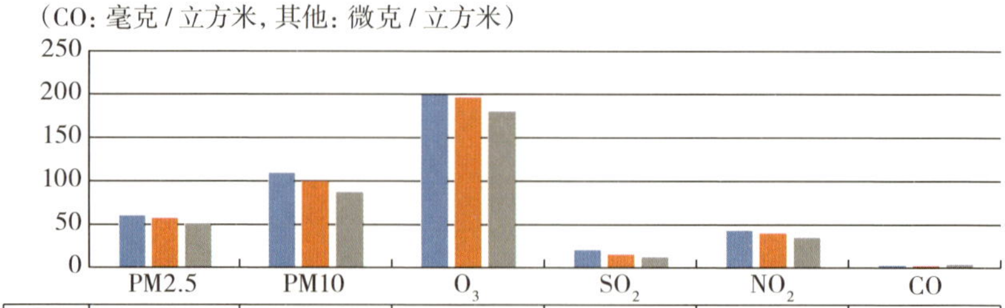

	PM2.5	PM10	O_3	SO_2	NO_2	CO
2018	60	109	199	20	43	2.2
2019	57	100	196	15	40	2
2020	51	87	180	12	35	1.7

■2018 ■2019 ■2020

图 1－23　2018—2020 年京津冀及周边地区“2＋26”城市六项污染物浓度变化

PM2.5、PM10 和 O_3浓度同比、环比均有所下降；SO_2浓度同比有所下降、环比持平；CO 浓度同比持平、环比有所上升。

2021 年 2 月国家能源局发布《关于因地制宜做好可再生能源供暖相关工作的通知》，明确“十四五”期间将全面实施乡村振兴战略，各地应将可再生能源作为满足乡村取暖需求的重要方式之一。为加强县城绿色低碳建设，住房和城乡建设部等 15 部门印发《关于加强县城绿色低碳建设的意见》，要求大力发展适应当地资源禀赋和需求的可再生能源，因地制宜开发利用地热能、生物质能、空气源和水源热泵等，推动清洁供热和北方县城清洁取暖，通过提升新建厂房、公共建筑等屋顶光伏比例和实施光伏建筑一体化开发等方式，降低传统化石能源在建筑用能中的比例。县城是县域经济社会发展的中心和城乡融合发展的关键节点，是推进城乡绿色发展的重要载体。各地要根据实际情况，选择有代表性的县城开展试点，探索可复制、可推广的经验做法，及时推广好的经验模式。

5. 供热领域能源消费情况

（1）能源消费情况

国家统计局数据显示，2020 年全年能源消费总量为 49.8 亿吨标准煤，比 2019 年增长 2.2%。煤炭消费量增长 0.6%，原油消费量增长 3.3%，天然气消费量增长 7.2%，电力消费量增长 3.1%。煤炭消费量占能源消费总量的 56.8%，比 2019 年下降 0.9 个百分点；天然气、水电、核电、风电等清洁能源消费量占能源消费总量的 24. 3%，上升 1. 0 个百分点（如图 1 –24）。

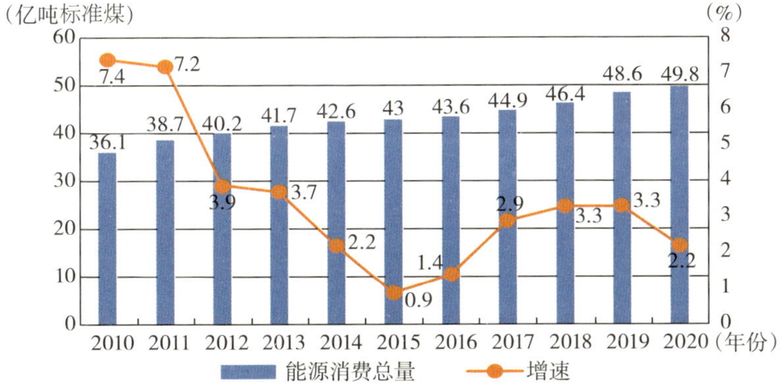

图 1 –24 2010—2020 年我国能源消费总量情况

（2）供热领域能源消费情况

北方城镇供热的一次能源消耗主要以煤为主，其次是天然气和电力。热电联产和燃煤锅炉是最主要的热源提供方式，近年来，分散燃煤锅炉不断被大型燃煤锅炉和热电联产所替代。2001—2019 年，我国北方城镇供热能耗稳步增长，2019 年，北方供暖一次能源消耗达到 2. 13 亿吨标准煤，占全国建筑总能耗的 19. 2%。早在 20 世纪 90 年代，我国就不断提高北方建筑围护结构性能，从 2001 年起我国北方城镇供暖的能耗强度逐年下降。2019 年，北方单位面积供暖能耗为 14. 1 千克标准煤，与 2008 年相比单位面积供暖能耗降低 16. 8%（如图 1 –25）。

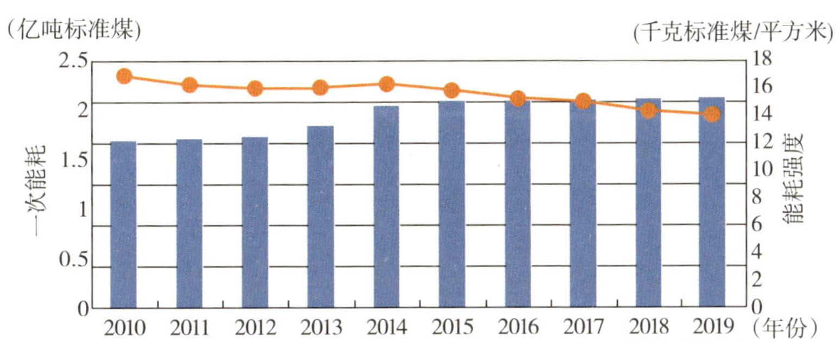

	2010	2011	2012	2013	2014	2015	2016	2017	2018	2019
供热一次能耗	1.7	1.72	1.74	1.85	2.05	2.1	2.1	2.11	2.12	2.13
能耗强度	16.957	16.310	16.051	16.116	16.375	15.922	15.339	15.080	14.4	14.1

图 1 –25 2010—2019 年供热领域能源消费及能耗强度情况

三、清洁供热产业发展面临的挑战

随着清洁供热工作的深入推进，清洁供热率总体上已达70%。虽然清洁取暖工作取得明显成效，但也存在一些亟待解决的问题，工作重心也将转向实现同碳中和目标。

1. 政策执行走样

虽然北方地区清洁供热是民生工程、民心工程，但在实际工作中，“一刀切”地采用某种清洁取暖技术，不顾群众冷暖“先禁煤再说”的案例屡见不鲜。2020年国家和地方采取各种措施压减煤炭产能，为防止出现煤炭价格飞涨的情形，10月国务院召开常务会议部署保供工作，以保证群众温暖过冬。但仍然有一些地区我行我素，集中收缴群众取暖炉具，甚至还对年龄80岁以上的老人罚款。一些地方的群众联名给央视网去信，反映不能温暖过冬的情况。部分地区未能形成合理有效的运行机制，政策执行缺乏连贯性，没有抓好保供和环保监管工作。为加快推进清洁取暖，很多省份都制定了年度计划和目标，并将目标分解，层层下压、层层加码，甚至设定了相应的考核奖惩机制。为完成上级目标，不顾自身情况和地域特点，直接照搬其他区域发展模式。特别是农村地区，没有考虑到农村能源使用的需求和条件，也没有考虑当地农民的生活习惯，盲目推进改造工程，导致“改了用不起”“改了不能用”等情况。

2. 热价改革迟缓，财政补贴困难

能源价格上涨，供暖成本变高，但用暖的价格却没有相应发生变化。清洁供暖涉及民生，是地方政府关注和监管的行业之一。供暖原料由政府定价，燃料是市场价格，供暖企业维持在微利水平。2021年以来，受经济持续恢复和国际大宗能源原材料价格上涨等因素影响，煤炭消费超预期增长，供需偏紧。中国北方地区供热总面积达218亿平方米，一年供热需要使用煤炭3亿吨左右，由于煤炭价格大幅上涨，煤炭供需严重失衡，供暖成本出现严重倒挂。虽然各地采取了相应保供措施，但从政策出台到落地需要一段时间，部分供暖企业不得不事先购买煤炭备用，但即使加上地方

价格优惠仍然存在很大的资金缺口。

过度依赖财政补贴。清洁供热是一项民生工程，但清洁供热改造成本高，大多数中小型供热企业无力承担改造费用，只能依靠政策补贴。清洁取暖改造资金来自3个方面：中央财政试点城市奖补资金、地方财政补贴资金、社会资本投入，总体上以政府财政投入为主。由于地方政府尤其是县级以下政府，不少靠中央或上级政府财政转移支付维持运转，根本拿不出资金来支持民生工程的运行；即使在部分经济相对富裕的地方，靠政府财政补贴维持供暖工程的运行，也是难以为继的。因此，迫切需要改革清洁供暖工程的价格政策，实现政府、企业和热用户的多赢。

3. 农村供暖是一块难啃的“骨头”

农村清洁供热依旧是个两难选择，既要保护环境，更要农民温暖过冬。部分地方在推行清洁供热工程的时候，没有考虑农村的实际，直接照搬城市或其他地区的成功模式，导致水土不服，甚至半路夭折。县城、城乡接合部、农村等地区大都在大型热电联产集中供热管网覆盖范围外，受地域限制，农村人口稀少，在“进城上楼”的情况下建设燃煤热电机组，前期投入资金是最大问题。如果强行推行“煤改气”“煤改电”，老百姓的取暖成本势必增加，生活质量将受到影响。

农村供热主要靠区域锅炉房和分散式供热。随着经济发展，农村能源消费结构逐步由薪柴为主向煤炭和薪柴为主升级，两者约占农村能源消费的69%。农村燃煤取暖不仅污染环境，还易引发煤气中毒等安全事故，影响居民身体健康，甚至威胁居民生命安全。通常情况下，较高的供暖价格与较低的农民收入成为主要矛盾；依靠财政补贴维持，一旦补贴退坡或取消可能出现“返煤”现象，并导致前期大量资金投入的浪费甚至前功尽弃。北京大学《中国散煤综合治理研究报告2021》显示，在“煤改电”用户中，“改而未用”“基本不用”“低水平使用”的用户约占总户数的七成至八成。

农村生物质用作供暖燃料，原料获取方便，工艺简单，但因缺乏明确的政策导向，部分地区政府未将生物质纳入清洁能源中，“因地制宜”的指导方针形同虚设。与此同时，因为成本高的原因清洁供热在农村地区的推广也不被农民接受。

4. 实施程序与机制亟待完善

中央政府文件出台后，地方存在以文件传达文件的情形，形式主义泛滥，总体上看“令行禁止”与“下情上达”缺乏有效机制。北方地区供热产业存在高耗能、高排放、高投入、低效率的“三高一低”特点，现有政策过于宏观、缺乏细则，难以落实。供热行业市场发展机制不够完善，财政补贴、项目验收、能效测评等方面还未形成行之有效的管理体系。基础群众的呼声也缺乏正常渠道反映给政策制定者。

缺乏统一评价指标。由于各地区经济发展不平衡，供热产业侧重点也不同，能源布局、热源生产、生态环境、技术指标、技术规范、经济成本等方面尚未形成统一评价标准，缺乏普适性。部分已出台的行业标准规格很高，但执行过程存在很大难度，可操作性不强。

供热管网能效水平有待提升。随着城市集中供热产业的发展和集中供热面积的增大，供热管网结构越来越复杂。部分城市集中供热管网存在管道老化、腐蚀严重、技术落后、热能浪费、安全事故时有发生等问题；而且供热系统的调控技术水平落后，大部分用户未采用热计量措施，企业无法根据用户需求对整个供热系统进行精准调控，过量供热或供热不足现象时有发生。

CHIC
清洁供热产业委员会
Clean Heating Industry Committee

第二篇　清洁供热产业发展政策促进

推进清洁供热产业健康持续发展，是供给侧结构性改革的重要内容。清洁供热产业政策覆盖中央和地方政府文件、法规和标准，涉及财政支持、价格机制、环保监督、公用设施建设和管理等内容，是清洁供热产业可持续发展的重要保证。

一、中央层面的政策促进

1. 碳达峰碳中和政策导向

2021 年 3 月 15 日中央财经委员会第九次会议明确提出实现碳达峰碳中和的指导思想，内容包括：坚持以习近平生态文明思想为指导，立足新发展阶段，贯彻新发展理念，构建新发展格局，坚持系统观念，以经济社会发展全面绿色转型为引领，以能源绿色低碳发展为关键，将碳达峰行动方案纳入经济社会发展全局和生态文明建设整体框架，处理好发展和减排、整体和局部、短期和长期关系。坚持总体部署，分类施策；节约优先，协同推进；创新驱动，两手发力；统筹有序，防范风险等原则，科学精准地推进碳达峰碳中和工作。各地方、各行业要从实际出发，研究提出碳达峰时间表、路线图和施工图，形成节约资源、保护环境、气候友好的产业结构、生产方式、生活方式、空间格局，坚定不移地走一条符合中国国情的生态优先、绿色低碳高质量发展之路。

（1）碳达峰碳中和“1 + N”政策陆续发布

做好碳达峰碳中和工作意义重大。2020 年 9 月 22 日，习近平主席在第七十五届联合国大会一般性辩论上宣布“中国将提高国家自主贡献力度，采取更加有力的政策和措施，二氧化碳排放力争 2030 年前达到峰值，努力争取 2060 年前实现碳中和”。我国力争 2030 年前实现碳达峰、2060 年前实现碳中和，是党中央统筹国内国际两个大局、深思熟虑做出的重大战略决策，是我国转变发展方式、调整能源结构、保障能源安全、实现可持续与高质量发展的内在要求，也是构建人类命运共同体的庄严承诺。自 2020 年 9 月 22 日提出碳达峰碳中和目标之后，习近平主席又在多个国际重要场合重申了我国碳达峰目标与碳中和愿景，并强调“我们将说到做到”“中国言出必行，将坚定不移加以落实”，彰显了中国作为负责任大国的使命与担当，意义重大，影响深远。

要处理好长期和短期的关系。考虑到“力争2030年前实现碳达峰，努力争取2060年前实现碳中和”的阶段性目标，碳达峰碳中和是我国的一项中长期发展战略和政策导向，尤其要处理好长期和短期的关系，科学谋划“双碳”目标的阶段性任务。从经济学角度看，10年尺度是远景目标任务；2060年实现碳中和目标更是超长期目标；若以地球年龄衡量10年仅是短暂一瞬。中央明确将“十四五”确定为实现碳达峰碳中和目标的关键期和窗口期，当务之急，各地方各部门要在弄清楚能流图和碳排放结构的基础上，研究制定出到2030年前碳达峰行动方案。处理好发展和减排、整体和局部、短期和中长期的关系。既要有“全球思考、放眼世界”的胸怀，也要有立足当下、立足实际的决心；既要有政策、产业结构优化调整、经济社会系统性变革的长期谋划，也要有淘汰落后、发展战略性产业、园区优化改造等短期安排；既要有“全国一盘棋”的谋划，更要有“从实际出发”的安排，从而使当前的投资既能产生短期促经济增长的效果，又能为长期经济社会系统性变革和“双碳”目标的实现奠定基础、创造条件。

扎实推进碳达峰碳中和重点工作。2021年9月，党中央、国务院先后印发《中共中央 国务院关于完整准确全面贯彻新发展理念做好碳达峰碳中和工作的意见》（中发〔2021〕36号，以下简称《意见》）、《国务院关于印发2030年前碳达峰行动方案的通知》（国发〔2021〕23号，以下简称《方案》），作为碳达峰碳中和“1+N”政策体系中的“1”和“N”，是统领“3060目标”的顶层设计，具有宏观性、战略性和全面性的特点，为我国实现“双碳”目标、推动能源转型擘画了宏伟蓝图，锚定了总体目标，明确了具体路线。

《意见》明确了我国碳达峰碳中和时间表，提出构建绿色低碳循环经济体系、提升能源利用效率、提高非化石能源消费比重、降低二氧化碳排放水平、提升生态系统碳汇能力等五个方面的目标。到2025年，单位国内生产总值二氧化碳排放比2020年下降18%。到2030年，单位国内生产总值二氧化碳排放比2005年下降65%以上，非化石能源消费比重达到25%左右，二氧化碳排放量达到峰值并实现稳中有降。到2060年，绿色低碳循环发展的经济体系和清洁低碳安全高效的能源体系全面建立，非化石能源消费比重达到80%以上，碳中和目标顺利实现。

在“1+N”政策体系中，《意见》是“1”，是总管长远目标的，发挥着统领作用，具有宏观性、战略性和全面性特点，与《方案》一起构成碳达峰碳中和两个阶段的顶层设计，有助于各部门各地方编制“双碳”意见，制定能源、钢铁、有色、石化化工、建材、交通等行业碳达峰实施方案，形成分类施策、有序达峰的发展格局。要充分发挥我国的制度优势，抓住“十四五”开局起步关键期，扎实推进碳达峰关键领域的各项重点工作，确保碳达峰碳中和工作取得积极成效。

《意见》明确了碳达峰碳中和工作的时间表、路线图，提出10个方面31项重点任务：推进经济社会发展全面绿色转型，深度调整产业结构，加快构建清洁低碳安全高效的能源体系，加快推进低碳交通运输体系建设，提升城乡建设绿色低碳发展质量，加强绿色低碳重大科技攻关和推广应用，持续巩固提升碳汇能力，提高对外开放绿色低碳发展水平，健全法律法规标准和统计监测体系，完善政策体系、推进市场化机制建设。《方案》则细化部署了能源绿色低碳转型、节能降碳增效、工业领域碳达峰、城乡建设碳达峰、交通运输绿色低碳、循环经济助力降碳、绿色低碳科技创新、碳汇能力巩固提升、绿色低碳全民行动、各地梯次有序达峰等“碳达峰十大行动”，为各部门各地方的碳达峰行动明确了前进方向和基本要求。

推动我国碳达峰行动，必须坚持一切从实际出发，尊重经济规律、把握达峰节奏。能源绿色低碳转型是关键。中央经济工作会议、中央财经委员会第九次会议顶层设计的两份文件都对我国能源结构优化、转化，利用效率提高，以及以新能源为主体的电力体系等提出要求。能源结构清洁低碳安全高效化，包括控制化石能源消费总量和能源强度，大力发展清洁能源，实施可再生能源替代行动，新增能源消费应主要由可再生能源担当；深化电力体制改革，构建以新能源为主体的新型电力系统。短期内，要控制煤炭、石油、天然气等传统能源消费总量，但不能一下子取消，否则难以做好电力迎峰度夏保障工作。新能源产业发展也面临诸多挑战，诸如新能源站场出现宽频带震荡、频率和电压稳定，微电网出现环流与谐振、直流传感和保护等，尤其要统筹生产—输配电—消纳—节电等环节的资源配置，保障以新能源为主体的新型电力系统的稳定和安全。为此，不仅基础设施要改变，原来的理论支撑体系也要相应改变，由系统论、控制论、博弈论（所谓的“老三论”）延伸拓展为突变理论、混沌理论、自组织理论（所谓的“新三论”）。这些转变均需要一个过程，不是“喊口号”“搞运动”就能完成的。

继续推进清洁取暖是碳达峰碳中和的重要内容。《意见》和《方案》均从加快优化建筑用能结构、大力发展节能低碳建筑、完善政策机制等方面要求推进北方地区清洁取暖。**一是**深化可再生能源建筑应用，推动建筑用能电气化和低碳化。开展建筑屋顶光伏行动，大幅提高建筑采暖、生活热水、炊事等电气化普及率。在北方城镇加快推进热电联产集中供暖，加快工业余热供暖规模化发展，积极稳妥推进核电余热供暖，因地制宜推进热泵、燃气、生物质能、地热能等清洁低碳供暖。**二是**持续提高新建建筑节能标准，加快推进超低能耗、近零能耗、低碳建筑规模化发展。大力推进城镇既有建筑和市政基础设施节能改造，提升建筑节能低碳水平。逐步开展建筑能耗限额管理，推行建筑能效测评标识，开展建筑领域低碳发展绩效评估。**三是**完善政策机制，提升统计监测能力。完善差别化电价、分时电价和居民阶梯电价政策。加快推进供热计量改革和按供热量收费。提升统计监测能力。健全建筑等行业领域能耗统计监测和计量体系，加强重点用能单位能耗在线监测系统建设。

重点行业领域的绿色低碳转型势在必行。能源生产的目的是消费，能源消费的主体是工业、建筑、交通和居民生活，碳达峰行动方案应当也必须覆盖这些重点行业领域。党的十九大提出了到2035年和到2050年完成我国工业化、城市化的阶段性任务目标。“无工不富”，工业既为居民生活提供必需品，也是能源消费的重要领域，必须不断提高能源利用效率，保障能源供应安全，而不能因为要“完成指标”就“拉闸限电”影响群众正常生活。2021 年 7 月 30 日中央政治局召开会议提出，要坚持全国一盘棋，纠正运动式“减碳”，先立后破，坚决遏制“两高”项目盲目发展。从这个角度看，处理好培育和关停的关系需要统筹平衡，一是满足社会主义现代化强国建设需要的产业不能关停，二是“十四五”规划的重大项目如经济发展、城市建设、环境保护、民生改善等不能关停，三是保障产业链、供应链安全的项目不能关停。而一些地方提出的“补链强链”项目要依据质量、能效、环保、安全等“尺子”进行综合评价，违反国家产业政策的高能耗、重污染项目必须严格禁止。四是符合经济发展规律、贫困地区脱贫后国家扶持“五年”的项目不能关停。但要避免“产业转移带来污染转移”，这也是中央提出的处理好减污降碳和能源安全、产业链供应链安全、粮食安全、群众正常生活关系的重要方面。

深入开展公共机构绿色低碳引领行动。2021 年 11 月，国家机关事务管理局、国家发展改革委、财政部、生态环境部四部委联合印发了《关于印发深入开展公共机构绿色低碳引领行动促进碳达峰实施方案的通知》（以下简称《行动》）。为协同推进节能降碳示范引领，《行动》对公共机构节约能源资源提出了新任务新要求，提出“到 2025 年，全国公共机构用能结构持续优化，用能效率持续提升，年度能源消费总量控制在 1.89 亿吨标准煤以内，二氧化碳排放总量控制在 4 亿吨以内，在 2020 年的基础上单位建筑面积能耗下降 5%、碳排放下降 7%，有条件的地区 2025 年前实现公共机构碳达峰、全国公共机构碳排放总量 2030 年前尽早达峰”。

《行动》从加快能源利用绿色低碳转型、提升建筑绿色低碳运行水平、推广应用绿色低碳技术产品、开展绿色低碳示范宣传、强化绿色低碳管理能力建设等方面提出重点工作内容：**一是**着力推进终端用能电气化，实施供暖系统电气化改造，结合清煤降氮锅炉改造，鼓励因地制宜采用空气源、水源、地源热泵及电锅炉等清洁用能设备替代燃煤、燃油、燃气锅炉。**二是**大力推广太阳能光伏光热项目，推广光伏发电与建筑一体化应用，到 2025 年公共机构新建建筑屋顶力争实现光伏覆盖率达到 50%。开展太阳能供暖试点。**三是**严格控制煤炭消费，继续推进北方地区公共机构清洁取暖，实施“煤改电”等改造，淘汰燃煤锅炉，到 2025 年力争实现北方地区县城以上区域公共机构清洁取暖全覆盖。因地制宜推广利用太阳能、地热能、生物质能等能源和热泵技术，满足建筑采暖和生活热水需求，到2025年实现新增热泵供热（制冷）面积达1000万平方米。**四是**加大既有建筑节能改造力度，以提高建筑外围护结构的热工性能和气密性能，提升用能效率路径，实施公共机构既有建筑节能改造。对建筑屋顶和外墙进行保温、隔热改造，更新建筑门窗。**五是**提高建筑用能管理智能化水平，打造智能建筑管控系统，实现数字化、智能化的能源管理。通过运用物联网、互联网技术，实时采集、统计、分析建筑用能数据，优化空调、电梯、照明等用能设备控制策略，实现智慧监控和能耗预警，提高能源使用效率。推动有条件的公共机构建设能源管理一体化管控中心。

（2）做好2021年北方地区冬季清洁取暖工作

从2021年初开始，受新冠肺炎疫情和国际能源价格的影响，我国煤炭价格一直上涨，供暖期煤价依旧居高不下。为确保2021—2022年供暖期北方地区群众温暖过冬，国务院各相关部门积极行动，从各环节各领域制定并落实相关的保供政策。

2021年3月，政府工作报告提出的2021年重点工作之一是加强污染防治和生态建设，持续改善环境质量。深入实施可持续发展战略，巩固蓝天、碧水、净土保卫战成果，促进生产生活方式绿色转型，明确“北方地区清洁取暖率达到70%”。

2021年10月8日国务院召开常务会议，研究部署2021—2022年供暖期电力和煤炭等供应工作。会议强调民生优先，要求保障好群众生活和冬季取暖用能，确保发电供热用煤特别是东北地区冬季用煤用电。加强民生用气供应，适时组织“南气北上”增加北方地区取暖用气，同时指出将市场交易电价上下浮动范围由分别不超过10%、15%，调整为原则上均不超过20%，并做好分类调节，对高耗能行业可由市场交易形成价格，不受上浮20%的限制。

2021年8月，为落实党中央、国务院决策部署，做好2021年北方地区清洁取暖工作，国家发展改革委、国家能源局印发《关于做好2021年北方地区清洁取暖工作的通知》（发改能源〔2021〕1220号，以下简称

《通知》)。《通知》进一步明确坚决完成北方地区清洁取暖目标任务，2021年是《北方地区冬季清洁取暖规划（2017—2021年）》实施的最后一年，推进北方地区清洁取暖是改善大气环境、提高群众生活质量和做好碳达峰碳中和工作的重要举措。要求夯实前期工作成果，扎实推进后续工作，全面高质量完成北方地区清洁取暖率70%的目标任务。此外，《通知》还强调坚持统筹推进，实施好新一批清洁取暖工程；切实改进服务，确保已建清洁取暖设施长期稳定运行；加强资金保障，落实好清洁取暖补贴价格支持政策。

国务委员王勇2021年10月27日到国家电网公司调研并主持召开中央企业做好今冬明春能源电力保供工作座谈会。会议指出，当前能源电力保供形势复杂严峻，国资央企要主动担当、积极履责，切实发挥保供主力军作用，坚决做到守土有责、守土尽责。要多措并举、综合施策，千方百计促进煤炭增产增供、电力多发满发、天然气增产增储，带头平抑煤炭价格，有效畅通物流运输，全力保障能源安全稳定供应。要进一步压紧压实责任，细化保供方案和应急预案，加强资源统筹调度，严格考核奖惩激励，统筹推进能源绿色低碳转型，把各项保供措施不折不扣落实到位。要坚持保生产和保安全两手抓两手硬，坚决防止发生各类重特大安全生产事故。相关部门要加快落实完善支持政策，及时帮助保供企业解决实际困难，推动形成保供工作合力。

2. 清洁供暖防治环境污染

2021年11月2日，中共中央国务院印发《关于深入打好污染防治攻坚战的意见》，以实现减污降碳协同增效为目标，以改善生态环境质量为核心，以精准治污、科学治污、依法治污为工作方针，统筹污染治理、生态保护、应对气候变化，保持力度、延伸深度、拓宽广度，以更高标准打好蓝天、碧水、净土保卫战。京津冀及周边地区、汾渭平原持续开展秋冬季大气污染综合治理专项行动，东北地区加强秸秆禁烧管控和采暖燃煤污染治理。意见指出：“十四五”时期，京津冀及周边地区煤炭消费量下降10%左右，汾渭平原煤炭消费量实现负增长；重点区域的平原地区散煤基本清零；有序扩大清洁取暖试点城市范围，稳步提升北方地区清洁取暖水平。

2021 年 11 月 17 日，为支持大气污染防治工作，财政部发布《关于提前下达 2022 年大气污染防治资金预算的通知》（财资环〔2021〕114 号），共计拨付 207 亿元用于支持开展减污降碳、清洁供暖等方面相关工作，并要求确保农村地区清洁取暖长效运营，有关已明确补贴政策的省要按规定及时将补贴拨付到位；拟出台补贴政策或需进一步完善政策的，要充分考虑本地区实际运行、农村居民实际收入水平、财政承受能力和可持续发展等情况，精准施策、体现差异，并向农村困难群体倾斜；有关清洁取暖运营补贴需求较大的省可使用因素法切块下达资金用于安排补贴支出，确保群众温暖过冬。

3. 支持煤电企业纾困解难

国家税务总局成立电力保供专项工作协调小组，专门制发《关于做好今冬明春能源电力保供 实施支持煤电企业纾困解难税收措施的通知》，为配合做好 2021—2022 年供暖期能源电力保供相关工作，对煤电和供热企业 2021 年四季度应缴纳税款全部办理缓税，加快增值税留抵退税办理进度，加大相关行业性、普惠性税费优惠政策落实力度，并在各级税务机关逐级建立内部工作推进机制和跨部门协同机制，逐级压实责任、逐户摸清情况，确保各项减税、退税、缓税措施落实落细，确保应减尽减、应退尽退、应缓尽缓。截至 2021 年 10 月 20 日，全国税务系统共为纳入“电力保供”税收扶持的煤电和供热企业办理“减、退、缓”税 75 亿元，有效缓解了企业的经营压力。

税务部门下一步将继续深入贯彻落实党中央、国务院有关部署安排，精准对接煤电和供热企业涉税需求，持续完善制度机制，扎实推进各项税收支持措施落实落细，切实缓解企业经营困难，为做好能源电力保供工作、助力经济社会平稳健康发展贡献力量。

二、国务院相关部门政策

1. 主要部门的保供措施

2021 年 10 月 12 日，国家发展改革委主任何立峰主持召开煤电油气运保障工作部际协调机制全体成员会议，研究扎实推进今冬明春能源保供各项重点工作。会议强调，能源是关系经济社会发展全局的大事，保障能源安全是“六保”的重要内容。要按照党中央、国务院决策部署，切实发挥好煤电油气运保障工作部际协调机制作用，保障今冬明春能源安全稳定供应。重点在于：一是依法依规加快释放煤炭先进产能，保证稳定生产；二是加快非计划停运煤电机组并网运行，应发尽发；三是加快落实深化燃煤发电上网电价市场化改革政策，着力纾解煤电企业困难；四是科学有序实施“压非保民”，坚决守住民生用能底线；五是抓紧出台国务院常务会议已明确的相关政策，促进煤电油气运各环节平稳有序运行；六是坚决纠正一些地方的不适当行政措施，坚决防止企业事故、全域企业停产整顿等情况发生；七是切实做好北方地区农村清洁取暖工作，确保民生供暖补贴落实到位。做实做细今冬明春能源保供各项具体安排，保障人民群众温暖过冬。

国家发展改革委经济运行调节局要求重点从六个方面采取措施，确保今冬明春能源稳定供应，确保居民用能安全。一是多渠道增加能源保供资源。依法依规释放煤炭先进产能，有序增加煤炭进口，尽力增加国内天然气产量，保持中亚管道气进口稳定，压实责任保障煤电气电机组应发尽发。二是发挥好中长期合同“压舱石”作用。推动发电供热用煤中长期合同直保全覆盖，全面签订年度和供暖季供气合同，及早锁定资源。三是进一步做好有序用能工作。指导地方科学合理制定有序用能方案，完善动态调整机制，切实做到用户知情、合同约定，确保方案可执行、可操作，科学实施。坚守民生用能保供底线，坚决避免压限居民用能的情况发生。四是发挥好能源储备和应急保障能力的重要作用。督促电厂在供暖季前将存煤提高到安全水平之上，加快推进应急备用和调峰电源能力建设，严格落实储气设施注气进度，确保入冬前注满。五是合理疏导用能成本。在确保民生、农业、公益性领域用能价格稳定的情况下，严格按价格政策合理疏导能源企业生产运行成本。六是有效控制不合理能源需求。坚决遏制“两高”项目不合理用能需求，推动主要耗煤行业节煤限煤。

2021 年 8 月，为落实党中央、国务院决策部署，做好 2021 年北方地区清洁取暖工作，国家发展改革委、国家能源局印发《关于做好2021年北方地区清洁取暖工作的通知》（发改能源〔2021〕1220号，以下简称《通知》）。《通知》进一步明确要坚决完成北方地区清洁取暖目标任务。2021年是《北方地区冬季清洁取暖规划（2017—2021年）》实施的最后一年，推进北方地区清洁取暖是改善大气环境、提高群众生活质量和做好碳达峰碳中和工作的重要举措。要巩固前期工作成果，扎实推进后续工作，全面高质量完成北方地区清洁取暖率70%的目标任务。此外，《通知》还强调坚持统筹推进，实施好新一批清洁取暖工程；切实改进服务，确保已建清洁取暖设施长期稳定运行；加强资金保障，落实好清洁取暖补贴价格支持政策。

2021年全国能源工作会议指出要扎实推进冬季清洁取暖，全力做好天然气、电力、煤炭供应保障，确保人民群众温暖过冬，积极推广生物质、地热、核能等供暖新模式，确保2021年实现北方地区清洁取暖率70%的目标。

2021年4月，国家能源局印发《2021年能源工作指导意见》（以下简称《指导意见》），提出“加大清洁取暖工作力度。因地制宜实施清洁取暖改造，建立健全清洁取暖政策体系，确保取暖设施安全稳定运行，实现北方地区清洁取暖率达到70%。研究探索南方地区清洁取暖，在长江流域和南方发达地区，鼓励以市场化方式为主，因地制宜发展清洁取暖，培育产品制造和服务企业。研究推进西南高寒地区清洁取暖改造，加大政策支持力度，加强电网、天然气管网等建设”。《指导意见》一方面强度了确保如期实现北方地区清洁取暖率70%的目标，另一方面首次提出研究南方地区清洁取暖，并鼓励以市场化方式为主，因地制宜发展，同时提出推进西南高寒地区清洁取暖改造工作。

2021年10月，中国银保监会印发《关于服务煤电行业正常生产和商品市场有序流通 保障经济平稳运行有关事项的通知》（以下简称《通知》）。《通知》指出，各派出机构、机关各部门要从讲政治的高度认识做好当前保供稳价工作的重要意义。并强调要保障煤电、煤炭、钢铁、有色金属等生产企业合理融资需求，要督促银行保险机构全力做好今冬明春能源电力保供金融服务工作，满足能源电力供应合理资金需求，积极支持煤炭主产区和重点煤炭企业增加电煤供应，确保人民群众温暖过冬。

2021 年 10 月 22 日，国务院国有资产监督管理委员会召开行业协会支持做好今冬明春能源电力保供工作专题会，会议指出能源电力保供事关人民群众切身利益，事关经济社会稳定发展大局。有关行业协会党组织要进一步提高政治站位，充分发挥优势，为保供多做贡献；加强政策研究，多渠道听取行业声音，及时反映企业在执行政策过程中的难点、堵点问题；加强与行业企业联系沟通，动员各类企业开足马力、挖潜增产；发挥行业自律作用，稳定煤炭市场；树牢底线思维，确保不发生重大安全事故；及时掌握行业运行情况，回应社会关切，为保供工作营造良好社会氛围。

2. 煤电机组改造覆盖供热

为推动能源行业结构优化升级，进一步提升煤电机组清洁高效灵活性水平，促进电力行业清洁低碳转型，助力全国碳达峰碳中和目标如期实现，国家发展改革委、国家能源局会同有关方面制定并于 2021 年 11 月初发布的《全国煤电机组改造升级实施方案》（以下简称《方案》）。

《方案》提出，全面梳理煤电机组供电煤耗水平，结合不同煤耗水平煤电机组实际情况，探索多种技术改造方式，分类提出改造实施方案。按特定要求新建的煤电机组，除特定需求外，原则上采用超超临界且供电煤耗低于 270 克标准煤/千瓦时的机组。设计工况下供电煤耗高于 285 克标准煤/千瓦时的湿冷煤电机组和高于 300 克标准煤/千瓦时的空冷煤电机组不允许新建。到 2025 年，全国火电平均供电煤耗降至 300 克标准煤/千瓦时以下。

对供电煤耗在 300 克标准煤/千瓦时以上的煤电机组实施节煤降耗改造，应加快创造条件实施节能改造，对无法改造的机组逐步淘汰关停，并视情况将具备条件的转为应急备用电源。“十四五”期间改造规模不低于 3.5 亿千瓦。

鼓励现有燃煤发电机组替代供热，积极关停采暖和工业供汽小锅炉，对具备供热条件的纯凝机组开展供热改造，“十四五”期间改造规模力争达到 5000 万千瓦。

存量煤电机组灵活性改造应改尽改，“十四五”期间完成 2 亿千瓦，增加系统调节能力 3000 万～4000 万千瓦，促进清洁能源消纳。“十四五”期间，实现煤电机组灵活制造规模 1.5 亿千瓦。

推动煤电机组节能提效升级和清洁化利用，主要从以下几方面进行：一是开展汽轮机通流改造；二是开展锅炉和汽轮机冷端余热深度利用改造；三是开展煤电机组能量梯级利用改造；四是探索高温亚临界综合升级改造；五是推动煤电机组清洁化利用。

开展煤电机组供热改造，主要关注以下几点：一是全力拓展集中式供热需求。鼓励有条件的地区通过替代建设高效清洁供热热源等方式，逐步淘汰单机容量小、能耗高、污染重的燃煤小热电机组。二是推动具备条件的纯凝机组开展热电联产改造。鼓励具备条件的机组改造为背压热电联产机组，加大力度推广应用工业余热供热、热泵供热等先进供热技术。三是优化已投产热电联产机组运行。鼓励对热电联产机组实施技术改造，充分回收利用电厂余热，进一步提高供热能力，满足新增热负荷。

全面清理违法、违规燃煤自备电厂，严格按照国家能耗、环保政策和相关标准梳理不达标机组，对于符合淘汰条件的自备机组应限时实施淘汰关停，并做好电源热源衔接，排放和能耗水平偏高的自备机组要加快实施超低排放和节能改造。同时优化煤电机组运行管理，提升大容量高参数机组负荷利用率，提升煤电企业的管理水平，提升电煤煤质。充分发挥市场作用，平抑电煤价格大幅波动，确保电厂燃用设计煤种，最大限度避免因燃料品质波动造成的机组实际运行能耗增加。

3. 基于可再生能源的供暖方式协同

支持建设可再生能源与其他供暖方式相结合的互补供暖体系。在乡村振兴战略实施过程中，做好可再生能源供暖与乡村振兴战略规划的衔接，将可再生能源作为满足乡村取暖需求的重要方式之一。2021 年 2 月，国家能源局发布《关于因地制宜做好可再生能源供暖相关工作的通知》，将可再生能源供暖作为区域能源规划的一项重要内容，要求在可再生能源发展目标中明确供暖发展目标，根据当地资源禀赋和用能需求推广可再生能源供暖技术，合理布局可再生能源供暖项目。做好可再生能源供暖与其他供暖方式的衔接工作，在城市更新、城镇新区、产业园（区）的规划建设过程中做好可再生能源供暖与城市发展规划的衔接，促进可再生能源与常规能源供暖系统融合。重点关注城镇供暖体系和热力管网的规划设计与改造，根据可再生能源的特点优化设计供热管网。

积极推广地热能供暖。重点推进中深层地热能供暖，按照“以灌定采、采灌均衡、水热均衡”的原则实施总量控制，分区分类管理，以集中与分散相结合的方式推进中深层地热能供暖。在条件适宜的地区加大“井下换热”技术推广应用力度。积极开发浅层地热能供暖，经济高效替代散煤供暖，在有条件的地区发展地表水源、土壤源、地下水源供暖制冷等。鼓励利用油田采出水开展地热能供暖、地下水资源与所含矿物质资源综合利用等。在地下水饮用水水源地及其保护区范围内，禁止将保护的目标含水层作为热泵水源。在地下水禁限采区、深层（承压）含水层以及地热水无法有效回灌的地区或对应含水层，禁止以地下水作为热泵水源。地下水回灌不得造成地下水污染。

合理发展生物质能供暖。有序发展生物质热电联产，因地制宜加快生物质发电向热电联产转型升级，为具备资源条件的县城、人口集中的农村提供民用供暖以及为中小工业园区集中供热。合理发展以农林生物质、生物质成型燃料、生物天然气等为燃料的生物质供暖，鼓励采用大中型锅炉在农村、城镇等人口聚集区进行区域集中供暖。生物质锅炉不得掺烧煤炭、垃圾、工业固体废物等其他物料，配套建设布袋除尘等高效治污设施，确保达标排放，鼓励达到超低排放。在大气污染防治非重点地区农村，可按照就地取材原则，因地制宜推广户用生物质供暖。

继续推进太阳能、风电供暖。鼓励大中型城市有供暖需求的民用建筑优先使用太阳能供暖系统；鼓励在小城镇和农村地区使用户用太阳能供暖系统；在农业大棚、养殖等用热需求大且与太阳能特性相匹配的行业充分利用太阳能供暖；在集中供暖网未覆盖、有冷热双供需求的地区试点使用太阳能热水、供暖和制冷三联供系统；鼓励采用太阳能供暖与其他供暖方式相结合的互补供暖系统。构建政府、电网企业、发电企业、用户侧共同参与的风电供暖协作机制，通过热力站点蓄热锅炉与风电场联合调度运行实现风电清洁供暖，提高风电供暖项目整体运营效率和经济性。继续推动试点示范工作和重大项目建设。

鼓励以县为单位推进生物质清洁供暖运行管理，一个县域由一个项目单位统一推进，统筹规划布局、完善建设方案、强化项目运营、协调资源收储、完善终端服务，破解生物质供暖小而散的问题，规范管理体系，提升经济竞争力。积极探索分散型农村生物质资源利用管理模式，鼓励在居住分散、集中供暖供气困难、生物质资源丰富的农村地区，以县域为单位统筹考虑开展生物质能加工站建设试点，对当地生物质资源实行统一开发、运营、服务和管理，有效降低农村地区生物质能取暖成本，提高农村生物质资源综合利用水平。坚持试点先行，鼓励开展以清洁能源为主体的局域电网和微电网建设，支持将风电、光伏、储能和微电网方式用于北方地区取暖。

做好可再生能源供暖支持政策保障，综合考虑可再生能源与常规能源供暖成本、居民承受能力等因素，合理制定供暖价格，探索建立符合市场化原则的可再生能源供暖投资运营模式。鼓励地方对地热能供暖、生物质能清洁供暖等可再生能源供暖项目积极给予支持。鼓励优先建设生物质热电联产项目，从严控制只发电不供热项目。同等条件下，生物质发电补贴优先支持生物质热电联产项目。地热能、户用成型燃料炉具等居民供暖方式不受供热特许经营权限制。支持参与地热勘探评价的企业优先获得地热资源特许经营资格。出台体现生物质特点和清洁取暖要求的生物质成型燃料标准和生物质炉具产品标准。加强对关键技术设备的研发支持，完善可再生能源供暖政府管理体系。

各部委重视2021年冬季和2022年春季保供工作，重点归纳为以下几方面：

（1）民生用能方面：充分保障民生用能，组织煤炭企业与发电企业签订电煤中长协，实现对发电供热用煤合同全覆盖。将燃气公交车、出租车全部纳入民生用气范围予以保障；严格按价格政策保持稳定，对居民生活用电实行政府定价，对居民生活用气实行基准门站价格加合理浮动机制管理；切实完善民生用能保障的责任机制和技术条件，部分时段必须坚持民生优先，统筹协调好保障民生用能和部分工商业生产用能的关系；地方须落实好保障民生用能的主体责任，供能企业须落实好民生用能的供应保障责任。

（2）电力方面：提前制定冬季电力用煤用气保供方案，做好发电用煤用气保障。统筹加强电力保供能力建设。加快推进重要电源电网项目建设，保障煤电、气电机组充分出力，促进清洁能源多发满发，多渠道提升电力供应能力。各地切实组织好电力市场交易，严格落实燃煤发电“基准价 + 上下浮动”的市场化价格机制，让更多电量进入市场交易，不得对市场价格在合理范围内的正常浮动进行不当干预，让价格合理反映电力供需和成本变化。科学制定实施有序用电方案。做到“三个必须坚持”：必须坚持“压非保民”，严格保障民生和重要用户用电；必须坚持“用户知情、合同约定”，确保企业对可中断负荷规模、执行条件等充分了解，组织供电企业、用户、政府主管部门签订合同或协议；必须坚持“限电不拉闸”，科学安排有序用电，严禁拉闸限电。

（3）煤炭资源方面：一是在确保安全的前提下全力增产增供。指导煤炭主产区和重点企业科学制订生产计划，安全有效释放先进产能。二是进一步核增和投产优质产能。支持具备条件的优质产能煤矿释放先进产能。三是适度增加煤炭进口。支持企业用好国际资源，保持适度进口规模，有效补充国内供应。四是着力提升存煤水平。支持地方和企业加强煤炭储备能力建设，准备一定规模应急储备资源，着力增加电厂存煤。五是重点保障发电供热用煤需要。发挥煤炭中长期合同“压舱石”作用，在年度中长期合同的基础上，组织产运需企业补签合同，推进发电供热用煤中长期合同全覆盖，同时加强履约监管，保障发电供热等民生用煤稳定供应和价格平稳。六是规范市场运行秩序。会同有关部门加强市场监管，严厉查处哄抬价格等违规行为，稳定社会预期。

（4）天然气方面：持之以恒扎实推进天然气产供储销体系建设，大力推动国内增储上产，加强进口统筹协调，加快提升储气能力，保持对国际气价上涨影响总体可控。我国对居民用气实行基准门站价格管理，国际气价上涨对居民生活等民生用气影响可控制到最低限度。针对今冬明春国际国内天然气市场形势，会同有关部门和企业及早采取措施保障天然气安全稳定供应，确保群众安全温暖过冬。

（5）其他能源方面：持之以恒、稳步推进能源产供储销体系建设，统筹好能源保供和低碳转型关系，坚持“先立后破”，大力推进以沙漠戈壁荒漠为重点的大型风电、光伏基地建设，加快应急备用和调峰电源建设，同时积极推进煤炭、天然气、原油储备以及储能能力建设。

（6）财税金融方面：认真落实缓解煤电企业经营困难的财税金融措施。按照国务院要求，有关部门细化完善相关的支持措施，跟金融机构和相关企业做具体的沟通指导，以切实保障煤电企业购煤等合理融资需求。

（7）煤电机组方面：推动煤电机组应发尽发。协调电网企业和发电企业加强电煤保障，快速抢修机组故障，全面启动临时停运发电机组，提高供应保障能力。

（8）机制方面：完善和强化跨部门协调机制。按照国务院常务会议要求，结合形势和工作需要，进一步完善煤电油气运保障工作部际协调机制，形成最大合力，统筹协调和督促指导全国煤电油气运保障工作，各部门一起快速梳理当前存在的问题，针对性地、及时地解决这些问题。

（9）其他方面：坚决遏制“两高”项目盲目不合理用能。有关地区统筹考虑能源保供，统筹考虑产业链、供应链安全等相关因素，有序实施“两高”项目限电，坚决遏制“两高”项目盲目发展。提升有序用电管理水平，及时调整完善有序用电方案，切实做到合同约定、用户知情，确保方案可执行、可操作，能够科学实施。

从成果来看：国家发展改革委等部门高度重视供暖季能源保供工作，采取有力措施，多渠道增加保供资源，能源保供稳价取得新的阶段性成效。2021 年 11 月 10 日，煤炭调度日产量达到 1205 万吨创历史新高，较上一个峰值增加 12 万吨；供煤大于耗煤 200 万吨，电厂存煤达到 1.23 亿吨，可用天数超过 21 天。截至 2021 年 11 月 11 日，不限电连续超过 5 天；各省市柴油库存都达到 7 天以上；天然气日稳定供应量在 10 亿立方米以上；煤炭中长协合同稳妥推进，有关部门将对中长协煤炭流向进行全过程闭环监管。能源供需紧张形势大幅度缓解，煤炭产量、天然气储量等能源供应能力稳步上行，为2021年冬季2022年春季能源保供、稳定生产生活奠定了良好基础。

三、地方支持政策

以下，按“2+26”重点城市和气候分带的供暖特征分别介绍。

1. “2+26”重点城市清洁供热政策

“2+26”重点城市是指京津冀大气污染传输通道，包括北京，天津，河北省石家庄、唐山、廊坊、保定、沧州、衡水、邢台、邯郸，山西省太原、阳泉、长治、晋城，山东省济南、淄博、济宁、德州、聊城、滨州、菏泽，河南省郑州、开封、安阳、鹤壁、新乡、焦作、濮阳。

北京对标率先实现碳中和目标。2021年10月，北京市发展改革委、北京市城市管理委员会发布《关于印发北京市可再生能源电力消纳保障工作方案（试行）的通知》明确指出，农业用电和专用计量的供暖电量免于考核。各承担销纳责任的市场主体售电量和用电量中，农业用电和专用计量的供暖电量免于消纳责任权重考核。免于考核电量对应的可再生能源电量分别从市场主体售电量（用电量）和可再生能源电力消纳量中核减。其中，免于考核电量对应的可再生能源电量等于免于考核电量乘以区域最低消纳责任权重。

2021年12月，北京市人民政府印发《北京市“十四五”时期生态环境保护规划》指出立足首都城市战略定位，大力实施绿色北京战略，以首都发展为统领，以满足人民日益增长的优美生态环境需要为根本目的，以生态环境质量改善为核心，以创新绿色低碳为动力，深入打好污染防治攻坚战，全面加强生态环境保护与建设，有效防范生态环境风险，深化区域协同治理，着力构建特大型城市生态环境现代化治理体系，为率先基本实现社会主义现代化奠定坚实的生态环境基础。同时，在清洁供热方面，文件明确加强可再生能源供应保障，建立稳定的可再生能源保障体系，深化与河北、内蒙古、山西等地区能源合作，鼓励本地能源企业在更大空间范围积极投资绿电项目，统筹本地及周边区域设施布局。推动绿电进京输送通道和配电调峰储能等设施建设，提升北京电网“多方向、多来源、多元化”受电能力和系统灵活性。逐步理顺外调绿电输配、交易和消纳机制，形成有利于促进绿色电力调入和消纳的政策环境。到2025年，外调绿电力争达到300亿千瓦时，可再生能源消费比重达到14%左右。

强化本地可再生能源开发利用。聚焦城市能源消费重点领域，因地制宜推进本地光伏、风电、热泵等可再生能源技术规模化应用，实现多能互补。大力推动可再生能源电力应用，在城镇建筑、基础设施、产业园区、公共机构、农业农村等领域加快使用分布式太阳能光伏发电系统，有序发展风电和垃圾焚烧发电。加快推进可再生能源供热发展，引导重点开发区域、新建建筑等领域优先采用浅层地源热泵供暖，在污水处理厂及周边区域优先利用再生水源热泵供暖，在农村地区、公共建筑等领域推广空气源热泵应用。到2025年，可再生能源供热面积达到10%以上。

在能源方面：一是严格控制煤炭消费。现有燃煤机组作为应急备用机组。因地制宜推进剩余村庄及农业生产和公共设施清洁能源改造，完善农村清洁能源供应保障体系。健全清洁取暖设备运维服务机制，防止散煤复烧。二是有序控制天然气使用规模。增加外部绿色电力调入规模，适度降低本地燃气机组发电占比。发展多方式、多能源相结合的安全供热体系，加大电厂和供热锅炉余热回收利用力度；积极推动老旧燃气锅炉绿色化改造，严格控制新增独立燃气供热系统，推进电力、太阳能等综合供热体系建设，逐步减少供热领域燃气需求。推进燃气壁挂炉升级。到2025年，天然气消费总量达到峰值，控制在200亿立方米左右。

在建筑节能方面：强化建筑运行能耗管理。推进建筑绿色发展条例立法。推动供热系统全面提效，研究制定供暖系统重构方案和供暖系统节能改造方案，大力推广供热分户计量和末端智能化控制，提升供热设备能效，减少供暖能耗。到2025年，单位建筑面积供暖能耗下降10%左右。

天津市为积极做好碳达峰碳中和工作，制定了农作物秸秆综合利用工作方案，明确了全市坚持循环农业绿色发展理念，积极稳固农作物秸秆综合利用水平，年产220万吨农作物秸秆全部禁烧，采取粉碎还田变成有机肥和离田环保处理方式，全面促进农业固碳减排、绿色环保。大力推进能源、产业结构调整和节能减排，将碳达峰目标与“十四五”规划纲要、能耗“双控”目标、重大工程项目相衔接，科学研究指标体系，制定管用政策措施，形成完善行动方案。持续调整优化产业结构，发展光伏、氢能、绿色节能等环保产业，加快石化等传统产业改造升级，紧盯高耗能重点领域，进一步压减煤炭消费，加大绿色电力调入比例。

河北、河南、山东、山西等地都在有序推进清洁供热工程。2020 年 12 月，石家庄市人民政府印发《石家庄市 2021 年农村地区气代煤电代煤工作方案》，指出 2020 年是收官之年，石家庄市平原地区已基本完成生活和冬季取暖散煤替代的任务目标，2021 年市级政府不再统一组织双代改造工作。2021 年各县（市、区）可自行组织全域排查，对因农户翻盖住房、长期外出打工人员返乡等小部分未改造户进行查漏补缺，实施双代改造，确保平原地区散煤清零。2021 年，各县（市、区）根据本地实际情况，按照农户自愿的原则，可对已使用 3 年以上已出质保期的功率大、效果差的电暖器、电锅炉、石墨烯等采暖设备采用热泵技术、光热 + 等电代煤节能设备进行置换，确保采暖效果，确保满足农户采暖需求。

河南省以地热、生物质供暖为重点持续开展供热能力提升工作，预计 2021 年新增供热能力 5400 万平方米，其中地热供暖 1400 万平方米、生物质供暖 1000 万平方米、热电联产集中供热 3000 万平方米，全省清洁取暖率将进一步提高。河南省人民政府《关于印发河南省国民经济和社会发展第十四个五年规划和二〇三五年远景目标纲要的通知》，指出坚持集中式和分布式并举，大力发展风能、太阳能、生物质能、地热等新能源和可再生能源，推进沿黄绿色能源廊道建设，拓展农村能源革命试点示范，非化石能源占能源消费总量比重提高 5 个百分点以上。加强氢能技术研发应用，提高工业副产氢纯化水平，开展可再生能源电解水制氢示范，培育氢能产储运用全产业链。推进煤矿绿色智能化升级，有序释放优质产能。合理控制煤电建设规模和发展节奏，重点在电力缺口较大地区布局大容量高效清洁支撑电源，大气污染防治重点区域城市原则上不再建设除民生热电外的煤电项目。稳定原油、天然气产量，加强页岩气勘探开发，推进煤层气

（瓦斯）抽采利用。有序发展天然气调峰电站和热电冷多联供。推动风光水火储一体化和源网荷储一体化发展，支持大数据中心等用电大户配套建设储能设施，合理布局建设大型煤炭储备基地，鼓励大型燃煤电厂、煤炭企业等改扩建储煤设施。

2021年8月，《山东省能源发展“十四五”规划》发布，指出依托沿海核电项目，加快核能供热、海水淡化等综合利用。全面建成国家能源核能供热商用示范工程，实现海阳市450万平方米核能供热“全覆盖”，打造全国首个“零碳”供暖城市；积极推进海阳核电向烟台市区、青岛即墨等地跨区域供热。结合煤炭消费减量替代和清洁供暖需要，在济南、淄博、潍坊、烟台、滨州等地稳妥开展核能小堆选址，适时启动示范工程建设；推广应用新型水煤浆技术及锅炉设备，推进煤炭清洁高效利用。提升供热、燃气等能源基础设施覆盖范围和建设水平，大力推广用热量分户计量，加快工业余热在城镇供热的规模化应用，推广可再生能源供暖、水源热泵、空气源热泵等清洁取暖方式。推进农林牧生物质资源的能源化利用，加快生物质天然气、生物质能清洁取暖等应用。因地制宜发展地热能供暖（供冷）、太阳能供暖项目。2021年9月，《落实“六稳”“六保”促进高质量发展政策清单（第四批）》指出，整合胶东半岛地区热力市场资源，在具备条件的地区优先采用核能供暖。2021年底前青岛、烟台、威海3市将核能供暖纳入城市供暖规划，3市参照不高于“煤改气”“煤改电”的清洁供暖补贴标准，制定符合本地实际的核能供暖支持政策（牵头单位为省能源局、省住房城乡建设厅、省财政厅）。11月，《山东省深入推进新型城镇化三年行动方案（2021—2023年）》提出，推广绿色节能建筑，制定推动城乡建设绿色发展的若干措施，城镇新建民用建筑全面执行绿色建筑标准，新增绿色建筑2.5亿平方米。实施国家核能供热商用示范工程，建设核能零碳供暖城市。推进清洁取暖改造及集中供热替代，加快太阳能、地热能、生物质能、空气能等清洁能源建筑应用。

山西省能源局发布《关于及早做好2021年清洁取暖改造相关工作的通知》，指出2017—2020年，全省累计完成清洁取暖改造约509.45万户，清洁取暖覆盖率达到80%以上，提前一年完成《北方地区冬季清洁取暖规划（2017—2021)》要求的“到2021年底，北方地区清洁取暖率达到70%”的目标任务，全省清洁取暖改造主要任务已由工程改造逐步转向巩固成果、实现稳定运行阶段。财政部发布《关于提前下达2021年大气污染防治资金预算的通知》，2021年总计安排清洁取暖试点补助资金73.4亿元。山西阳泉、长治、晋城、晋中、运城、临汾、吕梁入选2021年北方地区冬季清洁取暖试点补助资金试点城市名单。山西省获得16.2亿元的清洁取暖试点补助资金，其中阳泉、长治、晋城均为3亿元，晋中、运城、临汾、吕梁均为1.8亿元。

2. 西北严寒地区清洁供热相关政策

西北地区包括陕西、甘肃、青海、宁夏、新疆和内蒙古6个省（自治区)，面积广大，约占全国面积的30%。在清洁供热推行方面，2021年1月，青海省西宁市发布《关于制定国民经济和社会发展第十四个五年规划和二〇三五年远景目标的建议》，“十四五”期间西宁将推广城乡清洁取暖，合理优化供热分区，加快供热设施改造升级，建设清洁取暖试点城市。

2021年2月召开的新疆维吾尔自治区第十三届人民代表大会第四次会议中宣读的《政府工作报告》指出，牢固树立以人民为中心的发展思想，聚焦解决人民群众最急最忧最盼的问题，坚持把本级财政支出的70%以上用于保障和改善民生。实施“煤改电”工程。在完成南疆煤改电（一期）工程剩余的28.7万户改造任务的基础上，进一步拓展到南疆五地州和北疆、东疆有条件的县（市)，将“煤改电”“煤改气”结合起来，着力改善各族群众生活条件，降低群年生活成本。

2021年9月，陕西省《关于印发加快建立健全绿色低碳循环发展经济体系若干措施的通知》，指出要推动能源体系绿色低碳转型，积极发展可再生能源，继续扩大风电、光伏发电规模，因地制宜发展地热能。到2025年非化石能源装机占比提高到49.5%，地热能供暖面积提高到7000万平方米，全省非化石能源消费占比达到16%。加快编制《陕西省氢能产业发展规划》，推动氢能产业发展，形成2~3个千吨级燃料电池级氢气工厂。增加农村清洁能源供应，因地制宜推动农村发展生物质能。优化煤电发展规模和布局，持续推动淘汰落后产能、煤电机组节能和超低排放升级改造。关中地区新建耗煤项目实施煤炭消费减量替代，到2025年实现煤炭消费负增长。宁夏回族自治区人民政府办公厅《关于印发宁夏回族自治区生态环境保护“十四五”规划的通知》和《关于印发宁夏回族自治区科技创新“十四五”规划的通知》，明确提出要提高绿色建筑建设标准，进一步提高绿色建筑比例，推广采用可再生能源解决建筑供暖；开展资源绿色勘探、煤炭清洁转化、高耗能产业生产工艺绿色低碳循环改造、电网智能化改造、新能源消纳能力提升、大规模输电及安全控制、建筑节能等资源高效利用关键技术研发与应用，集成应用先进节能环保技术设备。研发应用生物质成型燃料+生物质锅炉替代燃煤锅炉清洁供暖技术及生物质供热物联网系统。研发应用污泥减量化与资源化高效利用关键技术。

3. 东北地区清洁供热相关政策

东北地区清洁供热主要是指黑龙江、吉林、辽宁三省清洁供热。

2020年12月，《中共哈尔滨市委关于制定国民经济和社会发展第十四个五年规划和二〇三五年远景目标的建议》指出，促进绿色循环低碳发展。全面推行清洁生产，支持重点企业实施绿色改造，推广普及绿色产品。提高能源利用效率，改善能源结构，推进城市冬季清洁供暖，积极发展风能、太阳能、地热能、生物质能等新能源供暖，合理降低碳排放强度。实施全民节能行动计划，加强节能技术改造，单位国内生产总值能耗降幅达到国家和省要求。落实国家节水行动，推广高效节水技术和产品。广泛应用节能技术和模式，全面推广绿色建筑。推进排污权有偿使用交易试点，探索开展碳汇交易等生态产品交易。2021年8月，黑龙江省生态环境厅印发《省生态环境厅贯彻落实国家和我省“十四五”规划纲要主要目标任务工作方案》，指出要协调推进经济社会高质量发展和生态环境高水平保护，突出精准治污、科学治污、依法治污，深入打好污染防治攻坚战。到2025年，生态文明建设取得新突破，单位国内生产总值二氧化碳排放降低、地级及以上城市空气质量优良天数比率、地表水达到或好于Ⅲ类水体比例等约束性指标任务全面完成，污染物排放总量持续降低，基本消除重污染天气。实施散煤污染治理“三重一改”攻坚行动，重点地区散煤使用量削减50%，哈尔滨市主城区建成区基本实现散煤清零。推进清洁取暖，逐步扩大智慧供暖试点，支持利用生物质、地热、干热岩等清洁能源供暖。

2020年12月，吉林省能源局发布《关于组织申报2020年电清洁取暖优秀示范项目的通知》及《关于组织申报2021年电清洁取暖教育示范县试点城市的通知》，明确继续通过示范试点推动电清洁取暖推广工作再提速，实现销纳部分富余电力的目标。对入选的示范项目，吉林省财政一次性给予定额50万元的示范奖补。示范试点城市要求满足：在规定的时限内，市（州）级改造电清洁供暖面积原则上不低于60000平方米、县（市）级改造电清洁供暖面积原则上不低于40000平方米，5所学校以上。对入选的示范城市，原则上每个市（州）支持1200万元，每个县（市）支持800万元。2021年12月，为加快推进吉林省秸秆资源能源化利用，打通秸秆资源到供热市场的产业链，缓解县域、乡镇集中供热燃煤缺口，保障民生供暖需求，吉林省发展改革委发布《关于“秸秆变绿煤”工程实施方案公开征求社会意见的公告》，提出利用二至三年时间，形成年收储1000万吨秸秆原料，加工转化为700万吨秸秆压块成型燃料/颗粒燃料能力，长效解决县域、乡镇集中供热和工业园区热源燃煤缺口，保障2亿平方米供热面积的燃料需求，绿色替代560万吨燃煤。

2021年4月，辽宁省人民政府发布《辽宁省国民经济和社会发展第十四个五年规划和二〇三五年远景目标纲要》，按照“宜气则气、宜电则电、宜煤则煤”的原则规划了重大清洁能源项目48个（类），总投资超过8000亿元，涵盖风电、光伏、核电、抽水蓄能、天然气、氢能和清洁取暖等领域。辽宁省将在“十四五”时期推进清洁取暖项目投资410亿元，重点实施大型热源厂超低排放改造、城乡热网改造、工业余热利用、“煤改气”、“煤改电”、光热+、光伏+微风、生物质、清洁炉具、核能供暖等项目，确保人民群众清洁温暖过冬。积极巩固散煤替代成果，进一步改善农村人居环境和生态空间。

4. 南方过渡带地区清洁供热相关政策

2021年11月，贵州省能源局印发《贵州省地热能产业发展“十四五”规划》以推动区域集中供暖供冷，满足民生重大需求。随着经济社会发展，人民群众对美好生活的需求日益增长，推动南方供暖供冷提上了议事日程，国内许多南方城市的小区做了一些尝试，取得了良好的成效。对于贵州日照偏少、阴冷潮湿的气候条件，采用清洁低碳、节能环保、持续稳定、技术工艺成熟的地热能供暖（制冷）是经济适用的选择。大力推动地热能在居民集中供暖（制冷）领域的推广使用，将极大地提高居民的生活质量，增强其获得感、幸福感，对提升城市品位、改善民生意义重大。

总体上看，地方性政策的特点可以概括如下。

推进清洁供暖转型，实现生态文明建设新进步。

“十四五”时期是我国在全面建成小康社会、实现第一个百年奋斗目标之后，乘势而上开启全面建设社会主义现代化国家新征程、向第二个百年奋斗目标进军的第一个五年。迈向历史新进程，生态文明建设要实现新进步。推进清洁供暖作为重大民生、民心工程，对于能源资源利用效率提高，污染物排放总量持续减少，城乡人居环境更加优美等具有重大意义。在各地方国民经济和社会发展第十四个五年规划和二〇三五年远景目标中要求深入打好蓝天、碧水、净土保卫战，坚持大气污染区域治理，积极稳妥推进冬季清洁安全取暖。为持续深入打好污染防治攻坚战，实现减污降碳协同效应，进一步提升生态环境质量，各地要大力推广使用可再生能源，坚持因地制宜做好清洁供暖工作。北京、河北等北方地区明确提出，推动可再生能源规模化利用，因地制宜推进风电、光伏太阳能等取暖方式。要求研究制定新能源和可再生能源应用支持政策；农村地区科学有序推进煤改清洁能源，全力做好清洁取暖工程扫尾。

优化清洁供暖路径，实现清洁供暖全覆盖。

为推进清洁供暖工作顺利进行，各地出台清洁供暖工作实施方案并下达清洁供暖专项补贴资金，全力保障清洁供暖项目建设。通过优化清洁供暖路径，将清洁供暖与城乡基础设施建设和乡村振兴工作有机结合，鼓励积极采用生物质能、太阳能、地热能等可再生能源供暖方式，大力支持新型储能、储热、热泵、综合智慧能源系统等技术应用，探索推广综合能源服务，提高能源利用效率。落实清洁供暖补助资金，做好清洁供暖补贴政策延续和宣传，防止补贴退坡导致散煤复烧。山东等多地发布清洁取暖相关政策，明确要求清洁取暖多元化，按照“宜电则电、宜气则气、宜清洁煤则清洁煤、宜可再生则可再生”的原则，选择合适的清洁取暖方式，形成相对成熟的可持续商业运行模式，在此基础上提高各地的清洁供暖率。2021 年 4 月 21 日，财政部等四部门共同发布《2021 年北方地区冬季清洁取暖项目竞争性评审结果公示》，拟将烟台市、忻州市、泰安市、承德市、大同市、许昌市、秦皇岛市、潍坊市、榆林市、朔州市、延安市、北京市、阜新市、佳木斯市、包头市、海西州、乌鲁木齐市、辽源市、兰州市、吴忠市等 20 个城市的清洁取暖项目确定为 2021 年大气污染防治资金支持的北方地区冬季清洁取暖项目。这些是清洁取暖第四批试点城市，出台相关政策明确了清洁取暖率，如包头要求 2023 年清洁取暖率达到 100%，农村牧区清洁取暖率显著提升达到 75% 以上。

构建清洁供暖新能源体系，助力“双碳”目标实现。

在“双碳”目标要求下，清洁供暖应当以“安全、高效、清洁、低碳、经济、智能”为特征，各地发掘清洁能源优势，重点实施可再生能源项目，构建以可再生能源为主导的清洁供暖体系，保障人民群众温暖过冬。在生物质资源丰富的东北地区积极推动“秸秆变绿煤”等工程的实施，如吉林省目标是利用二至三年时间形成年收储 1000 万吨秸秆加工转化为 700 万吨秸秆压块成型燃料/颗粒燃料能力，长效解决县域、乡镇集中供热和工业园区热源燃煤缺口，保障 2 亿平方米供热面积的燃料需求，绿色替代 560 万吨燃煤。青海拥有丰富的清洁能源资源，在全力实施“洁净三江源”和清洁取暖示范县工程基础上，循序渐进扩大试点改造范围。构建以可再生能源供暖、地热供暖、电供暖为主导的清洁供暖体系，率先实现全省供暖清洁化。南方地区也在积极布局可再生能源用于供热项目的规划，要求充分发掘地热等可再生资源，推动南方区域集中供暖供冷，改善民生重大需求。

CHIC
清洁供热产业委员会
Clean Heating Industry Committee

第三篇　低碳技术支持

清洁低碳供热需要做三个方面的技术工作：建筑侧降低供热需求，热网侧提高管理运维水平，热源侧清洁化低碳化。前两者是基础工作，多年来已有明显进步。借助物联网、人工智能等新一代信息技术，热网正在逐步走向“精准供热”和“按需送热”。

本篇介绍“双碳”目标下的热源侧清洁低碳技术。热源侧清洁低碳化有四个要点：一是有序取消单纯用于供热的煤炭、天然气等含碳高的热源，减少直接碳排放；二是充分挖掘余热潜力，推进热电联产、工业余热利用，在不增加碳排放的前提条件下显著增强系统供热能力；三是努力提高太阳能、地热、生物质等可再生能源在热源结构中的比例；四是因地制宜推动供热系统电气化程度，结合未来电力系统低碳化降低间接碳排放。

一、余热利用技术

1. 电厂乏汽余热回收技术

目前热电厂绝大多数都采用抽汽供热方式，在供热工况下，通过凝汽器由循环冷却水带走的热量大约占输入总能量的21%，占供热量的46%。电厂乏汽余热回收技术包括直接换热的低压缸转子光轴改造技术、切除低压缸供热技术、双背压双转子互换技术以及吸收式热泵技术。

直接换热技术的关键在于提高汽轮机排汽背压，将热网回水引入凝汽器与乏汽直接换热，由乏汽余热承担主要的供热负荷，最终由热网尖峰加热器加热后送入热网。直接换热技术的供热系统如图3－1所示。

低压缸转子光轴改造技术和切除低压缸供热技术是利用高参数的中压缸排汽直接加热热网回水，经过低压缸光轴改造或切缸后，在相同进汽量情况下，可以提高机组供热能力，且没有低压缸乏汽排放。这种相当于背压机供热的方式，将抽汽直接用于加热热网水，存在很大的换热损失，其等效供热COP与抽汽供热方式相当。利用分摊法计算得到其发电煤耗，虽然能增加供热量，但煤耗并没有有效降低，与抽汽供热方式相当。

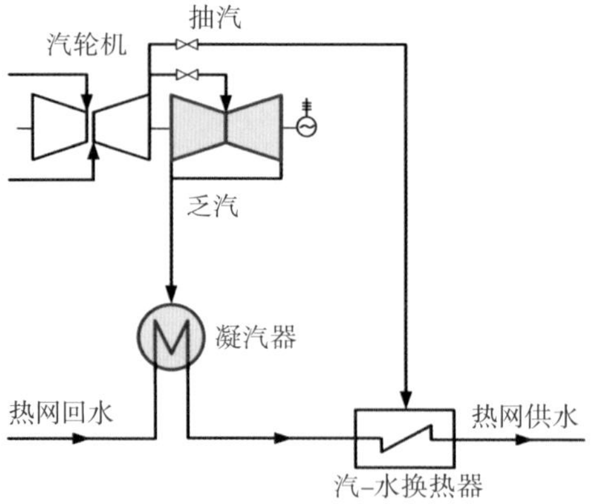

图 3-1　直接换热技术供热系统示意图

高背压的供热方式是在抽汽工况的基础上提高背压或进行换转子改造，热网回水先和低压缸排汽直接换热，可减少一部分尖峰加热抽汽量。在回水温度较高时，为了尽可能多地回收乏汽余热，会尽量提高机组背压增加抽汽流量，对机组发电量影响较大。利用分摊法计算得到不同类型机组高背压供热方式的发电煤耗和供热煤耗，并采用热电变动法计算不同机组的等效供热 COP，取一次网供回水温度为 130/20℃，如表 3-1 所示。

表 3-1　300MW 机组高背压供热方式下的发电煤耗和供热煤耗（回水温度 20℃）

名称	冷却方式	改造方式	背压	发电量	供热量	发电煤耗分摊比例	供热煤耗分摊比例	发电煤耗	供热煤耗	等效供热COP
单位			千帕	兆瓦	兆瓦	%	%	克标准煤/千瓦时	千克标准煤/吉焦	
300MW供热机组	空冷	不换转子	30.0	253.3	472.5	71.8	28.2	271.1	15.9	7.52
		换转子	53.0	259.2	467.4	72.5	27.5	267.4	15.7	8.28
	湿冷	不换转子	11.7	252.2	417.7	74.1	25.1	292.9	17.2	5.25
		换转子	53.0	256.3	466.6	72.3	27.7	280.4	16.4	5.61

为了更多地回收余热，在供热季应更换低压缸转子，其背压为能完全回收机组乏汽余热所需的最低背压。空冷机组自身背压较高，因此提高机组背压的改造方式对发电量的影响较小，可以显著提升总热效率，提高其

等效供热 COP。对于湿冷机组，抽汽量相对来说较少，会有可能出现乏汽余热回收不完的情况，此时热效率较低等效供热的 COP 较小。

利用吸收式热泵技术回收乏汽余热，热网回水的加热流程更接近于多级抽汽梯级加热效果，减少了换热过程中的不可逆损失。在抽汽工况的基础上进行改造，这种供热方式抽汽压力、温度与抽汽供热工况相同，但抽汽流量可有所减少。取同样的热网供回水温度和室外平均温度，利用分摊法计算得到不同类型机组吸收式热泵供热方式的发电煤耗和供热煤耗，并采用热电变动法计算机组的等效供热 COP。

利用吸收式热泵技术回收乏汽余热的供热方式的等效供热 COP 高于前面提到的 3 种回收乏汽余热的供热方式，分摊发电煤耗也远低于前 3 种回收乏汽余热的供热方式。

多台汽轮机同时供热时，系统配置应遵循热网水“梯级加热”的基本原则，系统流程如图 3－2 所示。多台机组按照背压由低到高凝汽器串联，减少换热损失，共同承担供热基本负荷，然后由吸收式热泵回收余热，最后由抽汽直接加热作为调峰。

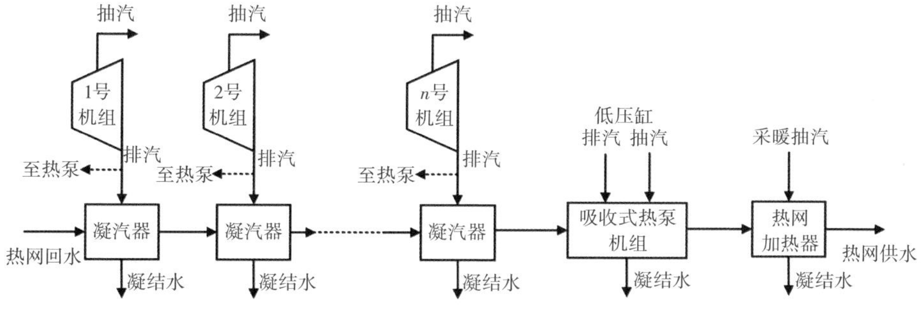

图 3－2 多台汽轮机吸收式热泵供热方式流程图

抽汽供热方式及利用不同乏汽余热回收技术的供热方式的总热效率如图 3－3 所示。抽汽供热方式，由于低压缸排汽热量全部通过冷却塔散掉，总热效率较低。纯凝改造机组散失的乏汽余热更多，热效率更低。低压缸光轴改造或切缸改造，中压缸排汽全部用于供热，总热效率接近于锅炉效率。高背压供热方式，提高背压可更多地回收乏汽余热，在不换低压缸转子的情况下，由于背压提升幅度有限，总热效率较低。采用吸收式热泵技术的供热方式，可利用高品位抽汽作为驱动热源回收乏汽热量，提高系统总热效率。纯凝改供热的机组，当抽汽量较少时，对于单台机组即便采用高背压结合吸收式热泵的方式往往也不能回收全部乏汽余热，应将多台机组串联，利用不同的机组背压和吸收式热泵合理搭配出“梯级加热”的换热流程，尽可能多地回收低压缸乏汽余热，提高系统总热效率。

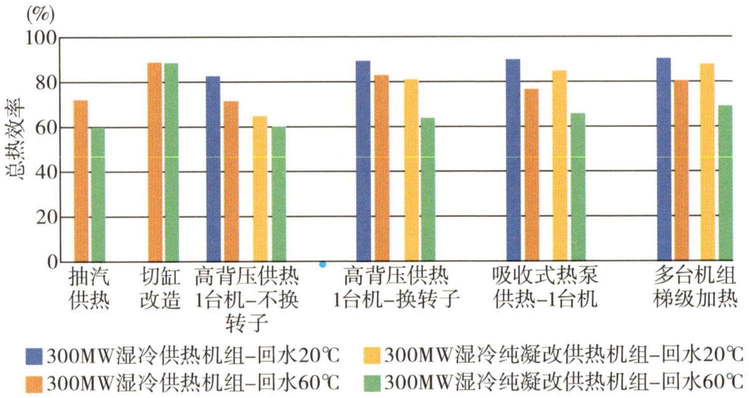

图 3 – 3　不同供热方式的总热效率

对于不同的余热利用供热方式，各自的发电煤耗如表 3 – 2 所示，表中还列出了机组纯凝工况下的发电煤耗和抽汽供热的发电煤耗以做比较。

表 3 – 2　不同供热方式的发电煤耗和供热煤耗

类型			300MW			
			纯凝改供热机组	供热机组	供热机组	纯凝改供热机组
冷却方式			湿冷	空冷	湿冷	空冷
纯凝	发电煤耗	克标准煤/千瓦时	308	301.8	289.2	300.7
抽汽供热（供、回水 130/60℃）	发电煤耗	克标准煤/千瓦时	289.4	285.5	299.9	307
	供热煤耗	千克标准煤/吉焦	20.7	20.4	21.5	22
切缸（供、回水 130/60℃）	发电煤耗	克标准煤/千瓦时	289.8	282.5	300.4	296
	供热煤耗	千克标准煤/吉焦	20.7	20.2	21.5	21.2

续表

类型				300MW			
				纯凝改供热机组	供热机组	供热机组	纯凝改供热机组
冷却方式				湿冷	空冷	湿冷	空冷
高背压供热方式—单台机组（供、回水130/20℃）	不换转子	发电煤耗	克标准煤/千瓦时	292.9	271.1	313.6	300.9
		供热煤耗	千克标准煤/吉焦	17.2	15.9	18.4	17.6
	换转子	发电煤耗	克标准煤/千瓦时	280.4	267.4	299.8	288.3
		供热煤耗	千克标准煤/吉焦	16.4	15.7	17.6	16.9
吸收式热泵供热方式—单台机组（供、回水130/20℃）		发电煤耗	克标准煤/千瓦时	277.8	259.4	284.4	277
		供热煤耗	千克标准煤/吉焦	16.3	15.2	16.7	16.2

2. 余热利用多源协同技术

化工厂、钢铁厂、水泥厂等的工业余热源，余热热量、温度等受生产工艺影响，具有随机的间断性、不可避免的波动性及不稳定性，工艺过程余热量的排放与生产参数的控制是以小时乃至分钟计算和衡量的。工业余热热源在保证其主要生产目标的同时，承担了保障民生的供热任务，工厂的余热供给与用户的热需求之间不匹配。为保证供热安全，工业余热供热系统的供热面积只能按产品产量较小时的余热供热能力来匹配。当产品产量增加时，增加的余热无处可供只能排放，造成余热资源的浪费。因此，需要有协调机制和调节手段，使余热热源的供热参数与供热量的变化与用户热负荷的变化互相协同，如图 3 -4 所示。

工业余热热源应与城市大热网相连，与其他热源相互协调、互通有无。首先，与大热网相连可以利用热网巨大的热惯性平抑工业余热量的随机波动；其次，不同生产工艺的工业余热供热能力特征互不相同，互相联网可实现供热能力互补，平抑供热能力波动；最后，末端分布式燃气锅炉可根据用户的热负荷需求与热网的供热出力进行即时调节。工业余热热源与热网相连后可提高供热安全性。当某个热源由于检修、事故、生产计划等原因导致其供热能力短期内减少或缺失时，对用户的供热体验影响较小，可调度其他联网热源弥补该热源的缺失，末端分布式燃气锅炉可作为

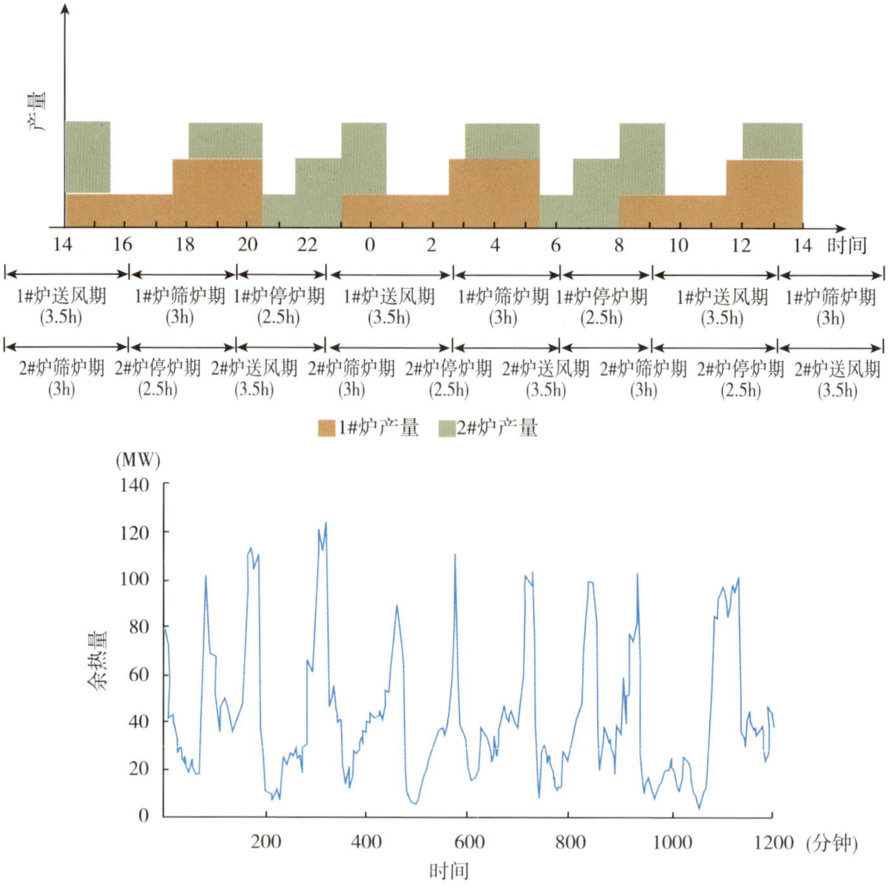

图 3－4　某工业余热出力特征

应急反应热源，及时弥补供热能力缺失。

多种热源连接到同一热网需进行合理配置与调度。工业余热承担供热基本负荷，并采取“以产定热”模式运行，即供热量服从工业生产，随生产的改变而变化。热电厂采取热电协同模式运行，过剩的热量可以转化为电，各电厂之间通过电网相互支撑，为单个电厂变工况应对供热调节创造了条件，能够在一定程度上为工业余热调峰。最终共同承担供热基本负荷的工业余热和热电厂余热，在初末寒期热网优先调度供热成本低、效率高的余热；末端采用分布式燃气调峰，承担 30% 的尖峰热负荷，为热电联产和工业余热热源调峰，作为整个多热源联网系统的供热调峰和应急保障，如图 3 –5 所示。

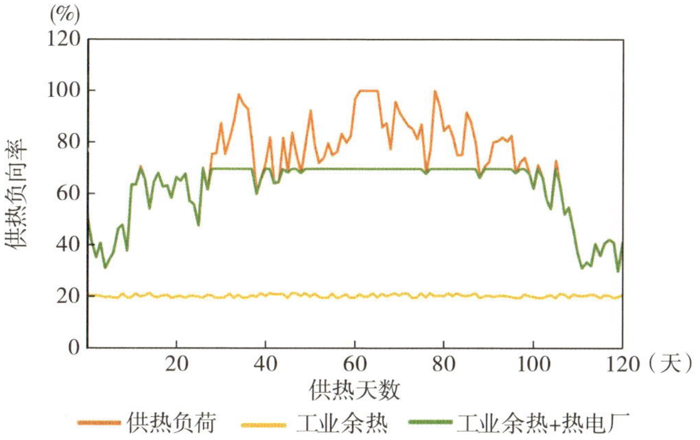

图 3 –5　供热季供热构成

大热网上连接不同种类的热源、不同种类的热用户，不同种类的热源温度品位各不相同，不同热用户所需要的温度品位也存在一定差异。若直接将它们连入热网，会使各种不同温度的热量互相掺混，造成损失。因此，热网参数必须进行统一，所有连接在热网上的热源和热用户均需实现统一的热网参数。可将热源中不同温度的热量传递到统一的热网温度水平下。热网参数的统一也为多热源联网供热创造了可行性，如图 3 –6 所示。

从热量品位看，设计梯级取热流程，通过热交换及热泵等技术按品位从低到高依次回收余热，考虑到热交换过程中的热损失，回收工业余热的热量品位一般不超过 100℃。工业烟气含尘、含酸性气体成分，体积流量大，回收余热时容易出现酸腐蚀及设备体量过大而难以现场安装等问题。冷却循环水、洗涤水等工业循环水余热量大、品位低、水质差，回收余热时余热采集设备和管路可能发生磨损、堵塞或腐蚀，品位需要适当提升后才能用于供暖。

低品位工业余热供暖系统主要有两类（如图 3 –7 所示）：①利用特定换热设备回收较高温度热源（如高炉冲渣水）热量用于供暖；②利用电热泵、吸收式热泵等热功转换设备回收较低温度热源（如冷却循环水）的热

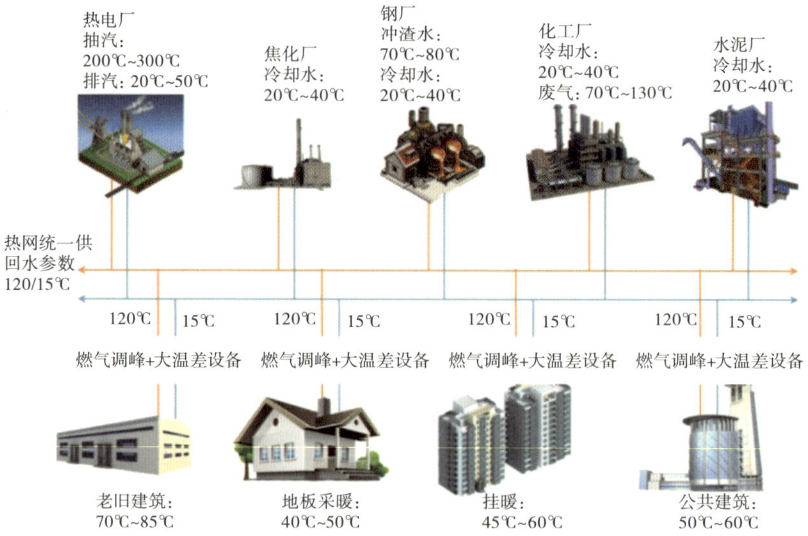

图 3－6　热网供热参数整合

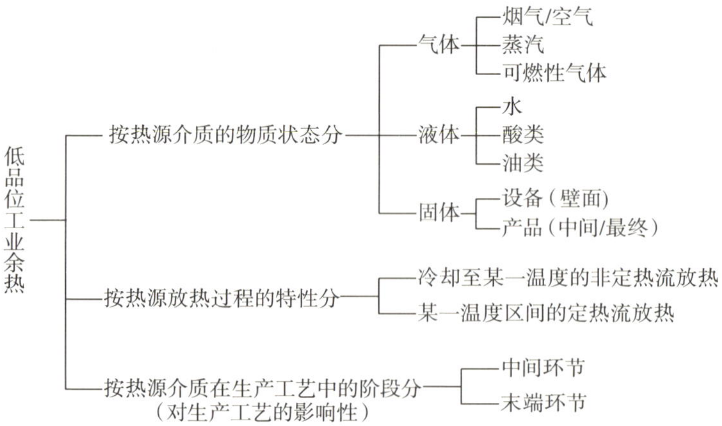

图 3－7　低品位工业余热分类

量，提升温度后用于供暖。

以某钢厂为例，低品位余热资源有高炉冷却循环水、高炉冲渣水等，降低热网回水温度成为系统设计的关键。通过低回水温度、梯级回水两部分热量，再利用厂内自备余热发电机组的高品位抽汽作为驱动进一步回收循环水余热以及承担尖峰加热负荷（如图 3－8 所示）。

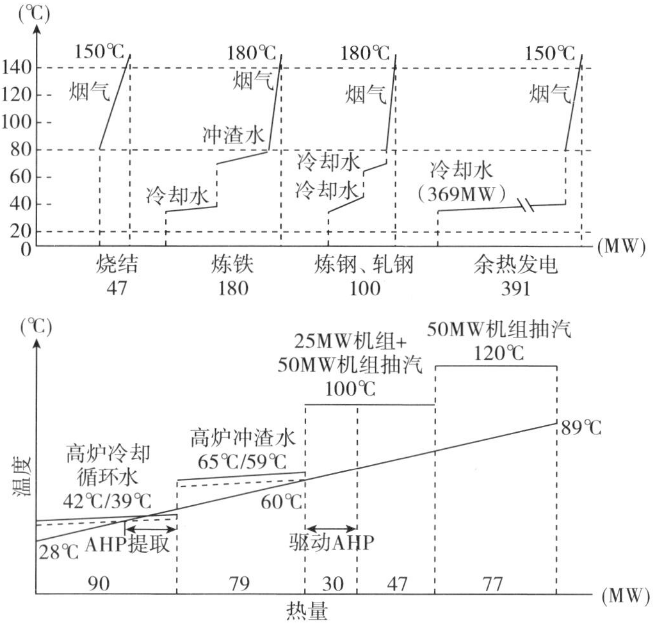

图 3-8 某钢厂余热供热方案温度-热量图

小城镇的工业区与中心城区的距离一般在 5 千米以内，大中城市一般在 10 千米以上，工业余热回收后必须借助热网才能经济可靠地长距离输配给用户。工业余热的间断性特点要求与其他形式的热源（如热电联产、区域锅炉房）通过多热源环网配合才能保证供热。工业余热的采集、整合、输配、调节等的关键在于将热源、热网、用户视为一个整体，统筹优化，破解技术障碍，使更多的低品位工业余热更经济地输配出去，更安全可靠地被末端用户所利用。

3. 烟气余热回收利用技术

本节主要介绍燃气余热回收利用技术。湿法脱硫工艺的广泛应用为低品位烟气余热回收技术创造了条件，针对湿法脱硫工艺后烟气低温、高湿特点，清华大学提出的“湿法脱硫的烟气余热回收与减排一体化技术”，基本流程如图 3-9 所示。在脱硫塔后新设一个直接接触式喷淋塔，烟气进入喷淋塔之后与其中的低温冷却水直接接触换热，温度降低至露点以下回收烟气中的热量。降温后的烟气返回原烟道通过烟囱排放，而升温之后的低温冷却水进入吸收式热泵蒸发器作为低温热源。吸收式热泵机组以高温热源驱动，从低温冷却水中提取热量提供给热网水，在热泵机组中降温的低温冷却水再返回直接接触式喷淋塔，完成一整套循环。

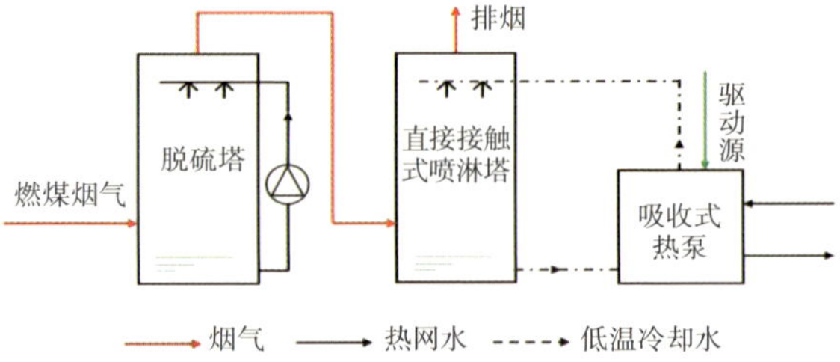

图3－9　湿法脱硫的烟气余热回收与减排一体化技术流程图

烟气中的水蒸气随着烟气温度降低不断凝结，凝结的水分实际上都来自脱硫塔喷淋浆液蒸发的水分，这部分凝结水可经过沉淀后进入脱硫塔补水系统，作为补水返回脱硫塔，能够有效缓解湿法脱硫工艺为电厂带来的补水压力。在直接接触式喷淋塔中，由于烟气与低温中介水直接接触换热，在降温的同时通过中介水对烟气的洗涤作用，还能够有效地降低烟气中 SO_2、NO_x 以及粉尘浓度，减少最终排烟中污染物的排放。

燃气锅炉和燃气热电厂（尤其是燃气热电厂）含有大量的烟气余热未被利用。燃气轮机中天然气燃烧的过量空气系数为 3 左右，导致其烟气量是相同天然气耗量下燃气锅炉的 2 倍以上，因而所排放的烟气含有更多的显热。天然气燃烧生成的大量水蒸气所拥有的潜热也未被利用而排放掉了。

燃气锅炉的热效率随着排烟温度的变化曲线如图 3－10 所示。当排烟温度从 110℃降低到 58℃时，锅炉热效率提升了 4%（显热回收阶段）；而排烟温度从 58℃降低到 24℃的时候（潜热回收阶段），锅炉热效率提升了 10%。在显热回收结束之后，锅炉尚有大量低温余热可供回收，随着锅炉热回收进入潜热阶段，热回收效率随排烟温度的降低提升显著。

烟气余热回收常规技术包括利用热网回水与烟气换热、利用空气与烟气换热或二者的组合，间壁式换热器常用作直接换热设备（如图 3－11 所示）。受热网回水温度高、空气比热容小等因素所限，排烟温度难以降至

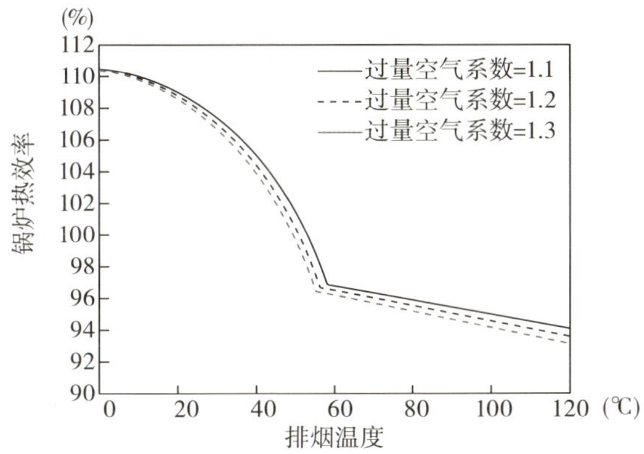

图 3－10 锅炉热效率随排烟温度变化

50℃以下。以锅炉初始排烟温度为100℃，冬季环境空气温度为0℃，含湿量1.3克/千克作为计算基准，在热网回水50℃的情况下，该种余热回收方式可以将排烟温度降低至52℃，系统的余热回收率可以达到48%。这类余热回收方式不能彻底回收烟气余热的根本原因是缺少更低温度的冷源与烟气换热。

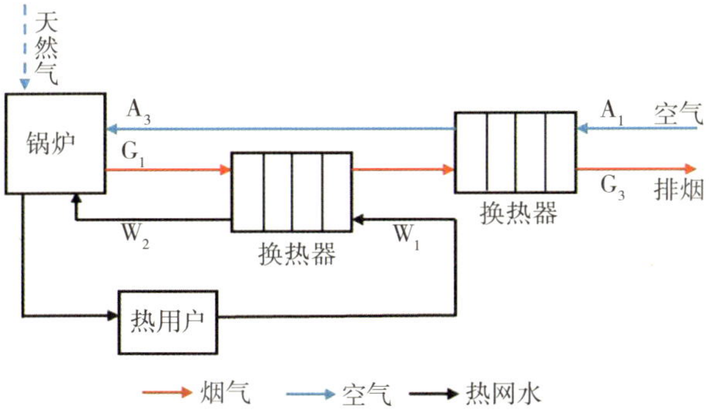

图 3－11 间壁式换热器换热机理

为了获得低温冷源，可以在系统中加入吸收式热泵（如图3－12所示），利用热泵制取低温冷却水，从而达到深度回收余热的目的。热泵产生的烟气与锅炉产生的烟气掺混之后进入间壁式换热器与制取的低温冷却水进行换热，从而深度回收烟气余热。该系统可以采用不同类型的热泵形式（按照驱动分为热水驱动、烟气驱动以及直燃式；按照类型分为开式循环、吸收式以及压缩式)，均有广泛的应用。

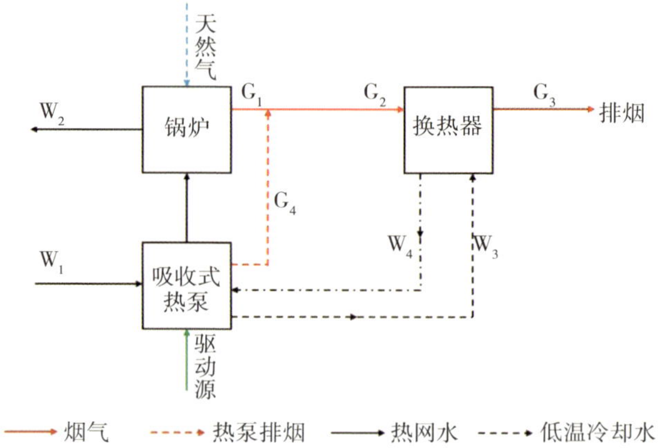

图 3－12　吸收式热泵烟气余热回收系统原理图

在热网回水 50℃的情况下，这种余热回收方式可以将排烟温度经济地降低至 20℃，系统余热回收率可达 80%。该系统使用直接接触式喷淋塔代替间壁式换热器（如图 3－13 所示），可以有效降低腐蚀带来的影响，同时降低设备成本，减少传热传质阻力，提高换热效率。

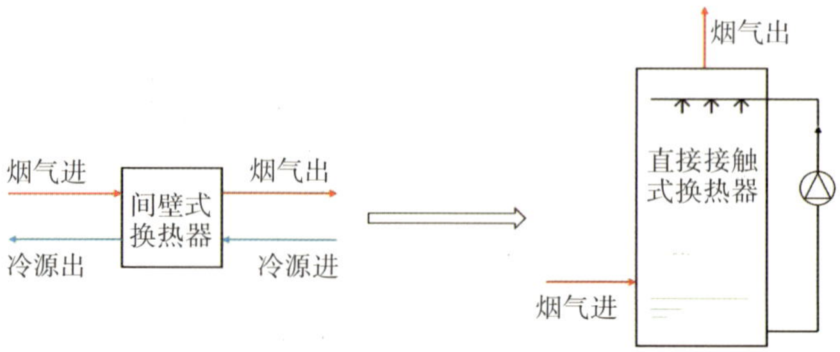

图 3－13　直接接触式喷淋塔流程

用直接接触式喷淋塔与吸收式热泵相结合的烟气余热回收系统已得到大面积应用，在北京、天津、山西、山东、河北等 11 个省市大规模推广，余热供热面积超过 1100 万平方米。

基于空气全热交换的烟气余热回收技术，除降低冷源温度、提高烟气露点外，还可以实现烟气潜热回收。该系统的关键是三个直接接触式喷淋塔，如图 3－14 所示，锅炉烟气（G_1）经过 1 塔降温除湿后进入 2 塔进一步降温除湿之后排出（G_3）；空气（A_1）经过 3 塔升温加湿以后作为助燃空气进入锅炉。2 塔和 3 塔之间有一股循环水不断循环流动，作为介质协助烟气与空气换热。

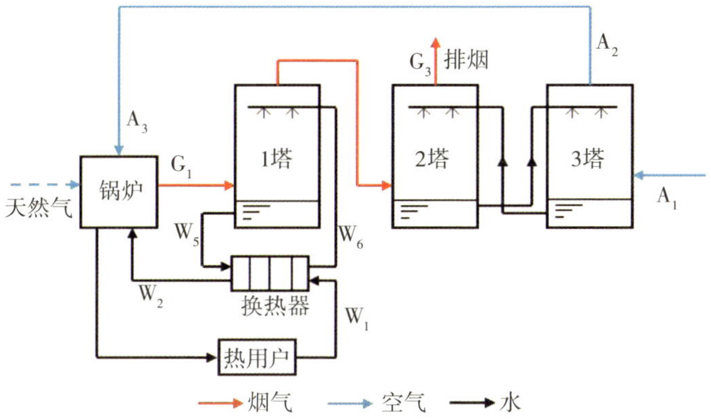

图 3－14 基于气水循环的烟气余热回收系统原理

通过 2 塔和 3 塔实现烟气和空气的全热交换，锅炉进口助燃空气含湿量增加，烟气的露点温度提高，从而在较高温度热网回水条件下就可以回收更多的烟气余热。该种余热回收方式可以将经济排烟温度降低至 23℃，系统的余热回收率可以达到 73%。表 3－3 为不同烟气余热回收技术对比。

表 3－3 不同烟气余热回收技术对比

技术名称	核心部件	核心思想	最终排烟温度（℃）	系统热回收效率（%）
间壁式换热器直接回收烟气余热技术	间壁式换热器	未经处理的冷源与烟气直接换热，降低排烟温度	52	48
吸收式热泵与直接接触式换热相结合的烟气余热回收技术	(a) 吸收式热泵 (b) 直接接触式喷淋塔	降低冷源温度，深度回收烟气余热	20	80
基于烟气空气全热交换的烟气余热回收技术	直接接触式喷淋塔/热回收转轮	提高烟气露点温度，深度回收烟气余热	23	77

二、电动热泵供热技术

热泵是一种充分利用低品位热能的高效节能装置，通过输入少量高品位能量将低温工质的热量转移到高温工质。电动热泵一般应为压缩式热泵，制热性能系数（COP）可达3.0~7.0。按照低温工质热量的来源，热泵可以分为浅层地源热泵、中深层地源热泵、水源热泵、空气源热泵等类型。按照高温工质供热的类型，热泵可以分为热水型和热风型。

1. 不同深度水源热泵技术

水源热泵机组的工作原理是在夏季将建筑物中的热量转移到水源中；在冬季则从相对恒定温度的水源中提取能量，利用热泵原理通过空气或水作为载冷剂提升温度后送到建筑物中，通常水源热泵消耗1千瓦的能量，用户可以得到4千瓦以上的热量或者冷量。水源热泵克服了空气源热泵冬季室外换热器结霜的不足，运行可靠性和制热效率高，近年来在国内应用广泛。

污水源热泵是水源热泵的一个类型，指从污水（生活废水、工业废水、矿井水、河湖海水、工业冷却水、生产工艺排放废水）中提取热量，实现热泵系统对用户的供暖（如图3－15所示）。冬季污水体温度比环境温度高，热泵蒸发温度提高，能效比也会提高。一种是以不经过处理的污水为热源，另一种是以再生水为热源，一般用于城市污水处理厂周边的供热。

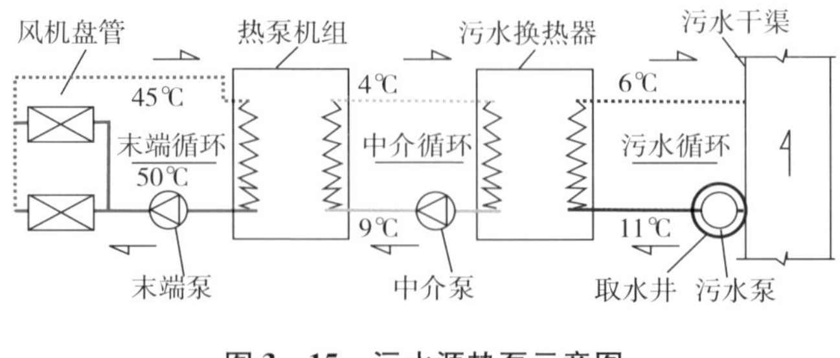

图3－15　污水源热泵示意图

（1）浅层地源热泵技术

地源热泵作为浅层地热应用的主要方式，在国内发展迅速。在地下埋管，通过埋管中的循环水与地下砂石黏土换热，提取地层中的热量，再通过热泵提升热量的品位，以满足建筑供热需求。对于埋深为 100 米左右的地下埋管，换热后的循环水一般在 10℃ ~15℃，热泵的电—热转换效率为 3 ~4。浅层地源热泵的一个关键是保证冬夏之间的热平衡，即全年由地下埋管系统提供的冷量与热量之间一定要基本平衡。

可采用辅助设备补热（如锅炉，可靠性高、能效比低、高能低用）或减少取热（如太阳能，绿色环保、初投资高、运行维护困难）、热管或风冷换热器等复合补热（如图 3 –16 所示）。另外，以地下土壤为介质进行季节性蓄能，必须有足够体积的地下土壤。对一些高层建筑而言，如果没有可用来埋管的足够的土壤，就很难找到足够体积的地下土壤来进行蓄能。只有在低容积率条件下，才适合采用地源热泵；高容积率的场合或由于蓄热管道深埋造成投资过高，或由于用于蓄能的地下土壤的体积不足性能不佳。

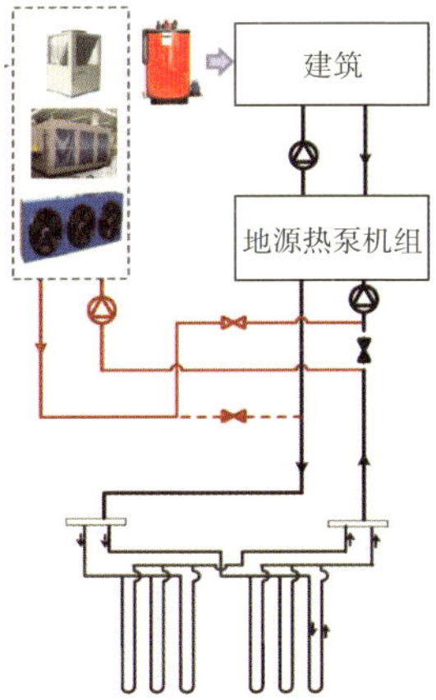

图 3 –16　补热式浅层地源热泵系统示意图

（2）中深层地源热泵技术

地热是一种可再生能源，前提是“取热不取水”，地热尾水需 100% 回灌。中深层地热资源一般是指 2000 ~4000 米、温度大于 25℃ 的热水和蒸汽，可通过不同方式用于供暖、旅游疗养、种植养殖、发电和工业利用等。通过更深的地热热源，可以提取60℃～80℃的高温水用于供热，也可通过封闭埋管采集深层地热，经热泵提升后用于供热。

根据“品位对口、梯级利用”的原则，实现地热发电、建筑高效供热制冷、工农业生产和温泉沐浴的梯级利用，可大幅度提高地热能的转化与利用（如图3－17所示）。

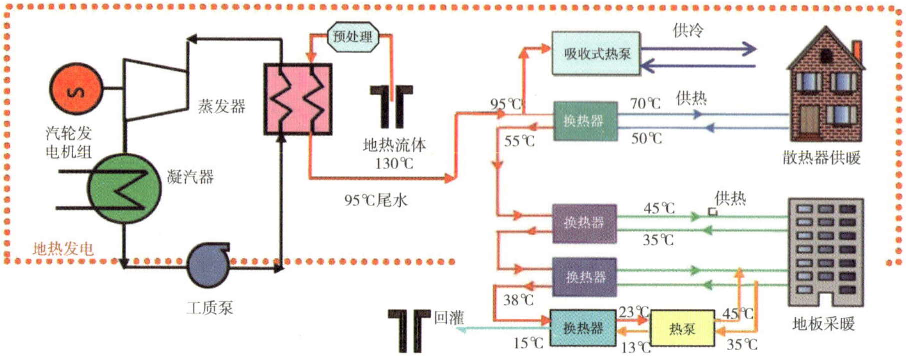

图3－17　地热能的梯级利用思路

地热能勘探是利用的关键有两点：一是钻井投资占项目建设投资的40%～50%，成井工艺直接影响单井产能和地热利用；二是水环境问题。地热能开发普遍存在开发利用水平低、资源浪费严重，地热井超采、只采不灌造成地热水位下降，以及直接排放造成环境污染等问题。

近年来，从西北地区开始、北方多地发展起来的新方式，通过封闭埋管采集深层地热的热泵供热系统（如图3－18所示），不会造成污染或其他环境问题。

该供热系统地面供回水温20℃～30℃/10℃～20℃，整个供热季系统COP约为5（考虑热源和用户输配电耗），单井流量25～35吨/时，功率250～350千瓦，投资150万～250万元（井及套管，地质条件不同钻井成本不同）。采用中深层地热源热泵系统，夏季无须向土壤补热；如果地埋管间距在20米以上，则经过一个供暖季的取热，地下土壤平均温降小于2K，供暖季结束后三到四个月即可恢复。

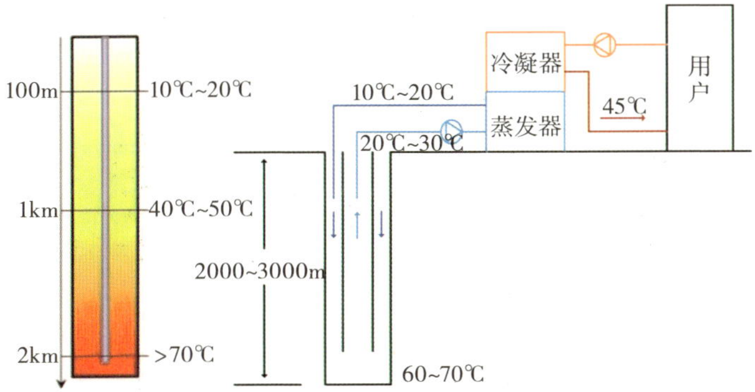

图 3-18　封闭埋管采集中深层地热的热泵系统

2. 空气源热泵技术

（1）低温空气源热泵热风机

近年来我国在低温空气源热泵热风机方面的技术进步迅速，处于国际领先地位。通过新的压缩机技术、变频技术和新的系统形式，已经把低温空气源热泵热风机的适用范围扩展到－30℃的低温环境。外温在0℃左右是传统上的热泵应用范围；外温在－10℃左右，螺杆机、涡旋机的补气增焓和转子压缩机双级压缩等技术，使 COP 可大于 2。与单级压缩系统相比，双级压缩系统具有压缩比小、排气温度低、运行效率高等特点（如图 3－19 所示）。可克服在寒冷地区空气源热泵系统效率低、可靠性差等缺点，实现低环境温度下正常制热，使热泵的使用范围延伸到更广的区域。

基于双级增焓变频压缩机的空气源热泵供热技术，可有效解决低环境温度下空气源热泵制热量衰减的问题（如图 3－20、图 3－21 所示）。该技术通过单压缩机双级压缩喷气增焓变排量比运行，将压缩过程从一级压缩变为双级压缩，减小每一级压差，降低压缩腔内部泄漏，提高了容积效率；通过中间闪发补气降低排气温度，提高了容积制热量；系统同时采用 SD 双级变容技术，实现变排量和变排量比的两种双级压缩运行模式，从而实现热泵制热环境下制热量和能效的大幅提升。在图 3－21 左侧双级压缩循环原理图中，将系统单压缩机双级压缩结构表示为图中中上部所示的两

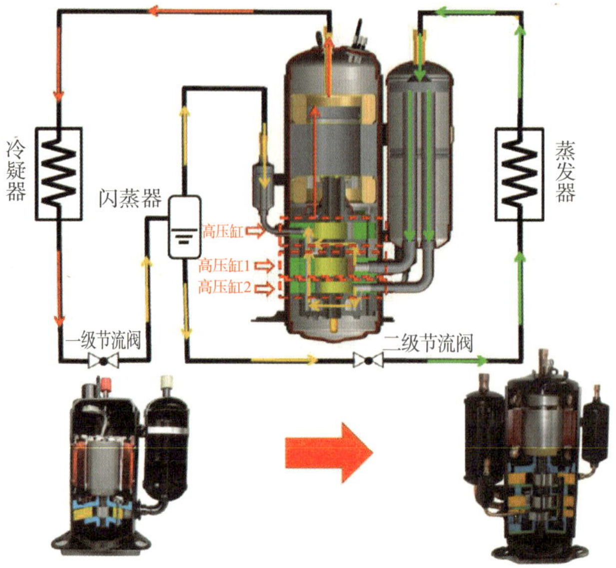

图 3－19　三缸双级变容积比压缩机

个压缩机图形，并非表示系统有两个压缩机，而是分别代表一个压缩机的高压腔和低压腔。

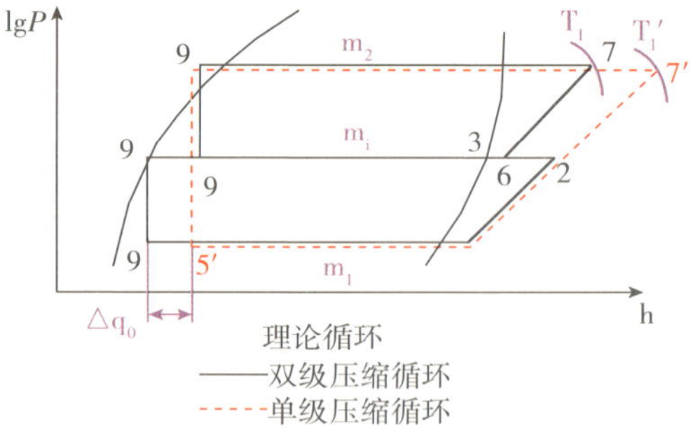

图 3－20　制冷循环图

测试结果表明，低温空气源热泵热风机在实际测试中运行稳定可靠，在低温环境下制热性能良好。在额定制热（室外 7℃）工况下 COP 达到 3.1，与普通空气源热泵相比能效提高 5%～10%；室外环境－20℃时 COP 可达 1.95，制热量提高 50%～100%，能效提高 20% 左右。低温空气源热

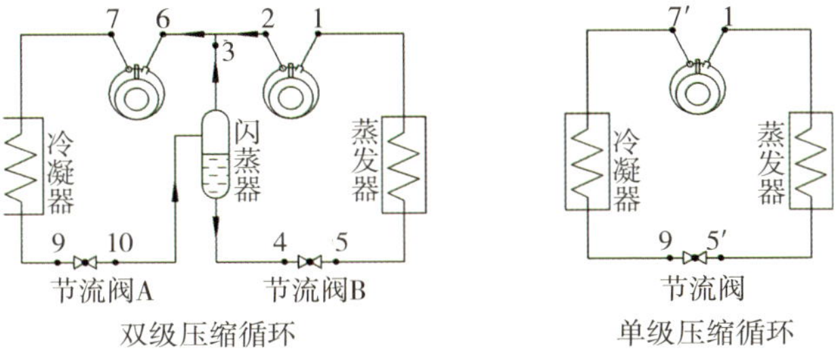

图 3-21　双级增焓变频压缩机系统原理示意图

泵热风机使用电能供热，不会产生 PM2.5 排放。与其他供热系统不同，低温空气源热泵热风机直接加热房间空气，迅速提高房间气温（如图 3-22 所示），房间气温从 9℃加热到 15℃用时仅 20 分钟。因此，在客厅等没有人员长期逗留的房间，热风机可以间歇运行，没有供热需求时停机，需要供热时再启动，同样可以保证供热效果。

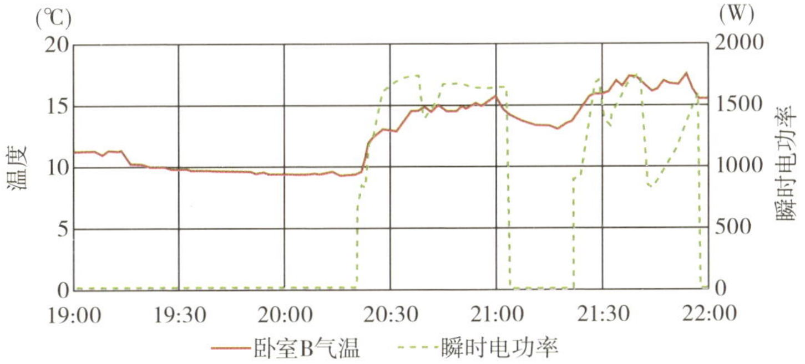

图 3-22　低温空气源热泵热风机加热房间的逐时室温变化

此外，低温空气源热泵热风机设备形式与家用分体式空调器类似，可按供热房间安装，独立调节，间歇运行。因此，与其他传统农宅连续供热方式相比用户可以采用部分空间、部分时间的运行模式；同时，温度设定操作简易，用户可以灵活调控室温，最大限度发挥行为节能潜力。设备分为室内机与室外机。室内机落地安装，热风贴地面流动，从下出风口自然上升，达到地暖供暖的舒适度，同时温升速度比常规地暖快。上出风口针对人员活动区域实现快速供暖，下出风口针对脚踝区域实现地暖式供暖。

分房间独立安装可以根据不同年龄、不同用户需求灵活方便地调节室温，能根据房间是否有人控制热泵启停，实现“部分时间、部分空间”供热调控，能最大限度实现行为节能。北方农宅大多为100平方米以上，冬季常住人口仅2~3人，只需要50~60平方米供热，只有周末或节假日家人都回来才需要所有房间供热，一室一机的热泵热风机恰好可以满足这种生活和使用模式需求。热水热泵很难实现随时启停或部分房间供热调控，实际能耗可达热泵热风机能耗的两倍以上。户内每台热泵热风机独立控制、运行，同时开启运行的情况极少出现，加之COP比热水热泵高，因此外电源容量需求比热水热泵小，可减少电网升级投资。

热泵热风机设备自身即供热系统，无须加装暖气片、地暖等末端，不会出现热水热泵供热过程中的跑、冒、滴、漏等问题，且户内多台热泵热风机均独立控制、独立运行，同时出现故障概率极低，寿命周期内基本免维护，因而成为系统可靠性最高的供热技术，非常适合广大农村的实际情况和需求。

（2）低温空气源热泵热水机

空气源热泵通过电能驱动，吸收室外空气中的低品位热能，将其转化为较高温度热能，并以直接加热室内空气的形式向建筑供暖。低温空气源热泵热水机可以在-20℃的环境温度下正常工作，提供30℃~50℃的供热热水，与地板辐射盘管或散热器组成供热系统给整户农宅供热，提供稳定的供热室温（如图3-23所示）。

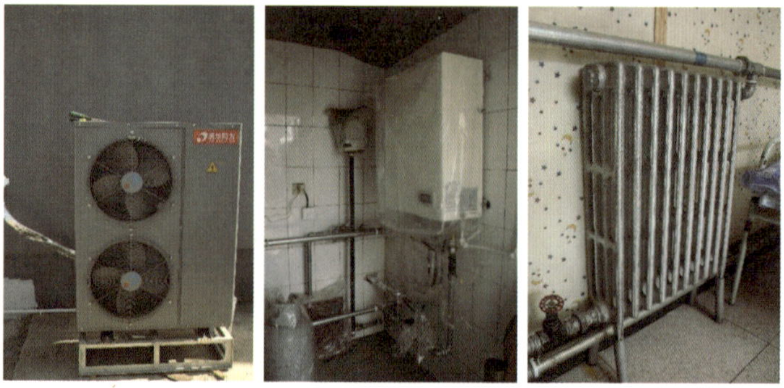

图3-23　低温空气源热泵热水机系统

传统空气源热泵采用单级压缩循环（如图 3－24 左），北方地区的室外温度较低，制热量急剧下降，还会因为压缩机排气温度过高等问题而停止运行。低温空气源热泵热水机采用准双级压缩循环（如图 3－24 右），主要由带辅助进气口的涡旋压缩机、蒸发器、冷凝器、膨胀阀以及经济器等部件构成。主回路制冷剂经过经济器过冷，进入压缩机经过一段封闭压缩后，与来自辅助回路的制冷剂蒸汽混合，继续进行一段封闭压缩。与相同工况下的单级压缩相比，压缩机排气温度降低，压缩比减小，可以在更低的环境温度下运行，提高系统的制热量。

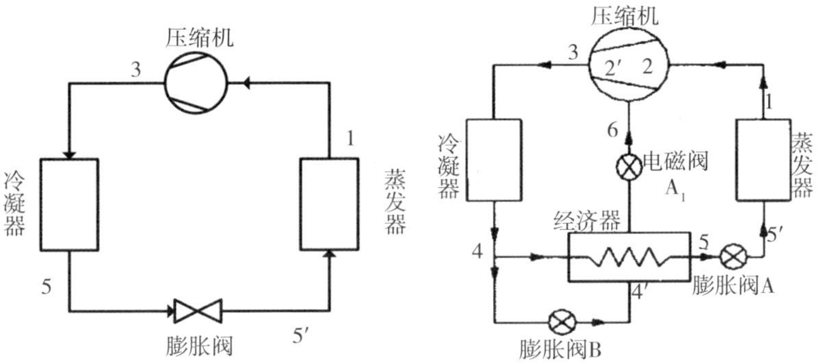

图 3－24　系统循环原理

低温空气源热泵热水机使用电能供热，农宅在当地不会产生 PM2.5 排放。传统空气源热泵运行的环境温度极限为 －7℃，无法用于北方寒冷地区农宅的冬季供热。低温空气源热泵热水机采用准双级压缩热泵循环，可以在 －20℃ 的环境温度下运行。

低温空气源热泵热水机与暖气片或地暖等水系统连接，需要全天开启，防止冻管风险。由于 COP 较高，耗电量比电直热和电蓄热小，对电网增容需求比电直热和电蓄热小，可减少电网升级投资。

3. 末端电热泵降低回水温度

当一次网供水温度不够高，又要将回水温度降低至较低水平时，末端使用电热泵技术则可以高效降低一次网回水温度。

以典型的地板辐射末端热力站为例，系统原理图如 3－25 所示。在热力站内，电热泵的蒸发器接在一次网板换后的回水管上，经过板换换热后的一次网回收进入蒸发器，热量被热泵循环工质带走，温度降低至25℃（甚至更低）；冷凝器接在二次网的回水管上，二次网回水从冷凝器内热泵循环工质吸收热量，升温后为用户供暖。在图3－25中所示的温度参数下，热泵COP可以达到8以上。

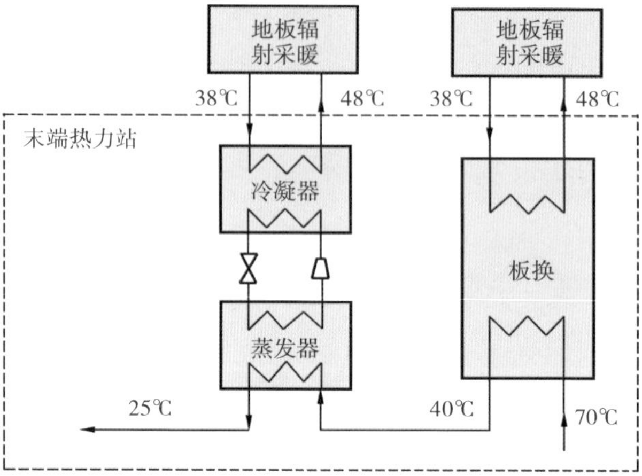

图3－25　末端热力站内单级电热泵原理

为了进一步提高热泵的COP，可以利用多台热泵分级取热（如图3－26所示）。相比单级热泵，多级热泵串联可以提高机组的平均蒸发温度，机组综合COP得到提高。若采用两级热泵，40℃回水先进入第一级热泵，降温至32℃后进入第二级热泵，最终回水温度25℃，其供热量与上述单级热泵方案相同。第二级热泵的蒸发温度为23℃不变，其COP仍与单级热泵方案相同，可以达到8左右。但第一级热泵的蒸发温度可以提高到30℃，因而其COP可以提升至10以上。两个热泵的综合COP可以达到9以上，高于单级热泵COP，运行费用更低且配电需求更低，因此在安装条件允许的情况下应采用多级热泵供热的方式。

末端电热泵技术具有节能、体积较小、安装方便、技术成熟、运行调节可靠的特点。总之，末端电热泵技术可以在消耗少量电力的情况下有效降低一次网回水温度，多级电热泵可以进一步提高运行的经济性，部分负荷工况下可以稳定高效运行，适合一次网供水温度不高而需要较低回水温度的场合，从而减少输配电耗并提高低品位余热的利用率。

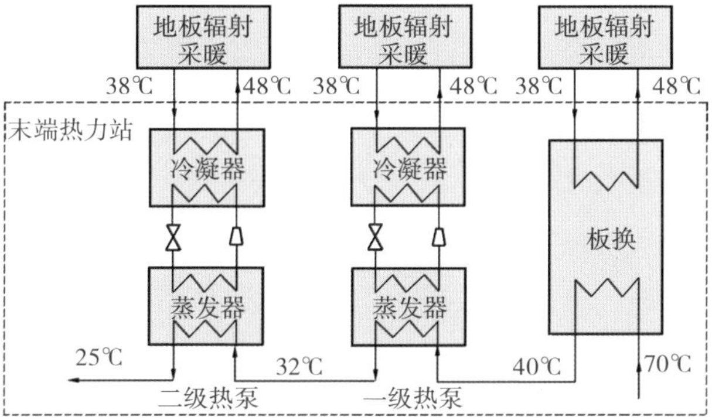

图 3－26　末端热力站内多级电热泵原理

三、太阳能供热技术

太阳能作为一种可再生的清洁能源，被广泛应用于建筑供热，太阳能取暖系统包括太阳能集热器、输配装置、供热末端等。由于太阳光照仅白天存在，建筑夜间取暖需求往往需要借助建筑结构等进行蓄热或选取额外的辅热、蓄热设备。在青海等光照资源丰富的地区，被动式暖廊是常见的太阳能利用方式（建筑相关的被动式节能技术不是本篇的重点，因此不做介绍）。本小节介绍 3 种太阳能分布式供热系统：太阳能空气集热供热系统、带反射镜的太阳能热水集热系统、户式光伏发电及光热供暖一体化技术。

1. 太阳能空气集热供热系统

太阳能空气集热供热系统是一种利用太阳能集热器吸收太阳辐射加热空气，送入房间进行热风供热的系统。系统主要由太阳能空气集热器、风机、风管、风口、温控器等构成，图 3－27 和图 3－28 为典型的太阳能空气集热供热系统示意图和实物图。集热器朝南安装在屋顶或南墙上，通过风管将集热器和进出风口连接，风机软接在集热器入口管段，温控器通过检测集热器出口监测点的温度控制风机启停，实现系统的自动运行。当白天太阳光充足照较好时，空气集热器吸热板温度不断升高，其内部的空气通过自然对流加热并在浮升力驱动下流至集热器出口，当出口监测点监测到的空气温度达到 30℃～35℃时（监测点控制温度根据实际工况确定），温控器控制风机开启，室内空气由风机送入集热器，被加热后再送入室内进行热风供热。当太阳光照不足时，若监测温度在25℃～30℃时（可根据实际工况调整），温控器控制风机停止工作，系统循环停止。

考虑到太阳能的时间限制性，太阳能空气集热供热系统需要增加辅助热源，如上述提到的燃气壁挂炉、低温空气源热泵热风机等，这会显著增加供热系统初投资。由于系统复杂，运行维护工作较为烦琐，对维护人员的技术要求也高。

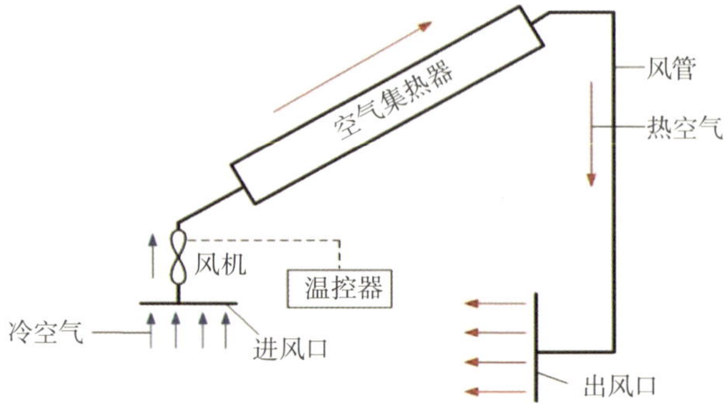

图3－27 太阳能空气集热供热系统示意图

图3－28 太阳能空气集热供热系统相关实物图

从末端形式来看，上述太阳能空气集热供热系统属于即时取暖系统，可以迅速加热室内空气，空气返回集热器的空气温度低，有助于集热效率的提高。与独立的送风系统、辐射楼板系统相比，该系统有较强的蓄热能力，夜间具有较好的供热能力，弥补了送风系统蓄热能力不足的缺陷；白天送入房间的热量可以被充分利用，弥补了辐射楼板系统供热能力不足的缺陷。

太阳能空气集热复合供热系统的具体形式如图3－29所示。系统热源为平板式太阳能集热器，集热器吸收热量加热空气后送入室内，热空气经风管从走廊侧通入各层各个房间的辐射楼板预留的孔洞（直径 D，间距 S，如图 3－30 所示）中，向地板表面传热，同时进行辐射换热与对流换热，此时通过孔洞换热后的空气直接送入室内，在室内再次进行对流换热后的空气再返回集热器中。

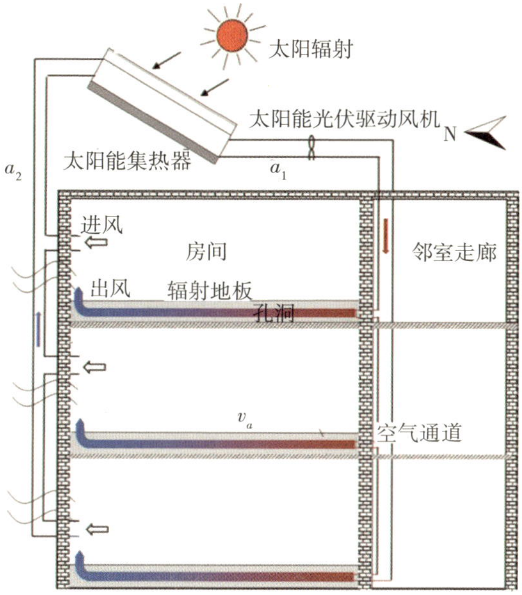

图 3－29 太阳能空气集热复合供热系统示意图

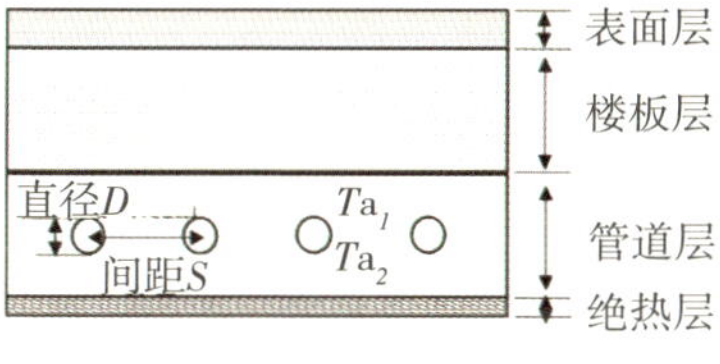

图 3－30 辐射楼板结构示意图

2. 带反射镜的太阳能热水供热系统

太阳能供热系统的集热器面积通常比太阳能热水系统多出几倍，这样会造成除了冬季的三个季节（尤其是夏季）产热量会大大超出冬季的水平。全玻璃真空管太阳能集热器可以在炎热的天气中吸收大量的热量，如果不存在供暖需求，仅依靠建筑的生活热水需求远不能把这些过剩热量消耗殆尽，太阳能供热系统可能会出现停滞工况。这是由于在炎热的夏天，蓄热水箱中的水在早晨的时候就会被迅速加热，并完全达到设定的温度上限，这时循环水泵就被控制系统关闭，以至于没有水在全玻璃真空管内运动，此时的全玻璃真空管太阳能集热器系统形成了高温高压环境，这种环境可能导致真空管炸管、整体系统性能变差甚至系统损坏。

采用太阳能集热器和反射镜耦合的方式，能在一定程度上解决真空管太阳能集热器的以上问题。如图3－31所示，反射镜太阳能集热装置由两部分组成，一是水平型全玻璃真空管太阳能集热器阵列，二是在太阳能集热器底部以一定倾斜角度摆放的镜面反射器。选用全玻璃真空管太阳能集热器可以减少集热原件的散热。选用反射镜一是因为其相对于传统的放置在真空管背部的内嵌式漫反射器更加便宜并且易于维护，二是采用反射镜可以进一步聚集太阳光，有效提高真空管太阳能集热器的辐照度，反射镜一般采用超白镀银镜面，理想情况下反射率高达90%。整个太阳能集热装置面朝正南，这样摆放可确保该太阳能集热器接收到最多的太阳辐射，尤其是在正午时太阳辐射达到最大值。并且，太阳能集热器阵列采用向下倾斜的方式，且倾角大于90°，这点不同于传统的太阳能集热器向上倾斜的设计，能有效解决全玻璃真空管太阳能集热器夏季容易过热的问题。

针对全玻璃真空管供热系统普遍存在的炸管问题，太阳能集热器和反射镜耦合系统将集热装置供水一般采用的下供上回形式变更为上供上回形式，一旦循环水泵停止工作水管可以通过重力将水排空，可以防止系统结冰、真空管炸管。在实际应用中，该太阳能集热系统配置双水箱，分别用来热量收集和供热。一方面通过温差循环，实现太阳能获取的最大化及最小电力的投入量；另一方面，通过定温控制，在满足室内舒适度要求的同时实在经济效益的最大化。

但是，太阳能热水供热系统与反射镜耦合系统也需要增加辅助热源以保证供热稳定性，系统初投资高，经济性欠佳。太阳能热水供热系统较为复杂，需要的维护工作也较多，需要的维护水平较高，例如更换破损的真空管、更换热水系统中的水处理装置、检修管路、维护控制箱等。因此，

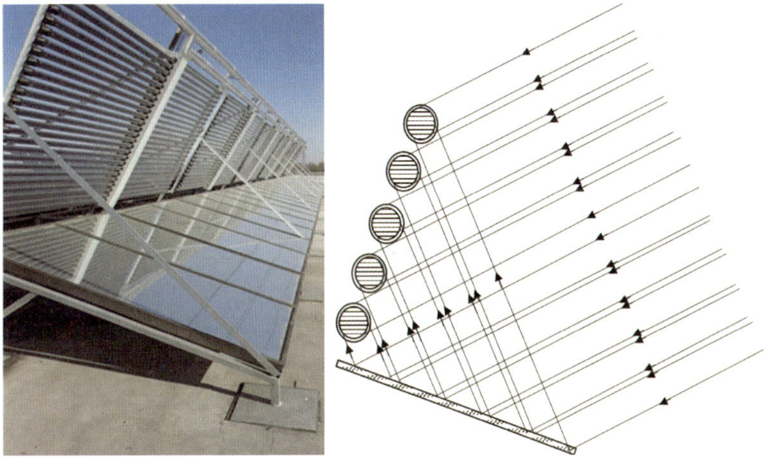

图 3－31　带反射镜的太阳能热水供热系统实物图和示意图

此类系统在农村地区的应用还应实现技术突破，在保证供热效果的同时降低初投资，并对后期运行维护进行科学合理规划。

3. 户式光伏发电及光热供暖一体化技术

传统光伏发电的原理是利用半导体界面（硅材料或其他材料）的光伏特效应将光能直接转变为电能的一种技术。技术采用的太阳能光电光热多能板是将太阳能电池组件与太阳能集热器结合起来制造而成的、同时具有发电与产生热水功能的一种装置，通过在太阳能组件内加集热管能实现将组件内的热能有效快速取出，为组件提供了良好的作业温度。该装置可以同时实现供电、供暖和供生活热水三种功能，可有效提高太阳能的综合利用效率。

每户住宅屋面上安装太阳能光电光热多能板，同时设置保温储热水箱，在产生光伏电能的基础上同时产生热能，通过太阳能集热器连接管路的循环将热水储存在保温水箱里面，通过智能化设备将热水运输到各个用户终端，满足日常生活热水、取暖所需。系统生产的电能与电网并网发电，系统生产的热水供农村居民取暖及生活热水使用，这将进一步提升太阳能系统全年的节能减排效益，还会提高农村居民的生活品质。

太阳能光电光热多能板安装在每户屋面（坡屋面和平屋顶均可安装），

设计安装倾斜角与朝向，应根据当地日照条件确定，以保证太阳能效率，取暖季晴天仅太阳能即可保证室内舒适度，连续阴雨雪天气和夜晚可采用辅助热源进行加热保证取暖需求。

系统辅助热源可采用变频低温空气源热泵机组，通过消耗少量电能从室外的空气中获取热量。取暖设计面积往往较大，而实际使用负荷会根据家庭人口数量及户主使用习惯不同而有很大差异，采用变频空气源热泵机组可通过内装变频器改变压缩机运转频率，随时根据用户冷热负荷需求调节压缩机的运转速度，从而做到合理使用能源，达到节能的效果。当取暖循环回水温度低于一定值时，自动开启空气源热泵补热。室内末端采用风机盘管，用户仅需通过遥控器即可自主调节室内温度。整个系统原理图如图 3－32 所示。

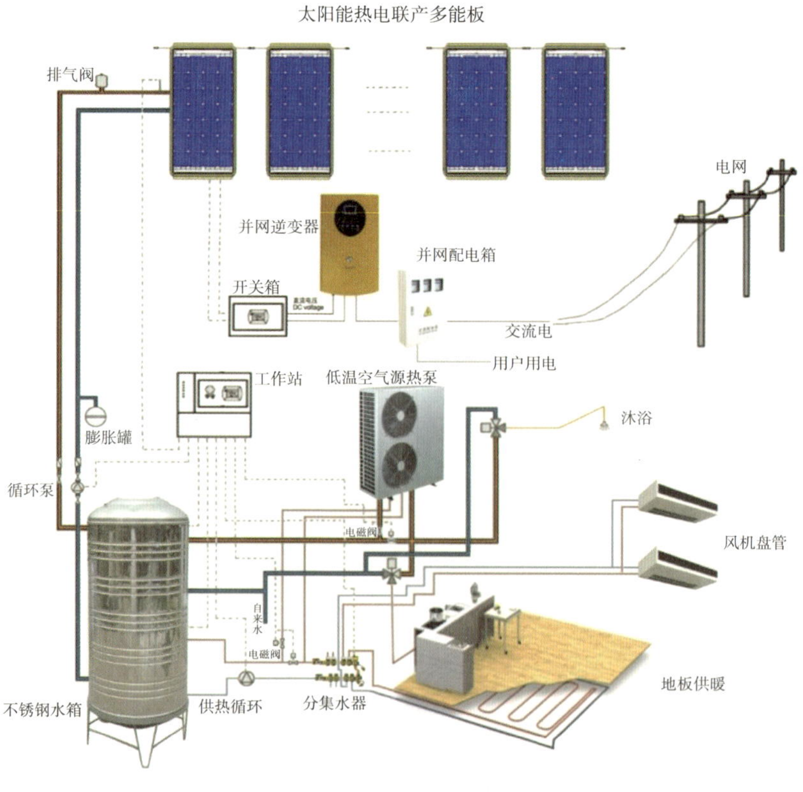

图 3－32　户式光伏发电及光热供暖一体化系统原理图

四、生物质能供热技术

生物质能可转化为常规的固态、液态和气态燃料，取之不尽、用之不竭，是一种可再生能源，同时也是唯一的零碳燃料。生物质能作为未来能源的重要来源，相较于风能、太阳能等其他可再生能源具有许多独特优势：首先，生物质能具有零碳排放的特点，是唯一可以方便且低成本储存的可再生能源，为其加工转换与连续使用提供了巨大方便。其次，生物质能具有很强的"带动性"，可以拓展农业生产领域，增加农民收入，带动农村经济发展，成为"乡村振兴"战略的又一抓手。

1. 生物质锅炉供热技术

生物质成型燃料供热技术重点是锅炉的针对性设计，热量在燃烧室内释放后，进入供热管网。生物质锅炉可以分为水冷振动炉排锅炉、链条往复式炉排炉、联合炉排炉和循环流化床锅炉。水冷振动炉排锅炉和循环流化床锅炉技术应用较多。循环流化床锅炉拥有自主知识产权，解决了生物质容易结渣的问题。国内的生物质锅炉设备厂家技术不断进步，锅炉热效率进一步提升，运行稳定性也在不断提高。生物质锅炉供热已有许多项目案例，主要是直燃，少量项目是气化燃烧。

以循环流化床锅炉为例（如图 3－33 所示），锅炉主体部分由主燃室、副燃室、燃尽室、旋风分离器、省煤器、空气预热器组成。给料系统设置在锅炉前侧，采用皮带输送机将燃料运输到炉前料仓，再由螺旋给料机从主燃室下部送入炉膛。生物质燃料的灰分含量少，所以该项目在主燃室侧面还设有床料给料装置用于补充炉内床料，保证床压稳定。采用两级配风，一次风通过主燃室底部风室通入，比例为 60% 左右，其余的风量作为二次风，从加料口上方通入炉膛。通过一、二次风的比例调整，控制主燃室底部为欠氧氛围，维持床温在 750℃～800℃，可有效控制 NO_x 的原始产生量。未燃尽的燃料与二次风继续反应，大颗粒物料在副燃室经过一次分离回到炉膛形成第一级物料循环；从燃尽室出来的烟气中的固体物料进一步被尾部旋风分离器分离下来并通过二级返料装置回到主燃室继续反应。

两级物料循环使未燃尽的物料在炉内循环反应，有效地提高了锅炉的燃烧效率。从旋风分离器出来的烟气温度为500℃左右，烟气热量被尾部烟道的省煤器和空气预热器吸收后温度降到150℃左右，然后经除尘达标后排入大气。

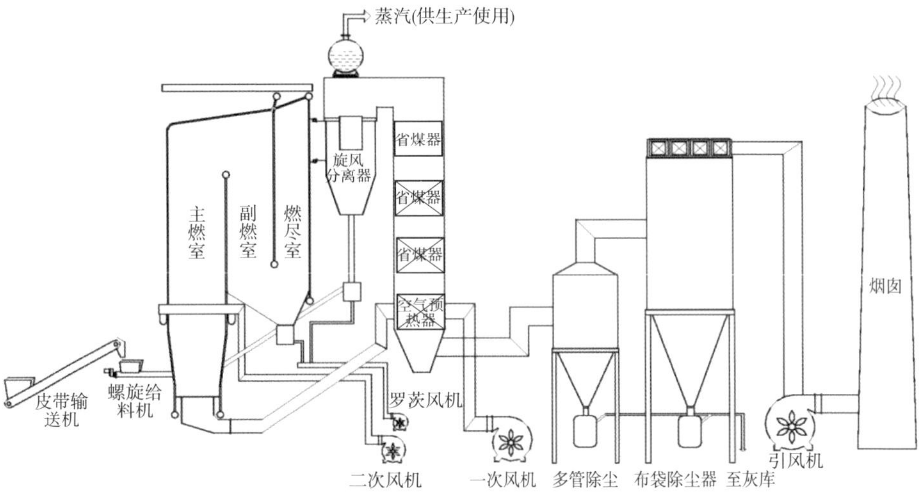

图3－33　多流程循环流化床锅炉系统流程

2. 生物质成型燃料炉具供热

生物质成型燃料的结构特征决定了其燃烧炉具的特殊性，这类炉具利用了生物质燃料的半气化燃烧原理。一次风从炉排底部进入，与生物质燃料在炉膛里发生化学反应，使炉膛内的生物质燃料从下往上依次形成氧化层、还原层和热解层，下层的燃料边燃烧边释放出一些可燃物质。为了提高燃烧效率，在炉具上部火焰出口处需要增加二次风喷口，将固体生物质燃料和空气的气固两相燃烧转化为单相气体燃烧。这种半气化的燃烧方法使燃料得到充分的燃烧，可以做到不冒黑烟，把焦油、生物质炭渣等燃烧殆尽，明显地降低颗粒物和一氧化碳等污染物的排放。燃烧木质颗粒的PM2.5排放因子可低至0.3克/千克干燃料，燃烧秸秆颗粒的PM2.5排放因子约为0.8克/千克干燃料，远低于散煤和清洁煤。燃烧木质颗粒的PM2.5排放水平甚至接近燃煤电厂采用除尘设备后的水平。因此户用生物质成型燃料供热炉污染物排放量低，能达到明显的减排效果。现有的户用生物质成型燃料供热炉热效率较高，能达到80%以上，远高于散煤炉热效率（30%左右），具有较好的节能潜力。

考虑到农村的炊事需求，一些生物质成型燃料供热炉加入了炊事功能，在供热的同时解决农户的炊事问题。针对供热炉长时间连续运行以及白天夜间的火力需求不同问题，智能型户用生物质成型燃料供热炉逐步得到发展（如图3－34所示）。智能型户用生物质成型燃料供热炉能实现生物质颗粒自动控制入炉、分阶段燃烧、火焰温度控制。通过智能控制系统协同控制，可保证作物秸秆、木质成型燃料清洁高效燃烧。这类炉具还能通过程序设置，实现超温报警、超压保护以及自主防冻等多种安全保护。

图3－34　智能型户用生物质成型燃料供热炉

户用生物质成型燃料供热炉系统的末端除采用传统散热器外，还能与农村地区居民广泛使用的火炕相结合，可保留农户的传统生活习惯（如图 3－35 所示）。

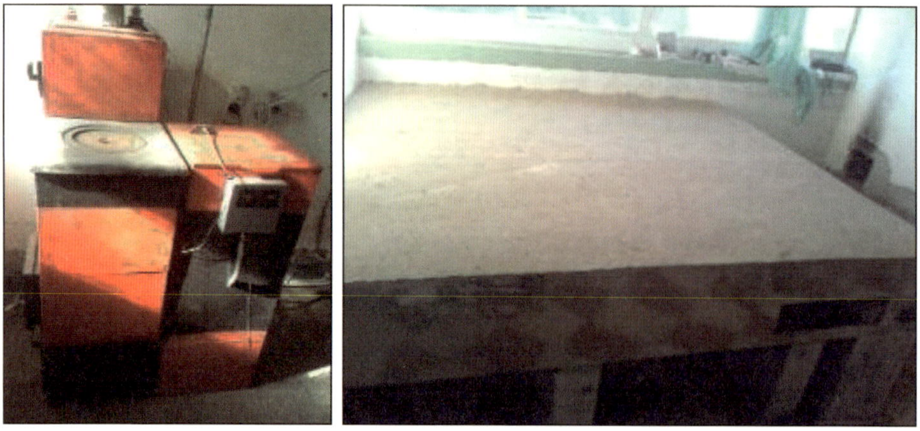

图 3－35　户用生物质成型燃料供热炉—对流炕系统

3. 生物质制气供热技术

以秸秆为主原料，原料经过快速化学预处理后与农业有机废物畜禽粪便及城市有机生活垃圾等多元物料进入厌氧发酵罐进行厌氧发酵，产生的沼气经提纯后成为天然气，注入燃气管网或送入燃气锅炉房。所产的沼液沼渣经过固液分离后沼渣做成有机复混肥，沼液作为液面肥可施于农作物上，提纯后分离出来的 CO_2 可以用于生产工业级和食品级 CO_2。该技术包括原料收储运、快速化学预处理、多元混合物料协同厌氧发酵、环境友好的沼气提纯、沼渣沼液综合利用和远程在线自动控制等六大部分，技术路线如图 3－36 所示。

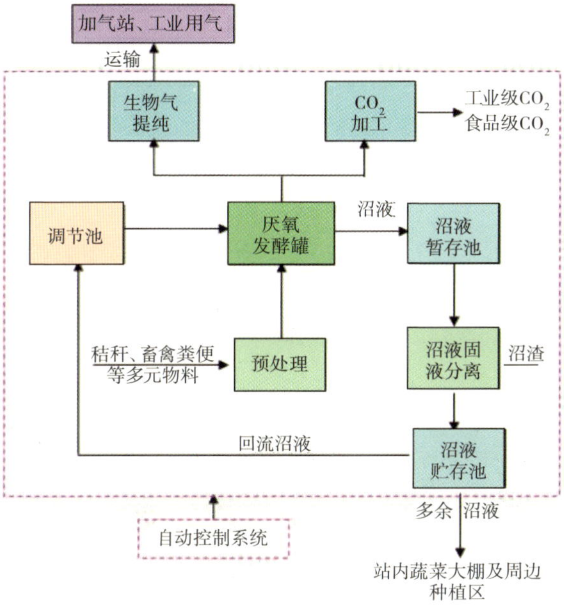

图 3-36 生物天然气多联产技术路线

五、低温核供热模式

核能供热模式有三种：核能热电联产模式、低温核供热模式、基于核电厂的水热同产同送模式。核能热电联产模式与普通热电联产模式相比，前者是反应堆加热水蒸气，后者是锅炉加热水蒸气，其余工艺流程并无区别。核电机组增加供热功能有利于提高核电站热效率。以单一供热为主的核能供热厂，在供暖期内以供热方式运行，在非供暖期停运。这种反应堆不需要发电，可以采用较小功率和更低参数的设计，进一步提高安全性并大大降低建设投资。基于核电厂的水热同产同送模式是清华大学近年来提出来的新技术，主要针对北方沿海地区，利用核能电厂同时解决城市淡水和冬季供热两个问题。

1. 核能热电联产模式

核能供热于 20 世纪 60 年代在欧洲诞生。瑞典原型核动力反应堆 Agesta 作为世界上第一个民用核能供热核电站，连续供热 10 年。此后，俄罗斯、保加利亚、瑞士、罗马尼亚等国开始研发、建造核能供热系统。全球应用最广泛的核能供热方式为热电联产，约 60 座反应堆热电联供，占运行核电机组的 10% 左右，主要分布在东欧。核电厂机组包括核岛和常规岛。如图 3 – 37 所示一回路以及核反应堆都被封装在一个圆柱体的建筑之中，被称为核岛；二回路包括发电机组、冷凝器等，称为常规岛。

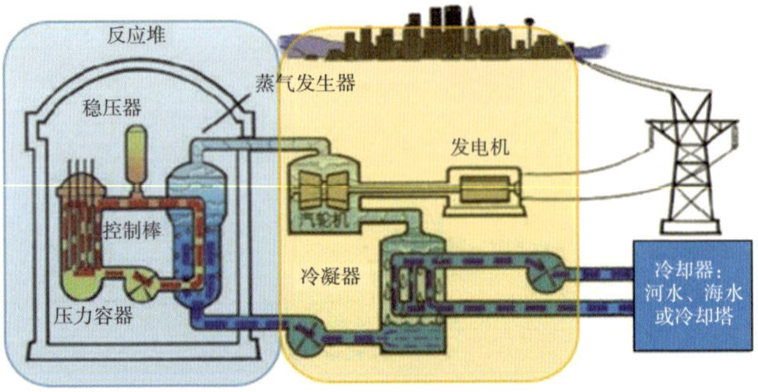

图 3 – 37　核电厂核岛和常规岛系统

常规岛之外将核电厂改造为热电联产，核电厂一般主蒸汽参数低，与大型燃煤热电联产相比发电效率低，因而余热量大，但海水冷却的余热品位也低。例如，某海边核电一期两台机组开展向市政供热项目前期工作，供热面积约 300 万平方米，设计热负荷 135 兆瓦，供热汽源为高压缸排汽（冷段），供汽参数：179℃、0. 981MPa（g），蒸汽流量 115t/h ×2 台机组。

中国核能供热反应堆研发可追溯至 20 世纪 80 年代。1983 年，清华大学原有池式研究堆实现首次核能低温供热实验；1984 年，国家科委批准在清华大学核能所建一座 5 兆瓦核供热试验堆；从 1986 年起，低温核供热列为国家“七五”科技攻关项目；1989 年，50 兆瓦低温核供热堆正式临界启动，一次成功完成 72 小时满功率连续运行实验。在技术上逐渐形成池式供热堆和壳式供热堆两种类型。其中，池式供热堆以游泳池实验堆为原型，壳式供热堆由主流压水堆核电站技术演进而来。前者的代表是中核集团的“燕龙”泳池式低温供热堆，而后者的代表是中广核集团的 NHR200-II 低温供热堆技术（如图 3 – 38 所示）。

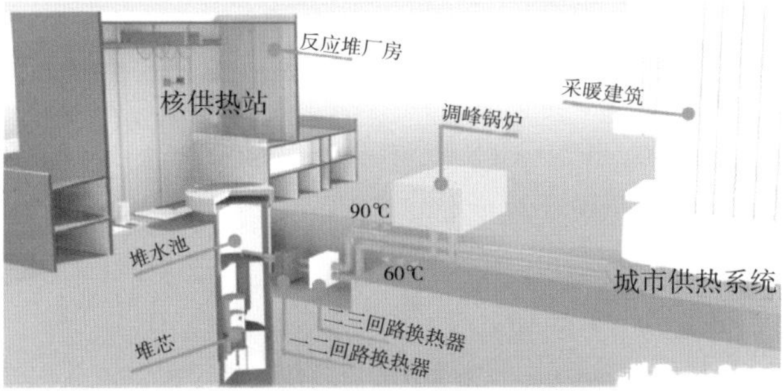

图 3－38 泳池式低温供热站示意图

核能供热技术成熟且安全可靠，国内外均有运行的成熟经验。全球共有 200 多座泳池式反应堆，积累 10000 多堆年（反应堆正常运行一年）的安全运行记录。我国建成 10 余座泳池式反应堆，累计安全运行近 500 堆年。2017 年 1 月，中国原子能科学研究院通过对已运行 53 年的泳池式反应堆进行改造，成功为该院共计约 10000 平方米的两栋办公楼和一座厂房提供核能供热，完成了 168 小时考验。

核能是零碳能源，是能源安全的重要战略构成，但也存在铀资源及核废料长远处置问题。在中国持续推进清洁供暖的背景下，核能供热的经济优势明显。核能供暖还能有效调和北方地区热电比矛盾，燃煤热电联产热电比为 1.3～2.5，燃气热电联产热电比为 0.55～1，若采用核电热电联产可增加源侧供热量、减少发电量。

核能供热的价格具有竞争力。经过初步投资估算和财务分析，总投资约 15 亿元的单堆（400 兆瓦）工程可供热面积约 1000 万平方米，建设周期 3 年以内，运行寿期达 60 年，全部设备均能实现自主化。在全年 5 个月供热期内，供热价约 40 元/吉焦，与燃煤供热锅炉相当，每年仅节约碳税和运输成本就达到 3000 万元，如表 3－4 所示。

表 3－4 低温核供热主要设计指标和技术经济指标

项目	设计参数	项目	设计参数/指标
反应堆功率（兆瓦）	400	堆芯出/入口水温（℃）	98/68
水池直径（米）	10	二回路出/入口水温（℃）	93.5/63.5

续表

项目	设计参数	项目	设计参数/指标
水池高度（米）	25	热网出/入口水温（℃）	90/60
燃料组件数（盒）	69	厂区占地面积（平方米）	23000
堆芯 UO_2 装量（吨）	23.40	年运行时间（天）	150
平均卸料燃耗（MW·d/kg）	30.00	劳动定员（人）	30
每年换料量（盒）	24	项目总投资（万元）	136901
池水温度（℃）	68	-	-

2. 基于核电厂的水热同产同送

清华大学提出基于核电厂的水热同产同送技术（如图 3-39 所示），主要由水热同产、水热同送、水热分离三个关键环节构成。通过核能“先发电、后制水、再供暖”三级高效利用，首次实现零碳供热和零能耗制水同步，大幅降低供热、供水成本。所谓同产，是指利用在运核电机组的抽汽和余热，通过多级闪蒸、多效蒸馏等工艺，不间断生产满足饮用水标准的 95℃高品质淡水。所谓同送，是通过一根管道将高温高品质淡水输送到用户侧，经过水热分离热量进入热力管网系统，降温淡水进入供水系统。2021 年 5 月 11 日，由国家电投山东核电与清华大学联合建设的世界首个“水热同产同送”科技示范工程在海阳投运，该工程实现供暖面积 1 万平方米，日提供饮用水 120 吨。根据测算，1 兆瓦 130℃蒸汽余热可制备 7.5 吨/时的 120℃热淡水；一台 30 万千瓦燃煤火电机组产生的余热，可以把 6000 吨/时 3% 的盐、5℃的海水分离为 2300 吨、温度为 120℃的热淡水和 3700 吨、盐分约为 5%、温度为 8℃的浓海水。

水热同送，即利用单管就能够实现热淡水长途输送，其功能相当于通过循环水输送热量的两根热水管道和一根输送常温淡水的管道。“三管变一管”，管道初投资可降低到原来的 50% 以下，驱动水泵的耗电量则降低到原来的 1/3。这样一来，输送热量的经济距离就从原来的 50~80 公里增加到 150~200 公里。我国北方东部沿海地区大型、超大型城市与附近沿海的核电或火电厂的距离正好处于这一范围之内。

水热分离，即在城市热网接入处通过换热器把热淡水的热量传递给城

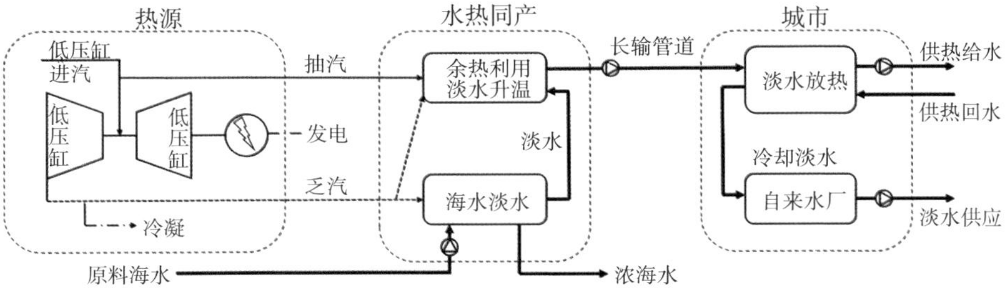

图 3-39　基于核电厂的水热同产同送技术示意图

市集中供热网的循环水。据江亿介绍，城市热网循环水供回水温度为 115/40℃时，淡水温度通过换热后可降低到 45℃。此时再通过电动热泵进一步把淡水温度降低到 10℃ ~15℃，所获取的热量同样可以作为供热热源。若城市热网采用低回水温度技术，供回水温度为 115/15℃，则在城市热网接入处直接换热就可以把淡水温度降低到 20℃。通过安装少量热泵还可进一步把水温降低到 10℃ ~15℃，从而再多提取 10% 的热量。

在我国北方东部沿海长达 1500 公里的海岸线上，已建成装机容量为 8000 万千瓦的核电和火电。根据规划，未来将建成约 1 亿千瓦的核电和调峰火电。如果全部按照水热联供方式回收这些电厂的发电余热，则可形成 1.2 亿千瓦的供热能力和日产淡水 2246 万吨的海水淡化能力。

从投资成本的角度来讲，水热联供的供热能耗和热电联产相同，初投资与热法海水淡化制水相同，制水相当于零能耗。即使把输送成本全部摊入输热，水热同送输热成本也比传统长输供热低 40%。

从节能减排的角度来看，根据初步分析计算，大规模推广水热联供技术每年可减少二氧化碳排放 1.7 亿吨，接近我国目前化石能源燃烧所造成的二氧化碳排放总量的 2%。同时，每提供 1 兆瓦时的热量对应的电耗不到 200 千瓦时，远低于采用各类热泵时的电耗。1.2 亿千瓦的热量就可以为 40 亿平方米建筑提供冬季供暖的基础负荷，基本满足这一地区城镇建筑供暖的需要。

六、清洁供热技术发展方向

2021年10月24日，国务院印发的《国务院关于印发2030年前碳达峰行动方案的通知》，强调了供热行业的八个方面：开展供热基础设施节能改造；持续推动老旧供热管网等市政基础设施节能降碳改造；加快推广供热计量收费和合同能源管理；积极推动严寒、寒冷地区清洁取暖，推进热电联产集中供暖，加快工业余热供暖规模化应用；积极稳妥开展核能供热示范；因地制宜推行热泵、生物质能、地热能、太阳能等清洁低碳供暖；引导夏热冬冷地区科学取暖，因地制宜采用清洁高效取暖方式；持续推进农村地区清洁取暖，因地制宜选择适宜取暖方式。

清洁低碳供热的基础是提高围护结构性能，尽量多地利用被动式技术，降低建筑的供热需求。清洁低碳供热的关键是科学选择热源。清洁低碳供热技术的发展与区域的能源结构、自然条件、资源禀赋息息相关。我国目前的供热系统可以分为两大类，第一类供热是依托市政热网的集中式区域供热，第二类是灵活分散的分布式独立供热。第一类系统主要存在于我国北方城镇，其典型特征是从热源到热用户的距离较远，热网覆盖的区域里包含不同种类的热用户，如住宅、公共建筑、复合社区、工业园区等；第二类供热系统主要存在于北方城镇市政热网尚未覆盖的地区、北方农村地区和部分需要供热的南方地区，其典型特征是热源和热用户的距离较近，一般是分户供热，或数栋建筑采用接近于集中供热的系统。在未来一段时间内，第一类供热系统将充分利用已有的集中供热管网，进一步扩建跨区域热网，提高热网节能运维管理水平，热源仍以热电联产、各类电厂余热和低品位工业余热为主。第二类供热系统以分布式供热技术为主，热源包含各种热泵、生物质炉具、电直热、太阳能等类型。

面向“双碳”目标，煤电向基础保障性和系统调节性电源并重转型，可再生能源发电比例将大幅增加，电力将越来越清洁低碳。可预见的是，可再生能源供热将成为供热行业的主流。未来的供热热源将以绿色电力、可再生能源（生物质能、太阳能、空气能、地热能等）为主，“绿气”乃至可能是“绿氢”为辅。未来的供热系统将以第二类供热系统为主，第一类供热系统为辅，多能互补、多能协同的新格局将逐步建立和形成。

智慧供热是深度应用物联网、大数据、人工智能等新一代信息技术赋能传统行业的重要手段，支持供热传统基础设施转型升级，已成为我国供热行业关注的焦点和发展方向。随着供热系统的复杂化与多元化程度显著提高，智慧供热在提升供热系统的节能减排效果、提高经济效益和供热安全水平等方面具有巨大潜力。搭建“源网荷储”智慧供热系统管控云平台的升级版，完善供热系统的室内温控、末端分户调节装置、楼宇和热力站智能调控计量装置等智能感知设备，提升供热系统管控的信息化、自动化、智能化水平，不仅可以节约人力物力，还有助于降低供热系统的碳排放。

第四篇　绿色金融服务

一、绿色金融内涵及其发展阶段

绿色金融是指为支持环境改善、应对气候变化和资源节约高效利用的经济活动，对环保、节能、清洁能源、绿色交通、绿色建筑等领域的项目投融资、项目运营、风险管理等所提供的金融服务。简言之，绿色金融是以环境效益为导向的金融服务活动。

1. 绿色金融体系初步建立阶段（2012—2020 年）

绿色金融在我国发展已有多年。2012 年 2 月，银监会发布《绿色信贷指引》，初步建立了绿色信贷制度框架。2016 年 8 月，中国人民银行等七部委发布《关于构建绿色金融体系的指导意见》，该指导意见是全球第一个系统的绿色金融政策框架。2020 年 10 月，生态环境部等五部委发布《关于促进应对气候变化投融资的指导意见》，首次从国家层面构建气候投融资政策体系。2020 年 10 月 29 日，《深圳经济特区绿色金融条例》通过，该条例是全国首部绿色金融领域的法规，标志着我国绿色金融发展上升到法规层面。

经过多年的努力，我国支持绿色金融发展的综合政策体系和市场环境持续改善，绿色金融在标准制定、激励机制、环境信息披露等领域取得全面进展，在推动经济绿色转型、打赢污染防治攻坚战和促进经济高质量发展中发挥了重要作用。与此同时，我国的绿色金融产品也日益丰富，国内金融机构积极开展绿色贷款、国际转贷、绿色债券、绿色资产支持证券（ABS）、蓝色债券①、绿色股权投资、绿色基金、绿色保险、绿色理财等产品创新，探索能效融资项目、碳资产质押授信、未来收益权质押融资、碳金融顾问等碳金融业务，以及支持海洋经济可持续性的蓝色投融资产品等。截至 2020 年末，本外币绿色贷款余额约 12 万亿元，存量规模位居世界第一；绿色债券存量超过 8000 亿元，位居世界第二。

---

① 蓝色债券属于绿色债券中的一种，是将募集资金用于支持可持续型海洋经济相关项目的债券。蓝债市场在全球范围内处于起步阶段，国际上并未明确建立蓝债的标准和认证流程。

2. 绿色金融体系发展新阶段（2021 年至“十四五”规划期末）

“二氧化碳排放力争于2030 年前达到峰值，努力争取2060 年前实现碳中和”的战略目标，为中国下一阶段的能源转型和绿色发展指明了方向，也展现了中国践行《巴黎协定》气候行动承诺的决心。中国宣布的碳达峰碳中和目标愿景，是基于推动实现可持续发展的内在要求和构建人类命运共同体的责任担当做出的重大战略决策，也意味着中国要完成全球最高碳排放强度降幅，用全球历史上最短的时间实现从碳达峰到碳中和，这需要开展一场广泛而深刻的经济社会系统性变革。在此过程中，绿色金融可发挥“加速器”的作用，其发展也将开启新的阶段。

2021 年以来“双碳”政策陆续发布，作为实现碳中和的重要支撑，绿色金融被频频提及，要求“大力发展绿色贷款、绿色股权、绿色债券、绿色保险、绿色基金等金融工具，设立碳减排支持工具，引导金融机构为绿色低碳项目提供长期限、低成本资金，鼓励开发性政策性金融机构按照市场化法治化原则为碳达峰行动提供长期稳定融资支持。拓展绿色债券市场的深度和广度，支持符合条件的绿色企业上市融资、挂牌融资和再融资”。表4－1 为党中央、国务院文件中涉及的绿色金融相关政策。

表 4－1　绿色金融相关政策

时间	政策文件	绿色金融相关内容
2021 年 2月	《关于加快建立健全绿色低碳循环发展经济体系的指导意见》	大力发展绿色金融。发展绿色信贷和绿色直接融资，加大对金融机构绿色金融业绩评价考核力度。统一绿色债券标准，建立绿色债券评级标准。发展绿色保险，发挥保险费率调节机制作用。支持符合条件的绿色产业企业上市融资。支持金融机构和相关企业在国际市场开展绿色融资。推动国际绿色金融标准趋同，有序推进绿色金融市场双向开放。推动气候投融资工作
2021 年 9月	《中共中央 国务院关于完整准确全面贯彻新发展理念做好碳达峰碳中和工作的意见》	积极发展绿色金融。有序推进绿色低碳金融产品和服务开发，设立碳减排货币政策工具，将绿色信贷纳入宏观审慎评估框架，引导银行等金融机构为绿色低碳项目提供长期限、低成本资金。鼓励开发性政策性金融机构按照市场化法治化原则为实现碳达峰碳中和提供长期稳定融资支持。支持符合条件的企业上市融资和再融资用于绿色低碳项目建设运营，扩大绿色债券规模。研究设立国家低碳转型基金。鼓励社会资本设立绿色低碳产业投资基金。建立健全绿色金融标准体系

续表

时间	政策文件	绿色金融相关内容
2021 年 10 月	《2030 年前碳达峰行动方案》	完善绿色金融评价机制，建立健全绿色金融标准体系。大力发展绿色贷款、绿色股权、绿色债券、绿色保险、绿色基金等金融工具，设立碳减排支持工具，引导金融机构为绿色低碳项目提供长期限、低成本资金，鼓励开发性政策性金融机构按照市场化法治化原则为碳达峰行动提供长期稳定融资支持。拓展绿色债券市场的深度和广度，支持符合条件的绿色企业上市融资、挂牌融资和再融资。研究设立国家低碳转型基金，支持传统产业和资源富集地区绿色转型。鼓励社会资本以市场化方式设立绿色低碳产业投资基金

实现“双碳”目标，大力发展低碳产业、优化能源结构和节能减排等都需要大量的资金支持，绝大部分需要通过金融体系利用市场资金来弥补。根据中国金融学会绿色金融专业委员会 2021 年 9 月 25 日发布的《碳中和愿景下的绿色金融路线图研究》，按与《绿色产业指导目录》相一致的“报告口径”测算，未来 30 年中国绿色低碳投资累计需求将达到 487 万亿元（按 2018 年不变价计）。对于巨大的资金需求，政府资金只能覆盖很小一部分，绝大部分需要通过金融体系利用市场资金来弥补。

作为**绿色低碳发展的一项重大制度创新，全国碳排放权交易于 2021 年 7 月在上海环境能源交易所启动**，这将是未来利用市场机制控制和减少温室气体排放，实现碳达峰碳中和的重要政策工具。全国碳市场方面，截至 2021 年 10 月，全国碳市场碳配额（CEA）累计成交 9.08 亿元，其中 2021 年 10 月成交量 255.30 万吨，成交额 1.07 亿元。

2021 年 11 月 17 日，国务院常务会议指出，我国能源资源禀赋以煤为主，要从国情实际出发，着力提升煤炭清洁高效利用水平，加快推广成熟技术商业化运用。会议决定，在前期设立碳减排金融支持工具的基础上，再设立 2000 亿元支持煤炭清洁高效利用专项再贷款，形成政策规模，推动绿色低碳发展。此次设立的 2000 亿元专项再贷款，按照聚焦重点、更可操作的要求和市场化原则，专项支持煤炭安全高效绿色智能开采、煤炭清洁高效加工、煤电清洁高效利用、工业清洁燃烧和清洁供热、民用清洁采暖、煤炭资源综合利用和大力推进煤层气开发利用。具体操作方式是：全国性银行向支持范围内符合标准的项目自主发放优惠贷款，利率与同期限档次贷款的市场报价利率大致持平，中国人民银行可按贷款本金等额提供再贷款支持。同时会议要求，统筹研究合理降低项目资本金比例、适当税收优惠、加强政府专项债资金支持、加快折旧等措施，加大对煤炭清洁高效利用项目的支持力度。此项举措核心在于保供。

二、碳金融产品支持碳中和目标实现

2021 年 12 月 25 日，生态环境部审议通过《碳排放权交易管理办法（试行）》，标志着我国碳排放权市场及碳金融进入全新的发展阶段。“鼓励金融机构围绕全国碳市场开展包括排放权质押、碳期货、碳期权以及挂钩排放权的结构性产品等碳金融创新，促进全国碳市场价格发现、风险管理及融资等基础功能有效发挥，将成为未来推进全国碳市场建设重点工作之一。”碳排放权具有金融产品特性，成功的碳排放权交易必须有发达的金融体系支撑，否则碳市场难以运行下去，因此碳金融的发展对于温室气体减排具有重要价值。

1. 碳金融内涵

碳金融泛指所有服务于减少或限制温室气体排放的金融活动，包括直接投融资、碳排放权及其衍生品的交易和投资、低碳项目开发投融资及其他相关活动等。狭义的碳金融可以为购买温室气体减排项目提供资金；广义的碳金融指气候变化的市场化解决方案。

低碳经济发展必然要求传统金融向碳金融延伸。一旦碳排放指标和减排额度被确定和分配，这种类似国际货币基金组织特别提款权的权利，将与各国国际收支平衡、贸易摩擦、汇率等联系起来，碳排放权有可能成为重建国际货币体系和国际金融秩序的要素之一。随着碳市场的发展，世界金融模式必将发生变化。事实上，金融模式正在发生变化，包括更多的股权投资、商品交易模糊了投资银行、风险投资和对冲基金的业务范围。推动金融市场变化的一个主要原因是“环境金融市场”，即碳金融市场的形成和发展。

碳金融的迅速成长，主要源于其以下功能：

一是减排成本收益转化功能。在碳市场机制下，碳排放权具有商品属性，其价格信号功能引导经济主体把碳排放成本作为投资决策的一个重要因素，使外部成本内部化。随着碳市场规模的扩大和碳货币化程度的提高，碳排放权进一步衍生为具有流动性的金融资产。积极有效的碳资产管理已成为促进经济发展中碳成本向碳收益转化的有效手段。

二是能源转型的融资功能。不同发展阶段的国家能源结构差异很大，对减排目标约束的适应能力也不同。项目融资、风险投资和私募基金等融资方式具有动员金融资源、促进可持续能源发展的能力，也有利于改变对化石燃料的依赖，并从高碳能源向低碳能源转型。

三是气候风险管理和转移功能。能源产业可以利用天气期权等衍生品来规避价格波动风险。农业通过天气指数及相关的保险产品，把风险转嫁给有吸纳能力的交易者。风险债券可以发挥资本市场对灾害损失的经济补偿和分担功能，从风险保险业向资本市场转移。

四是国际贸易投资促进功能。碳交易特别是清洁发展机制在降低发达国家减排成本的同时，也促进其资金和技术向发展中国家转移，使发展中国家在人均收入较低的条件下减排温室气体，从而为国际贸易投资和技术转移提供了便利。

2. 碳金融工具

（1）碳货币

碳金融的核心之一是碳货币体系。一国货币的崛起常与国际大宗商品，特别是能源计价和结算绑定相联，从 19 世纪“煤炭—英镑”“石油—美元”，到现今的“碳合约—X”，可能是国际主权货币在能源贸易中的一条路径。虽然碳货币还是人们臆想中的货币，但有可能成为世界各种货币币值的一个新的衡量标准。碳货币是以碳信用为本位的货币形式，碳币值代表国际碳市场上每吨二氧化碳当量排放权的价值。实际碳排放额度与分配指标的差额乘以碳市场的交易价格，构成一个时期内一国或一地的碳货币总量。可以将各国碳货币与一个标准品质的碳货币，如与“黄金标准”碳信用挂钩，确定两国碳货币的兑换基准。在碳货币体系下，除一国的经济实力和黄金储备外，碳排放权额度将成为影响货币地位和币值的决定性因素。“碳币时代”的规则制定者毋庸置疑地会掌握更多的主动权和话语权。适应国际碳货币的发展需要，一是积极加入国际碳货币体系的构建；二是建立我国碳金融体系；三是建立健全碳交易市场，使人民币在碳信用计价和结算中占有一席之地；四是积极发展我国的低碳能源和低碳技术，将碳排放权指标纳入经济发展指标体系，试行碳排放强度考核制度，并为今后可能出现的碳货币体系做好储备。

（2）碳信贷

尽管银行对绿色信贷预期不断提升，但所占信贷比重仍然极小，根本原因在于发展绿色信贷的外部环境尚未建立。一是由于绿色信贷的概念并不明确，缺少具体的指导目录。在统计银行贷款规模时，并未对“绿色贷款”进行统计，也未能使绿色信贷获得信贷政策的倾斜；二是我国企业对绿色信贷的需求处于初级阶段；三是绿色信贷面临着项目融资技术评估的复杂性，银行开发这些项目缺乏人力资源和技术基础；四是绿色信贷面临着项目风险控制上的困难。发展绿色信贷，政府和监管部门迫切需要提升绿色信贷的发展水平，出台鼓励或优惠政策，提高银行业发展绿色信贷项目的技术水平。银行业除关注传统的节能减排信贷外，还应重视绿色信贷相关的中间业务。为降低绿色信贷风险，可结合节能减排项目贷款开展碳排放权质押融资贷款。只要银行与清洁发展机制（Clean Development Mechanism，CDM）项目业主及发展改革委三方约定，客户出售核证减排量（Certified Emission Reduction，CERs）获得的资金只能进入指定的账户；在客户不能偿还贷款时，贷款银行有权处置客户出售 CERs 的收益。按照这一设想，商业银行可以探索以碳排放权质押，开展 CDM 项目贷款业务，并逐步扩大碳信贷的范围和规模，在拓展银行业务的同时，促进碳减排的深入。

（3）碳期货

碳排放权交易市场的风险较大，因而可引入碳期货等衍生品。由于碳排放权具有同质性显著、易于交付、参与者众多、价格波动频繁等特性，也可引入期货等衍生品交易。建立碳期货交易市场可以依靠其价格发现功能，指导现货交易并为国家及相关企业提供有效的价格信号。在二级市场的 CDM 交易市场上，主要交易品种是期货、期权等金融衍生品。由于碳期权合约的基础资产是碳期货合约，合约价格对期权价格以及期权合约中交割价格均具有显著影响。碳信用远期合约的定价方式，主要有固定定价和浮动定价两种方式。前者表示在未来以确定价格交割碳排放交易权，后者表示在最低保底价基础上附加与配额价格挂钩的浮动价格，合同中可以同时列出基本价格和欧盟参照价格。我国对碳期货已经有了较多探索。上海期货交易所从 2006 年开始研究碳排放权期货，试图利用期货市场的价格发现和风险管理功能，提高我国碳资源定价影响力，建立符合国内需求、对接国际规则的碳市场体系。因此，关注、探索碳排放权期货交易的可行性、交易风险的可控性、风险监测体系的可靠性等问题，需在未来的研究和实践中加以总结，并提出针对性的政策措施。

（4）碳基金

碳基金是碳汇基金的简称。国际上通常指“清洁发展机制”下温室气体排放权交易的专门资金。根据我国实际，需要强调国际碳基金的本土化。现有碳基金主要有以下几类：一是世界银行型基金；二是国家主权基金；三是政府多边合作型基金；四是金融机构设立的盈利型基金；五是非政府组织管理的碳基金；六是私募碳基金。碳基金除了关注碳汇的增加外，还要关注通过资金支持帮助商业和公共部门减少二氧化碳排放，并从中寻求低碳技术的商业机会，实现我国低碳经济转型。碳基金的投向可以有三个目标：一是促进低碳技术的研究与开发；二是加快技术商业化；三是成为低碳发展的孵化器。我国碳基金的资金来源应以政府投资为主，多渠道筹集资金，按企业模式运作。融资方式包括政府承担所有出资、由政府和企业按比例共同出资、由政府通过征税方式出资、企业自行募集等。从国外碳基金运营管理情况看，由政府设立、企业化运作、吸收专业人士参与管理是行之有效的模式。

3. 发展碳金融我国大有作为

开展碳金融业务的重要意义在于：一是推动金融机构经营战略转型；二是树立良好的社会形象；三是促进金融机构的可持续发展；四是提升我国金融机构的国际竞争力。

（1）银行业方面

银行是参与低碳经济的主体。在履行社会责任的同时分享低碳经济的“盛宴”，对于商业银行是一个双赢或多赢的选择。不可否认，银行业也面临着一系列的挑战。例如，银行能力不足。国内商业银行在碳金融方面虽有所动作，但缺乏对清洁发展机制及碳市场相关专业知识、政策法规的了解，投资该领域项目的业务能力不足，不仅缺乏碳交易制度、碳交易场所和碳交易平台，而且没有碳掉期交易、碳证券、碳期货、碳基金等碳金融衍生品以及科学合理的利益补偿机制，难以与国际金融机构抗衡，在全球碳金融中也无定价权。

银行业可以在低碳经济发展和产业结构调整中发挥积极作用：一是成为低碳理念的践行者。探索建立节能环保金融服务的经营策略、管理机制和激励考核体系等，从业务流程与规则上把好项目准入关。二是创新地开展低碳金融服务。进一步开展对国际碳金融发展的跟踪研究，在控制风险的前提下，积极开展“绿色信贷”及相关碳金融产品和服务创新，争取在全球碳金融体系中拥有更大的话语权。为了积极开展碳金融业务，银行业可以从以下几个方面入手：一是成立碳金融投资管理有限公司或碳金融事业部，谋划发展战略或规划，负责碳金融市场开发与推广，开发系列碳金融产品；二是以绿色账户吸引开展 CDM 业务的业主 CERs 收入外币账户，为 CDM 项目开发提供信用增级服务；三是积极参与国际合作，开展绿色贷款业务，参与国内外碳市场建设；四是积极开发与碳排放权交易相关的产品。低碳金融业务创新的重点可以包括增加“绿色信贷”投放，积极推出低碳投资产品及相关服务，促进金融业服务创新。商业银行可以在境外注册投资公司，取得相关资格后以境外买家的身份参与境内 CDM 项目，也可以在欧洲二级市场上进行交易。

（2）碳保险市场方面

保险业可以为建筑绿色设计、节能和可再生能源、环保汽车等项目提供新险种，以规避气候风险，应当满足清洁发展机制对碳信用交割担保的需求，开发碳交易保险。资金需求量大和未来发展前景的高度不确定性，是所有碳排放交易项目的主要特点。因此，碳保险市场应当承担起与碳有关的担保和保理业务。与 CDM 相关的碳保理，其成员主要由技术出让方、技术购买方和银行等金融机构组成，经过一定审核流程后，金融机构向技术出让方发放贷款以保证其保质保量完成任务，项目完成后由技术购买方利用其节能减排获得的收益偿还贷款，这不仅可以缩短技术出让方的应收账款时间，减少资金积压，而且可以优化技术购买方的财务结构，解决融资难题。对于我国而言，碳保险也有着极大的发展机遇。为解决碳交易过程中的潜在违约风险、失效风险、CERs 的价格风险以及数量波动风险等，碳减排额交易保险可以发挥重要作用，更好地保证碳减排额交易市场的发展。

预测表明，到 2050 年中国绿色投资总需求约为 139 万亿元，能源系统需新增投资约 100 万亿元。中国实现净零碳排放，到 2060 年清洁能源技术基础设施投资规模预计达到 16 万亿美元。据国家气候战略中心测算，实现双碳目标的股权投资需求约为绿色融资的 30%，年均缺口超过 4800 亿元。

碳减排支持工具是央行创设推出的结构性货币政策工具，其主要功能是向符合一定条件的金融机构定向提供低成本资金，要求金融机构为节能环保的重点项目提供优惠利率的金融支持。理论上，碳减排支持工具可以有绿色再贷款、再贴现，差异化存款准备金率，定向中期借贷便利操作（TMLF）等。

碳减排支持工具是为助推实现碳达峰碳中和目标而创设的一项结构性货币政策工具，中国人民银行提供低成本资金支持金融机构为具有显著碳减排效应的重点项目提供优惠利率融资，为保证精准性，碳减排支持工具支持清洁能源、节能环保、碳减排技术三个重点领域，并采取先贷后借的直达机制，金融机构自主决策、自担风险，向碳减排重点领域的企业发放贷款，之后可向中国人民银行申请碳减排支持工具的资金支持，并按照中国人民银行要求公开披露碳减排相关信息，接受社会监督。中国人民银行将以稳步有序的方式推动碳减排支持工具落地生效，注重发挥杠杆效应，撬动更多社会资金促进碳减排。碳减排支持工具对碳减排重点领域的支持是“做加法”，支持清洁能源等重点领域的投资和建设，从而增加能源总体供给能力；不是“做减法”，金融机构仍要按市场化、法治化和商业化原则，对煤电、煤炭企业和项目等予以合理的信贷支持，不盲目抽贷断贷，更好发挥金融对能源安全保供和绿色低碳转型的支持作用。

三、绿色金融投融资方式

绿色金融本质上是为了服务绿色技术产业不断进步。清洁供热产业作为我国绿色产业的重要组成部分，近些年取得了明显进步，成为解决蓝天问题的重要产业之一，其兼具节能与环保双重特性，也是最贴近民生的实体产业之一。绿色产业的发展需要绿色金融的助力。绿色信贷、融资租赁、资产证券化、首次公开募股（IPO）等多种融资方式，已经成为提升清洁供热产业发展的重要资本和资金来源。

1. 绿色信贷

绿色信贷是清洁供热企业最重要、最普遍的一种间接融资方式。其基本操作是，银行按照一定的利率将货币资金投放给供热企业，供热企业根据约定期限和方式还本付息。资信状况良好的供热企业可以获得一定额度的信用贷款。当然，也有担保方式、抵押方式、质押方式等。

根据中国人民银行发布的数据，2021 年三季度末，本外币绿色贷款余额 14.78 万亿元，同比增长 27.9%，其中，投向具有直接和间接碳减排效益项目的贷款合计占比 66.9%（如图 4－1 所示）。

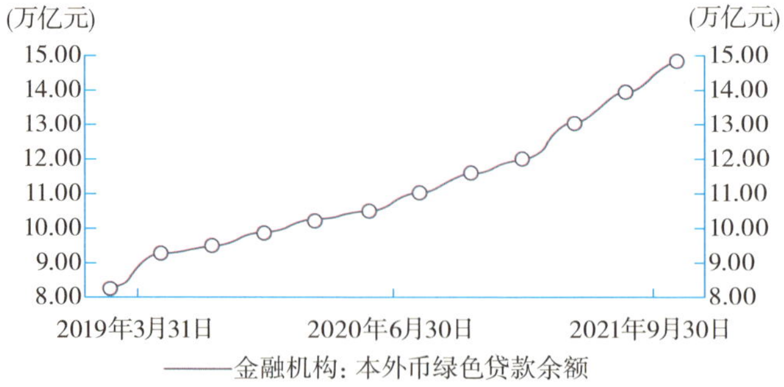

图 4－1　本外币绿色贷款余额

数据来源：同花顺 iFinD。

（1）信用贷款对于清洁供热企业而言并非遥不可及

商业企业想要获得银行的信用贷款，一般需要具备这样四个基本特征，一是所处行业具有长期稳定性；二是企业资产、负债等基本指标具有稳定或稳定向好的特点；三是企业发展规划连续多年（至少3年）能够稳定实现；四是企业资产、收入/利润、经营性现金流等体现企业规模和经营成果的数据达到银行的准入水平。

我们可以把清洁供热企业与以上四个特征进行简单的对号入座。从行业来看，清洁供热行业显然具有非常不错的长期稳定性，特别是从政府授予的特许经营权来看，短则十几年、长则20年以上。清洁供热企业基本上都是资产持有在先、收益实现在后，因此行业企业的资产负债率较一般工业企业而言会出现偏高的情况，但是这种偏高其实是符合重资产类投资基本特征的并非某种劣变的标志，从实际情况看3倍的财务杠杆并不鲜见。清洁供热企业发展规划的实现一般认为是较为容易控制的，所谓的“等米下锅”，即根据自身调动财务杠杆和获得新项目的能力，逐渐递增式发展，是业内普遍的做法。当然，采用投资并购的方式也是实现跨越式发展的好方式，只是要注意财务健康性。清洁供热企业之所以被很多金融机构青睐，重要的一个原因就是其具有优秀的经营性现金流表现，经营性现金流和收入/利润是与资产规模之间存在数量关系的，可以根据各地方的实际情况获得区间测算。

综上分析不难看出，清洁供热企业对于那些偏好稳健的银行或非银行金融机构而言，是较为良好的信用贷款借款人。

（2）与资产和权益相关的银行信贷

上文较为乐观地介绍了信用贷款的获得逻辑，客观而言，鉴于清洁供热企业的资产投入在先、收益实现在后的特点，在首个项目建设期内，想要获得信用贷款还是有较大难度的。从更务实的角度来看，认真分析资产投入情况，通过抵押、质押，甚至担保增信的方式实现融资，是更具有现实可操作性的。

现实中，清洁供热企业所拥有的资源包括股东原始投入的资本金、逐渐购入和建设而形成的实物资产（如锅炉、管网等）、与政府或甲方签署长期服务合同而获得的经营收益权、其他可能包含的土地及地上建筑物资产等。上述如果能够出现“实物资产 + 经营收益权 + 土地（包含房产）”的组合，则获得银行抵（质）押贷款的可能性大概率可以提高。现实中，“实物资产 + 经营收益权”这一基本组合是实现银行贷款的基本要件。

（3）专业融资担保机构的担保可以降低银行信贷融资难度

除了清洁供热项目自身的资产和权益组合方式，引入第三方专业的融资担保机构，对于很多供热企业而言也是很好的选择。读懂清洁供热企业资产和权益的组合逻辑的金融机构并非大多数。通过引入专业的融资担保机构来实现增信而将资产和权益的组合作为反担保，则更容易实现融资，且使融资额度得到基本保障。清洁供热的民生属性也是和很多政策性融资担保机构的宗旨高度契合的。

专业融资担保机构介入的现实意义在于，能为更多中小清洁供热企业的融资发展提供广阔的空间。据不完全统计，全国的清洁供热企业近万家。其中绝大部分都属于中小企业，供热面积不足百万平方米，规模体量对于其获得发展资金是很大的制约。专业的融资担保机构通过将资产和权益进行收益法评估，可以为其匹配较为合适的担保额度。

2. 绿色债券

（1）绿色债券的现状

绿色债券是指将募集资金专门用于支持符合规定条件的绿色产业、绿色项目或绿色经济活动，依照法定程序发行并按约定还本付息的有价证券，包括但不限于绿色金融债券、绿色企业债券、绿色公司债券、绿色债务融资工具和绿色资产支持证券。2015 年 12 月 22 日，中国金融学会绿色金融专业委员会发布了《绿色债券支持项目目录（2015 年版）》，明确了六大类及 31 小类环境效益显著项目的界定条件，作为认定绿色债券的标准。

我国绿色债券发展处于领先地位。截至 2021 年 10 月，根据万得资讯数据统计，中国境内市场贴标绿色债券累计发行 1. 61 万亿元，在全球排名第二，存量规模 1. 14 万亿元。2021 年 1 月至 10 月发行规模 4408. 67 亿元。其中，2021 年 10 月，中国一级市场发行规模 259. 32 亿元，二级市场共有

266 只绿色债券参与交投，交易规模为 686.12 亿元。

为响应碳中和目标，上海证券交易所于 2021 年 2 月、深圳证券交易所于 2021 年 3 月分别推出碳中和公司债券，2021 年 3 月中国银行间市场交易商协会发布《关于明确碳中和债相关机制的通知》，碳中和债作为绿色债券中的子项开始登上历史舞台。根据万得资讯数据，截至 2021 年 9 月 9 日贴标碳中和的债券累计发行数量 102 只，累计发行规模超过 1400 亿元。

（2）绿色债券的优势

与普通债券相比，绿色债券具有发行成本较低、发行时间较短等优势，作为绿色产业直接融资的手段之一，绿色债券更具灵活性。《绿色债券支持项目目录（2021 年版）》推出，在统一标准的基础上，募集资金投向增加了绿色农业、绿色建筑、绿色服务等产业类型，进一步丰富了绿色产业内涵。鼓励符合条件的非金融企业和机构发行绿色债券，由此可见未来非金融的绿色产业相关企业将更多且更容易地通过绿色债券这种直接融资方式寻求市场化资金支持。

3. 融资租赁

融资租赁的基本定义是指出租人根据承租人对租赁物和供应商的选择，向供应商购买租赁物，并交由承租人使用，在约定的租赁期限内向承租人收取租金，租赁期结束后，一般情况下租赁物的所有权以名义货价转移回承租人。

融资租赁是一种典型的资产融资工具，其最基本的特征就是擅长解决各种与设备或以设备类为主的固定资产相关的投融资需求。结合中国清洁供热行业发展实践来看，融资租赁的几种主要操作方式包括直接租赁、售后回租、并购租赁等。

（1）融资租赁已经成为清洁供热企业的重要融资方式

融资租赁作为一种重要的融资工具，近年来与清洁供热产业结合得日益紧密，其资产融资的特性也得到很好的展现。

①直接租赁。

直接租赁是融资租赁的最基本交易方式，它是最符合融资租赁定义的一种交易方式。行业实践中，很多已经达到一定规模的清洁供热企业往往可以采用直接租赁的方式来获得新项目建设所需要的设备类资产。一般情况下，专业的融资租赁公司，对于清洁供热企业能否使用直接租赁的方式会设定一些基本要求：一是企业要具备成熟的项目建设和运营经验；二是企业自身的财务杠杆处于3倍以内；三是企业经营性现金流的表现良好；四是企业资产已经达到一定规模（如供热面积在500万平方米以上）。之所以会有以上这些基本条件，是因为直接租赁这种操作方式主要是用来满足供热企业的增量项目资产需求的，而新增的供热项目在建设和运营的初期是存在没有经营性现金流入或者经营性现金流不稳定的特点的，因此必须依靠企业存量项目的稳定经营来给予支持，这样才能做到现金流的平衡。

②售后回租。

售后回租是具有中国特色的融资租赁交易方式，是在直接租赁的基本交易方式下，出卖人和承租人出现身份重叠的情况下的一种融资交易。简言之，它是通过盘活企业拥有的存量资产而实现融资的。实际操作中售后回租更像是银行的设备抵押贷款。

售后回租这种操作方式，相较于直接租赁而言，租赁公司一般会降低对清洁供热企业的一些要求。比如，企业的建设和运营经验、企业的资产规模，都可以适当降低。之所以可以这样，从售后回租盘活存量资产的基本逻辑上来理解就很清楚了，资产已经形成并持续运营，如果现金流良好，那可以大概率判断企业的未来债权风险是相对可控的。

③并购租赁。

并购租赁是融资租赁在中国的实践过程中发展出来的一种交易方式。它的基本逻辑是，通过以被并购企业的资产为租赁标的物，以其对应的收益作为租金还款来源，通过短期或中长期持有该资产之后，最终将资产转让给并购企业。

并购租赁这种操作方式要比上文介绍的复杂一些。因为现实中的项目收购基本上都是企业并购，而不是单纯的资产收购，所以交割过程既涉及资产的交割也涉及股权的交割。为了能够更好地实现并购租赁的目的，往往需要设计一个特殊目的主体（SPV）来阶段性持有股权和实物资产，这样融资租赁公司就比较容易操作了。

（2）融资租赁在清洁供热行业的应用前景广泛

从融资租赁的基本操作方式上看，无论供热企业规模的大小和持有的运营项目的多少，几乎所有的清洁供热企业都可以通过融资租赁的方式来获得融资。之所以可以给出这样的结论，是基于以下一些原因：

一是供热企业运营的基础是供热所需的设备类资产的运营，而融资租赁就是一种资产融资工具。

二是不管是供热企业的新增设备需求，还是存量设备盘活需求，融资租赁公司都有基础的操作方式（直接租赁或者售后回租）可以满足。

三是绝大部分的供热项目都会带有某种方式的收益权让渡，而这种让渡背后，实际上是未来现金流稳定的保障，融资租赁公司最喜爱的资产类型之一是拥有稳定现金流预期的资产或资产组合。

四是虽然国内的清洁供热企业的毛利润率不尽相同，但国内的融资租赁公司基于不同的风险偏好，可以接受的收益空间各不相同，7% 到 20% 的收益率，都有租赁公司的存在或发展空间。

五是伴随着清洁供热行业内不断出现一些优秀企业成为上市公司打开直接融资的大门，为中小清洁供热企业开拓了发展的空间，也为开展清洁供热行业融资租赁业务的融资租赁公司打通了资产的退出通道。

（3）未来融资租赁助力清洁供热行业发展的预想

基于融资租赁的资产融资特性，在目前国内的融资租赁公司专业化发展的趋势下，未来较为值得关注的是在清洁供热的设备制造端和运营资产持有端的创新模式。

①基于清洁供热核心设备制造的厂商租赁形式。

清洁供热企业热源侧的持续技术进步，是增强供热企业核心竞争力的关键所在。事实上，热源侧的技术进步绝大部分掌握在设备制造厂商手里的，锅炉、热泵、光伏和风能（实际是电能）设备等都是如此。因此专业的融资租赁团队和专业的设备厂家，通过战略合作的方式，将极大地促进整个清洁供热行业企业的技术进步和装备升级改造，进而不断实现能耗的降低。

②基于与清洁供热优势运营企业紧密合作的并购租赁模式。

随着清洁供热行业上市公司的不断出现，势必出现对行业内运营类资产的收购行为，毕竟上市公司的业绩是有持续增长压力的，而清洁供热行业企业业绩增长的最直接方式就是收购优质资产。专业的融资租赁团队通过短期或中长期持有—转让资产的方式，与优秀清洁供热上市企业构建战略合作关系，既有利于上市公司的业绩稳定增长，又有利于整个行业的健康发展。

4. 绿色保险

我国绿色保险仍处于起步阶段，并初步形成以环境污染责任险为代表、种类多样化的绿色保险产品体系，截至2020年末，我国绿色保险保额达到18.3万亿元，赔付金额达到214亿元。

绿色保险是具有投融资和风险保障的复合型产品。一方面，风险保障功能是绿色保险的基本职能；另一方面，绿色保险的投融资功能十分突出。数据显示，截至2020年末，保险资金绿色投资余额超过5600亿元，且主要投资领域增速均在40%以上。绿色保险的双重功能成为各类绿色金融工具组合的纽带，提供了其他金融工具无法替代的现实基础。

从实践路径来看，要积极推动金融机构跳出固有思维，转变风险定价机制，形成与绿色转型发展适配的新型风险观，加快形成不同金融机构间合作共赢的业务联动机制，不断创新发展险贷联合、险债联合等“绿色保险+”产品和服务，以全面风险管理为基础，不断提升对绿色转型发展的综合赋能支持。

5. 绿色资产证券化

（1）绿色资产证券化的基本内容

绿色资产证券化是指主营业务属于绿色产业领域的、（或有）原始权益人发起的基础资产的未来现金流来源于绿色发展项目，或募集资金投向绿色发展领域的一种结构化融资工具，是绿色金融与资产证券化的有机结合。

绿色资产证券化融资模式所发行的产品——绿色ABS是绿色债券的重要组成部分，与绿色金融债券、绿色公司债券等其他绿色债券不同的是，绿色 ABS 不以公司作为承担还款责任的债务主体，而是剥离出一部分基础资产形成资产池，作为将来的还款来源，还可以设置分级发行等措施。

2018 年 8 月，上海证券交易所发布规则指引，明确了绿色 ABS 的定义，文件指出符合下列条件之一可认定为绿色 ABS：基础资产属于绿色产业领域——基础资产现金流主要来源于绿色项目所产生的收入或基础资产主要是为绿色项目融资所形成的债权；转让基础资产所取得的资金用于绿色产业领域——所得资金应主要用于建设、运营、收购绿色项目、偿还绿色项目贷款或为绿色项目提供融资等。原始权益人主营业务属于绿色产业领域——原始权益人最近一年合并财务报表中绿色产业领域营业收入比重超过一定比例。

目前国内尚未出台统一的绿色 ABS 的规范标准或政策指引，而其他绿色债券（绿色金融债券、绿色企业债券、绿色公司债券以及非金融企业债务融资工具）均已出台了具体的政策指引，其中中国银行间市场交易商协会的《非金融企业绿色债务融资工具业务指引》、证监会的《关于支持绿色债券发展的指导意见》以及上海交易所的《关于开展绿色公司债券试点的通知》对绿色 ABS 有相关描述。就绿色项目界定标准来看，目前三类绿色 ABS 比较统一，均采取的是中国人民银行的《绿色债券支持项目目录》。

（2）清洁供热运营类资产最适合资产证券化

绿色资产证券化的基础，在于绿色产业领域中大量项目具有持续稳定的现金流。ABS 是以基础资产未来的现金流作为还款的来源，以清洁供热运营项目为代表的绿色项目具有持续稳定的现金流回报，天然契合了 ABS 的特性，是发行绿色资产证券化产品的优质基础资产标的。

相比绿色债券，ABS 不以公司作为承担还款责任的债务主体，而是剥离出一部分基础资产形成资产池作为将来的还款来源，并且可以设置分级发行等措施，这样的产品结构及特点使以“绿色”项目为基础资产的绿色资产证券化产品具有很多现实的优势。

首先，ABS 产品通过资产池的剥离，分离了企业的主体评级和资产的信用评级，如果企业绿色项目的信用等级较高则企业就可借助发行绿色资产证券实现低成本融资。

其次，ABS 常见的分级发行方式可以满足不同风险类型投资者的投资需求。一旦发生现金流不足，偿付困难，回收的现金流将优先偿付最优层级持有者，这意味着最优层级的信用风险加强。这样的增信方式使低风险偏好的投资者同样得以参与绿色产业投资。

最后，从事清洁供热的企业资产证券化产品的发行有利于增强自身的行业透明度，一旦首单发行成功，后续将有机会持续发行，这将明显助力其打破间接融资依赖，并有利于其了解直接融资市场。

6. 企业上市融资

清洁供热产业主体，近年来除了在传统热源侧不断提升装备和技术水平以外，在输配和用户侧也在不断结合新技术和新思维，快速推进创新发展。因此也出现了一批以稳定业绩为支撑的代表企业，并且得到了资本市场的认可，成为具有稳定预期的投资标的。

（1）案例企业：金房节能

①金房节能基本情况介绍。

金房节能是国内知名的暖通节能服务提供商，专注于节能供热领域，主要从事供热运营服务、节能改造服务和节能产品的研发、生产和销售，致力于为客户提供高效、创新、满意的城市供热综合服务。

金房节能深耕供热行业近 30 年，以“用心温暖世界”为核心价值观，以“质量诚信、服务高效、技术创新”为质量管理方针，采用供热投资运营、委托管理运营和合同能源管理等经营服务模式，通过投资建设、收购、接管、承包等方式获得供热项目的长期经营管理权。自 2004 年开始，公司运营了中粮万科假日风景、龙湖大方居、金融街金色漫香林、中粮万科长阳半岛、恒大昌平高教园、首开华润城、石家庄保利等 120 多个供热项目，已实施供热运营面积超过 2400 万平方米，与首开股份、金融街、金隅嘉业、万科股份、龙湖中佰、恒大地产、绿地控股、招商嘉铭等房地产开发商建立了良好的合作关系。

金房节能是国家级高新技术企业和首批经国家发展改革委备案的节能服务企业。金房节能重视供热节能技术和产品的研发，坚持自主创新，围绕节能技术、节能运营和节能服务形成了成熟的自主研发体系，在烟气余热回收、供热管网输配能耗控制、供水温度气候补偿控制、变频二级泵系统节能控制等方面拥有多项核心技术，并具有丰富的暖通节能运营经验。截至2020年12月31日，公司拥有43项专利和41项软件著作权，其中发明专利10项、实用新型专利29项。

金房节能参与制定了供热系统节能改造技术规范、供热管网节能监测、供热企业服务规范等多项国家标准、行业标准和地方标准，曾获得北京市城管委和北京市人社局评选的北京市“先进供热单位（一级）”、北京市供热协会评选的“节能改造示范锅炉房”、中国建筑业协会评选的“全国建筑节能技术创新企业”和北京市发改委、财政局和统计局评选的“北京市能效领跑者”等多项荣誉。此外，公司已通过ISO 9001质量管理体系认证、ISO 14001环境管理体系认证和OHSAS 18001职业健康安全管理体系认证。

②金房节能成功IPO的几个关键因素。

A. 主业清晰。

金房节能专注于节能供热领域，主要从事供热运营服务、节能改造服务和节能产品的研发、生产和销售。

a. 供热运营服务。

金房节能核心业务是通过区域锅炉房为下游用户提供供热运营服务，一个典型的供热系统如图4－2所示。

通常与房地产开发商、物业公司、自营供热的企事业单位、政府供热管理部门等客户单位签订不同类型的合同，取得供热项目的运营权。公司的供热运营服务主要有供热投资运营、委托管理运营、供热合同能源管理等运营模式。

b. 节能改造服务。

金房节能自成立起专注于节能供热的研究，并在长期的供热运营服务中加以实践、提升。在保证供热质量的前提下，公司以节约能源、节省成本、方便管理为目标，开发完善了强化传热技术、阻力优化技术、变频技术、智能控制、分时调节、组态监控、无线传输、网络通信技术、嵌入式开发技术等多项节能技术。公司以此为依托，结合丰富的供热系统运行经验，为客户提供供热节能改造服务。

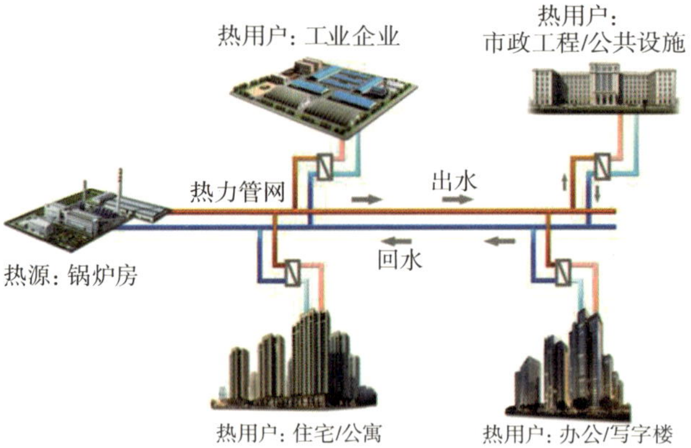

图4-2 供热系统图

c. 节能产品的研发、生产与销售。

金房节能在供热领域有较强的自主研发能力，主要研发生产了以下供热节能产品：气候补偿器、烟气余热回收装置、锅炉控制柜、二级泵控制柜、分时分区控制柜、变频风机控制柜等。公司研发技术和产品布局覆盖从热源、热力管网到终端用户的全产业链条，核心供热节能技术主要应用场景如图4-3所示。

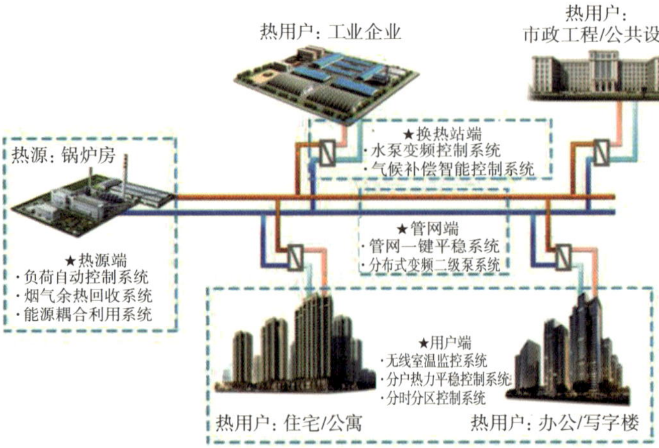

图4-3 核心供热节能技术主要应用场景

B. 资产匹配合理。

金房节能通过投资建设、委托运营、合同能源管理等方式，运营近2400万平方米的供热面积。截至2020年12月31日，企业流动资产占比近60%，这对于以重资产投入为主的供热行业而言，是十分有利的资产匹配（如表4－2所示）。

表4－2　资产占比表

项目	2020年12月31日		2019年12月31日		2018年12月31日	
	金额（万元）	占比（%）	金额（万元）	占比（%）	金额（万元）	占比（%）
流动资产	66580.35	59.60	58213.37	54.04	58577.37	55.40
非流动资产	45129.14	40.40	49501.70	45.96	47154.88	44.60
总资产	111709.49	100.00	107715.07	100.00	105732.25	100.00

C. 以技术提升实现精细化管理。

经过29年的供热运营积累与沉淀，金房节能已拥有稳定的核心技术骨干和研发队伍，围绕节能环保技术、节能运营和节能服务形成了成熟的自主研发体系和多项核心技术，在烟气余热回收、供热管网输配能耗控制、供水温度气候补偿控制、集中供热分布式变频二级泵系统节能控制等方面具有行业领先的节能技术优势。供热运营业务成本主要由燃气成本构成，公司自主研发的烟气余热回收装置、气候补偿器及多种自控设备，可以有效提高锅炉使用效率，实现节能降耗。

D. 重视用户感受，不断提升服务水平。

金房节能已经建立了“三级客户服务网络系统”，该系统主要用于为公司及下属分子公司、采用公司产品和技术服务的供热企业以及公司采暖用户提供服务。依托供热运营管控平台，公司发挥节能专家团队的研发经验和项目运行的大数据经验，帮助供热企业进行节能诊断、能耗分析、故障预警、数据汇总和运行监控等，各级管理人员、技术人员、一线人员均可通过该平台及时发现问题并为用户提供快速有效的帮助和服务，采暖用户可利用该系统实现报修、缴费、投诉、咨询等功能。

金房节能一直坚持通过定期上门巡检、客户满意度调查、定量抽查和综合督查等多种方式提升服务质量。公司通过系统化方式，加强各部门之间、各中心之间、母子公司之间协同办公，通过办公自动化（OA）系统、管控平台和网络会议等不同方式确保信息传递的及时、准确、有效，并通过上述措施形成闭环管理，不断强化风险防范能力。通过完善服务体系和提升服务管理水平，提高客户满意度，不断扩大公司品牌的知名度和影响力。

（2）案例企业：百通能源

①背景介绍。

工业园区集中供热，相对蒸汽热用户企业自建锅炉的分散式供热，具有节约能源、综合能耗低、降低供热投资和运营费用、供热效率高、充分利用土地空间、减少大气污染等多种优势，对我国能源高效利用、燃煤减量替代及节能环保具有积极的推动作用，工业园区集中供热现已成为现代化工业园区的重要基础配套设施之一。

百通能源的集中供热业务经营区域为各地的工业园区，园区内热用户企业热力需求的增长情况对公司的业务发展有着重要影响。从我国改革开放之初 1979 年设立蛇口工业区起，工业园区作为我国改革开放的前沿和经济发展的“发动机”，已经成为中国工业发展的重要形式和主要力量。工业园区作为区域经济发展的引擎，是产业集聚发展的重要平台，也是实现制造强国建设的重要载体。《中国开发区审核公告目录（2018 年版）》显示，我国国家级开发区有 552 家，省级开发区有 1991 家，省级以下的市、县级开发区、园区数量则更加庞大。在中国制造业转型升级以及向“制造强国”迈进的时代背景下，工业园区已成为各地经济发展最重要的抓手以及实现跨越式发展的推动器。

随着国家大力提倡节能减排以及对大气污染环境治理的高度重视，国家不断出台各项政策法规和发展规划，鼓励以热电联产、清洁煤以及新能源等效率高、污染低的热力生产方式推进集中供热发展，同时大力淘汰小锅炉等高耗能、污染大、效率低的传统供热方式。我国《能源发展“十三五”规划》中明确指出，2018—2020 年各地应根据供需形势，结合当地产业结构调整和社会经济发展规划、区域统筹，优化整合现有热源点，科学布局新热源点，引导用热企业向集中供热区域集聚，禁止规划新增企业自备燃煤热源点。我国工业园区供热已基本形成“以燃煤热电联产和大型锅炉房集中供热为主，分散燃煤锅炉和其他清洁能源供热为辅”的供热格局。

②公司基本情况介绍。

百通能源自2010年设立以来，专注于为工业园区、产业聚集区企业提供集中供热服务。公司通过建设热电联产装置和供热锅炉，以煤炭为主要燃料，为供热范围内的工业企业提供蒸汽供应，蒸汽联产品电力直接出售给国家电网。

百通能源设立以来主要以提供工业园区集中供热为核心业务，与行业内部分企业集中于单一工业园区提供蒸汽供热服务不同的是，百通能源实施的是集团总部管理模式下开发运营多个工业园区集中供热项目公司的发展策略。百通能源目前已在江苏省宿迁市的泗阳经济开发区、江苏省连云港市的赣榆柘汪临港产业区、江西省抚州市的金溪工业园区、山东省菏泽市曹县经济开发区以及山东省临沂市蒙阴县孟良崮工业园等多个工业园区设立集中供热项目公司。近年来随着项目公司所处工业园区经济快速发展和供热需求的持续增长，百通能源报告期内的经营业绩保持着较好的增长态势。

百通能源生产的主要产品为蒸汽与电力。蒸汽作为热量载体，广泛用于工业园区中的化工、冶金、造纸、印染、食品、医药等行业。蒸汽具有动力驱动、加热保温、发酵、灭菌、干燥等多种用途，是一种清洁、安全、高效的热媒介。电力是在以热电联产形式进行蒸汽生产过程中，通过蒸汽推动汽轮机组发电形成的联产品，公司生产的电力满足自用后向国家电网出售。

③百通能源具备IPO条件的几个关键因素。

A. 主业清晰，且与工业园区用热需求保持同步提升。

百通能源自2010年设立以来一直专注于工业园区集中供热业务，主营业务未发生改变。随着百通能源热电联产项目陆续落地达产，百通能源的电力产品销售比重逐渐提高，热电联产项目为公司目前主要生产模式与发展方向。相较于传统的集中供热锅炉房，热电联产项目能实现电能和热能同时生产，使能量得到梯级利用，减少能源损失，并采用较为先进的循环流化床锅炉，具有更高的热效率。百通能源进入工业园区初期，会充分考虑投资的经济性及产能的匹配性，按园区的预期用热需求规划配套的供热设备，并根据园区内企业实际入驻情况安排产能配置。在园区建设初期，整体用热需求不高时，百通能源采用集中供热锅炉生产蒸汽。随着园区招商引资、用热企业陆续入驻，园区用热需求量达到一定基础后，逐步实施热电联产。百通能源的第一台热电联产发电机组于2019年正式并网投产，目前已在泗阳、曹县两个园区内实现了热电联产发电上网。百通能源设立以来专注于工业园区集中供热业务，主营业务及主要产品均未发生重大变化。

百通能源蒸汽与电力在主营业务收入中的占比情况如表4－3所示。

表4－3　百通能源蒸汽与电力在主营业务收入中的占比

项目	2020年度		2019年度		2018年度	
	金额（万元）	占比（%）	金额（万元）	占比（%）	金额（万元）	占比（%）
蒸汽	44106.54	93.60	38654.72	95.96	28940.13	96.31
电力	2666.03	5.66	1073.62	2.67	–	–
其他	348.21	0.74	551.68	1.37	1108.92	3.69
合计	47120.78	100.00	40280.02	100.00	30049.05	100.00%

B. 应收账款管理成果良好，且保持稳定。

百通能源的蒸汽销售采用智能预付费终端缴费系统，使用预收款的模式与客户结算，仅对个别大客户设置了不超过15天的信用期。公司的电力销售给国家电网，信用期不超过30天（不含超低排放补贴电价收入）。2018年末至2021年末，百通能源的应收账款账面余额分别为1371.46万元、1694.72万元和2110.73万元，随营业收入规模的扩大而小幅增长，占营业收入的比例分别为4.49%、4.15%和4.42%，与百通能源的销售收款模式相匹配（如表4－4所示）。

表4－4　营业收入与销售收款模式

项目	2020年12月31日	2019年12月31日	2018年12月31日
账面余额（万元）	2110.73	1694.72	1371.46
减：坏账准备（万元）	21.11	18.27	13.86
账面价值（万元）	2089.62	1676.46	1357.61
应收账款账面余额/营业收入（%）	4.42	4.15	4.49

C. 市场化的价格联动机制，有效平抑成本波动。

工业用热市场化程度高，作为热源企业在原材料价格波动中，能够及时有效地进行联动传导，是保持企业营收稳定的重要基础。百通能源作为一家深耕工业用热市场10余年的成熟企业，已经形成一整套行之有效的上下游联动传导机制。2021年下半年以来的煤炭价格上涨，并未对百通能源的经营带来大的冲击，相反从实际业绩上更突显了企业的管理能力。

四、清洁供热企业投资并购

1. 清洁供热企业投资并购的原动力

中国供热行业内从业企业数量众多，持有的供热面积较为分散，供热面积最多的企业市场占有率也不足5%。清洁供热中，占比很高的是北方省份的居民供热，典型特点是毛利低、管理成本高，但现金流稳定。近些年，伴随各地方不断加强环保治理力度，工业集中供热方式也在快速发展变化，从传统的小、散状态向园区集中供热转变，且热源技术多元化趋势也基本形成。

近些年，国内资本市场对于以供热作为主业的企业的认可度在不断提高，已陆续出现多家清洁供热企业成功进入国内资本市场，并有逐步成长成为行业头部的趋势。

从已经具备一定规模（年收入3亿元以上）的行业企业发展诉求来看，并购已运行的成熟项目是实现扩张和规模增长的最佳路径；从众多中小行业企业的发展诉求来看，资金和管理是其发展过程中的关键制约因素，与业内规模企业合作，通过联营或股权合作的方式实现共同成长也是好的选择路径之一；从关注清洁供热行业资本的投资逻辑来看，清洁供热行业具有长线、稳定收益的特点，是众多“耐心”资本的投资方向。

2. 头部企业投资并购方法的选择

头部企业的投资并购，基本上有以下方法可以选择。

（1）已完成 IPO 的头部企业

已经完成 IPO 的头部企业可以通过定增 + 换股的方式并购已运行成熟的项目，也可通过参股、不控股的方式直接进行新建项目的投资。

对于已经完成 IPO 的头部企业，因资本市场是需要持续、稳定的业绩表现的，对拟并购的项目标的要根据实际情况选择对自身业绩波动影响最小的方式。已经成熟运营的项目，自身已经具备创造稳定收益和现金流的能力，所以可以直接通过资本市场定增获得资金，再通过换股等方式直接并购。这样一方面确保了头部企业自身的稳定发展，另一方面也为被并购项目的原始投资人提供了良好的退出和进一步发展的机会，可谓双赢。

对于未来发展前景较为明朗的新建项目，头部企业可以考虑通过参股、不控股的方式介入。这样既可以最大限度地避免对自身的业绩带来冲击，也可以为未来项目进入稳定运营后进行战略并购奠定基础。

从实操中的经验看，近几年头部企业也会通过委托运营管理的方式实现收益的增长。这样既可避免重资产的投入，又可充分发挥自身的技术和管理优势，是一种进退有度的好方法。

（2）尚未完成 IPO 的头部企业

尚未完成 IPO 的头部企业可选方式更为宽泛，直接并购、直接投资、参与投资等都是好的选择。但要避免出现两个战略错误：

一是盲目扩张。良性发展的基础是根据自身的资源禀赋步步为营地进步，而不能为了简单地追求规模或效益的增长而引发财务危机。

二是偏离主业。专业的基础是专注，专注于自身主业，围绕核心主业不断加强，使长板更长，形成独特的核心竞争优势，才能更加稳健地发展。

3. 中小企业投资并购/被并购的选择

对于业内众多规模小的中小供热企业而言，首要任务是实现自身的健康发展。在发展过程中，前述头部企业的做法可以参照，但根本上还是在于健康发展。所谓健康发展，是指从自身的技术能力、管理能力、项目预算和服务提升等四个维度，不断进步并形成稳定的效益回报。

清洁供热企业的技术能力，更多地体现在能够把各种成熟技术“因地制宜”地应用到项目上，并能结合项目实际，进行实用创新。比如，根据用户侧对热能品质的要求，合理配备热源，“宜煤则煤、宜气则气”，只要能满足用户侧需求就是合适的。

中小供热企业的发展过程，就是一个管理上不断精益求精的过程，是向管理要效益的过程。最低的人力成本投入、最高的管理效率输出是中小供热企业发展中的关键一环。

中小供热企业发展中一般存在“重执行，轻预算”的现实问题，企业发展过程中的早期项目大部分都是由实际控制人或创始团队成员依托个人能力进行投资运营的。正是基于此，容易出现缺乏严格的预算管控和约束，从而出现项目运行好但收益不高的现象。因此，对于中小供热企业而言，通过专业的预算方法客观决策项目投资是避免发生前述情形的好方法。

服务是提高客户满意度，增强客户黏性，提升回款比例，提高管理效果的关键一环。中小供热企业需要持续关注用户满意度，不断提升服务能力，特别是结合大数据等信息技术提高服务效率。

五、清洁供热领域绿色金融实践

1. 居民供热案例

（1）企业基本情况

2016 年以来，天津市政府要求热力公司进行煤改天然气，清除燃煤小锅炉，对供热企业造成巨大的冲击。由于天然气价格持续高涨，煤改气初期政府补贴迟迟不到，大多数供热企业亏损严重。在这样的背景下，A 企业通过引入原河西区热力核心团队，通过大幅提高运营能力、投资地热资源和与房地产公司合作，发展迅速。

A 企业从河西热力和设计院引入人才，提高整个运营团队的综合管理能力；引入远程抄表系统，大幅节省人力；自主开发软件系统，通过在用户室内安装温度采集器，调控供热流量，节省运营成本。

天津市地热资源丰富，但由于地热前期投资高，采矿权拿证周期长、运营管理复杂，很多供热企业望而却步。A 企业通过并购和中标方式取得万科东第、城市之光、梨园花卉和小王庄四口地热井，可以满足 180 多万平方米供暖。在地热利用方面，A 企业应用的技术包括深层地热梯级利用、浅层地热冷热联供和深浅层地热耦合供热。例如，万科东第项目采用深层地热梯级利用技术，地热井出水温度 80℃，通过三级利用，回灌温度 5℃，充分利用地热能。城市之光项目采用浅层地热土壤源热泵和中深层地热井相耦合。融创城项目采用污水源集中供热技术。

最后，A 企业还依靠股东背景，与知名房地产商——万科、融创、金茂等达成战略合作伙伴关系，重点投资知名房地产商项目，在房地产市场整体低迷背景下，知名房企项目质量高，入住率也高，是供暖收费率的保障，同时知名房企项目保暖效果好，后期运营成本也低。

综上所述，A 企业供暖项目质量较高，运营能力较强，在天津市供暖市场具有较强的竞争力，预期未来具有良好的发展前景。

（2）项目基本情况

A 企业融创城项目为污水源热泵项目，融创城项目位于天津市东丽区，区域范围为津滨大道、登州南路、方山道、跃进北路围合区域。建筑性质为居住建筑以及配套公建，总建筑面积 59.381 万平方米，其中地上建筑面积 41.976 万平方米，地下建筑面积 17.405 万平方米。该项目是目前天津地区规模最大的污水源集中供热项目，是清洁供热典型项目。A 企业因此荣获中国节能协会颁发的“2019 年清洁供热优秀企业”荣誉称号。

（3）项目运行情况

融创城项目 2018 年 12 月正式供热，2018—2019 年供暖季由于实际入住率低，供暖面积小，采用空气源热泵供热；2019—2020 年供暖季正式采用污水源热泵进行供热。需要说明的是，由于部分交房时间为 2018 年 12 月至 2019 年 1 月，融创负责代收代缴取暖费且公建部分取暖费也由融创缴纳。居民部分收费率为 87%，说明该项目居民整体素质较高，收费率高，项目质量高。

融创城项目东侧有一条污水干渠通过，是南侧张贵庄污水泵站向北侧津滨泵站输送污水的主管网。污水管道直径 1800 毫米，是雨污合流系统，夏季最大流量超过 1 万吨/小时，冬季最低流量 2150 吨/小时，可以满足该项目采暖热源需求。利用污水中蕴含的热量，通过专用污水换热器将热量提取出来，为热泵机组提供热源。热泵机组制取的采暖热水通过一次管网输送至末端用户采暖使用。

（4）项目融资方案设计

基于 A 企业及其融创城项目的情况，中关村科技租赁股份有限公司（以下简称租赁公司）给出下面的融资方案。

承租人：A 企业的融创城项目公司；

租赁本金：2000 万元；

租赁期限：4 年；

还租方式：季度/后付；

增信措施：项目资产抵押、项目股权和收益权质押、实际控制人连带责任保证。

通过该方案，最终为 A 企业成功融资 2000 万元。该项目整体总结如下：

①居民供热是典型的低品质用能方式，其热源侧也是以低品质为最经济，融创项目使用污水源热作为热源很好地将低品质热能换热回收并加以利用，经济效果显著。

②租赁公司经过认真调研后发现，虽然 A 企业规模在同业中并不出色，但企业经营风格稳健，项目操作细致务实，因而给出以项目资产及其现金流为主要考虑的融资租赁方案，方案能够很好地满足 A 企业的发展需要。

2. 工业用热案例

（1）企业基本情况

曹县百通宏达热力有限公司成立于 2013 年，为前述百通能源全资子公司，是经曹县经济开发区管理委员会授予集中供热特许经营权的一家专业致力于向曹县工业园区企业集中供热的能源公司，主要产品为蒸汽和电能。

（2）热电联产政策及项目基本情况

①国家政策。

国务院印发的《大气污染防治行动计划》，对于煤电项目发展有了诸多限制："京津冀、长三角、珠三角等区域新建项目禁止配套建设自备燃煤电站。耗煤项目要实行煤炭减量替代。除热电联产外，禁止审批新建燃煤发电项目。"

国家发展改革委等部门联合印发的《热电联产管理办法》（〔2016〕617号）第八条指出：以工业热负荷为主的工业园区，应尽可能集中规划建设用热工业项目，通过规划建设公用热电联产项目实现集中供热。京津冀、长三角、珠三角等区域，规划工业热电联产项目优先采用燃气机组，燃煤热电项目必须采用背压机组。

《热电联产管理办法》总则中指出：力争20万人口以上县城热电联产全覆盖，形成规划科学、布局合理、利用高效、供热安全的热电联产产业健康发展格局。

该项目采用高温高压循环流化床锅炉，效率可达到89.5%以上，同时配套高温高压抽背式汽轮发电机组属于国家鼓励类型发展项目。根据《曹县热电联产规划》，该工程投产后，逐渐停运曹县原有的小锅炉，提高了能源的综合利用率，符合国家的能源政策。

②节能减排的需要。

现状是供热热源锅炉规模较小，分散供热的小锅炉有效率低、浪费能源问题，热电联产集中供热锅炉吨位较大，热效率一般达89.5%甚至更高，大大提高了能源利用率。对于改善该地区环境的质量，提高能源利用率，保护和改善生态环境，治理大气污染，在工园区内实施热电联产是最有效的途径。

③安全生产的需要。

因为小锅炉自动化程度比较低，安全措施不完备，运行中还会出现安全阀、压力表、水位表等安全附件不可靠等问题，造成指示不准确或者失灵，甚至会因工人操作水平低、误操作酿成重大事故。

热电联产集中供热工程采用比较先进的燃烧方式和自动化程度较高的

控制及监视系统，使锅炉运行的安全性、可靠性得到保证。锅炉是高温高压设备，所以需对锅炉房要配备水平较高的专业技术人员和通过考核、持证上岗的专业技术工人，同时还要有一整套完备的操作技术规程和科学的规章制度。

综上所述，该项目可以满足《曹县热电联产规划》中工业用户对热负荷的需求，对提高当地基础设施配套水平、减少环境污染、改善当地环境质量、降低能源消耗、减少小锅炉的重复建设、促进企业生产发展和提高整体社会经济效益是十分必要的。

（3）项目建设和运营情况

曹县经济开发区热电联产项目，整体建设90吨高温高压循环流化床锅炉3台，高温高压汽轮发电机组2台。规划项目建成后，蒸汽供热管网将覆盖整个曹县工业园区，总装机容量30兆瓦，扣除厂用电后，剩余电量全部上网。

该项目采取以热定电和适度规模的原则进行分期建设，项目一期于2017年开工建设，1×90吨/小时高温高压循环流化床锅炉及配套设施于2019年5月正式运行。项目一期投产后企业根据用户需求进行项目二期建设，2020年项目二期实现二炉一机，项目三期2021年启动并实现三炉两机。

（4）项目融资方案设计

结合项目建设规划，租赁公司经过前期实地调研分析，为该项目设计了分期支持的融资方案。

承租人：曹县百通项目公司；

租赁本金：根据一期资金缺口，及各期建成后的现金流情况测算；

租赁期限：3～4年；

还租方式：季度/后付；

增信措施：项目资产抵押、项目股权和收益权质押、实际控制人连带责任保证。

通过上述方案，租赁公司已经为该项目提供了两期1.1亿元资金。关于该项目总结如下：

①该项目所在地山东省曹县经济开发区，工业基础扎实，用热需求稳定，且不断增长。

②项目建设方案设计充分考虑用热企业的需求增长情况，整体规划、分期建设推进，以一期带动二期，以三期完成需求全满足，并留有适度余量。

CHIC
清洁供热产业委员会
Clean Heating Industry Committee

第五篇　项目设计管理

一、清洁供热项目商业模式设计

1. 清洁供热应用场景

清洁供热是因地制宜使用清洁能源（热源），直接或通过高效输配管网（对集中供热而言），为用户提供安全绿色经济的热能，覆盖热能生产、输配和使用的全过程。

自2017年起，根据财政等部门公布的相关通知，中央财政资金支持冬季清洁取暖试点共63个试点城市，试点示范期3年，中央财政奖补资金标准根据城市规模分档确定，直辖市每年安排10亿元，省会城市每年安排7亿元，地级城市每年安排5亿元，主要分布于东北、华北、西北（“三北”）13个省（直辖市、自治区）及山东、河南。当然，随着人们生活水平的提高，清洁供热项目将逐步扩展到全国有需求的相关地域。展望未来，在碳达峰碳中和目标导向下，清洁供热项目的应用场景必将更加广泛，行业发展也将迎来新的机遇和挑战。

2. 清洁供热市场需求

2017年12月5日，《北方地区冬季清洁取暖规划（2017—2021年）》出台，提出到2019年“2+26”重点城市城区清洁取暖率达到90%以上，县城和城乡接合部达到70%以上，农村地区达到40%以上。2021年，城市城区全部实现清洁取暖。同时，鼓励社会资本投资清洁取暖项目，并逐步降低取暖用电、用气价格。随着“双碳”目标的政策落地，清洁取暖成为新的关注点，例如《山东省“十四五”生态环境保护规划》中明确指出：严格实施煤炭消费减量替代，制定“十四五”煤炭消费压减方案和年度计划等，2025年底前清洁取暖率提高到80%以上。提倡创新绿色能源与乡村振兴融合发展新模式，鼓励清洁取暖多元化。通知明确提出，综合考虑资源条件、房屋结构和群众可承受能力等因素，按照“宜电则电、宜气则气、宜清洁煤则清洁煤、宜可再生则可再生”的原则，选择合适的清洁取暖方式，形成相对成熟可持续的商业运行模式。

在推进北方地区清洁取暖的过程中，除国有大型能源和供热企业起主导作用外，吸引了一批民营企业加入“煤改电”“煤改气”大军。这些企业都在致力于探索清洁供暖领域的新型商业模式，使相关技术路线呈现出多样化的发展趋势。国家相关部门还表示，未来将强化企业在清洁取暖领域的主体地位，鼓励民营企业进入清洁供暖领域。鼓励社会资本设立产业投资基金，投资清洁取暖项目和技术研发，清洁供热的市场需求将进一步被激发。

3. 清洁供热商业模式

目前，清洁供热产业发展主要依赖政府推动，市场化运行机制还不够完善，创新性的商业模式较少。以下重点分析以政府为主导的清洁供热商业模式。

（1）政府和社会资本合作（PPP）模式

PPP 模式用于清洁供热项目的依据是 2017 年 9 月 19 日国家发展改革委发布的《关于北方地区清洁供暖价格政策的意见》（以下简称《意见》）。《意见》提出“要探索多元化融资方式。大力发展绿色金融，在风险可控的前提下，加大对清洁供暖企业和项目的支持力度。支持通过企业债、低息贷款等方式解决清洁供暖项目融资问题。鼓励社会资本通过政府和社会资本合作（PPP）模式参与清洁供暖项目投资建设运营，多渠道解决项目融资问题，降低融资成本”。

对涉及国计民生的城镇集中供热项目或需要政府主导的大型清洁供热项目，可以优先适用 PPP 模式。具体操作流程是，由当地人民政府或政府授权的主管部门发起项目，负责清洁供热项目的立项并编制项目实施方案，然后通过公开采购的方式选择社会资本，并将项目交由社会资本负责投资、建设、运营，合作期满后移交回政府指定单位。商业模式主要适用的起源文件是 2014 年 11 月 29 日财政部颁布的《政府和社会资本合作模式操作指南（试行）》及后续的配套规定，该 PPP 模式把操作流程划分为项目识别、项目准备、项目采购、项目执行、项目移交等 5 个阶段和 19 个环节。

大型清洁供热项目适用 PPP 模式基于《意见》科学合理地制定供热价格，社会资本投资后在运营时按照“企业为主、政府推动、居民可承受”

的方针，向用户直接或间接收取费用，满足企业运营和投资回报的需求，在不增加地方政府财政负担的情形下形成企业经营的良性循环。

在《意见》的引导下，2017 年我国第一个清洁能源集中供暖的“乌兰察布市集宁区清洁能源供暖 PPP 项目”实施，由乌兰察布市集宁区政府与内蒙古亿嘉节能环保科技股份有限公司共同以 PPP 模式开展项目建设、运营等工作，项目建设采用国际先进的高压电极锅炉技术，主要建设内容包含普远热源厂电蓄热锅炉房、一号地电锅炉房、马莲渠电蓄热锅炉房等。

由于清洁供热项目属于优质的经营性项目，自身的投资可以通过项目经营收回，不会增加当地的一般性财政支付，因此模式在今后仍然可以推广和应用。

（2）清洁供热项目的特许经营权授予模式

对于片区供热项目或集中供热项目的需求，可以适用市场化机制由企业主动发起，在取得特许经营权后进行市场化商业模式运作。

为引导规范基础设施和公用事业特许经营，经国务院第八十九次常务会议审议通过，2015 年 7 月 2 日国家发展改革委会同财政部、住房和城乡建设部、交通运输部、水利部、中国人民银行联合印发了《基础设施和公用事业特许经营管理办法》，在能源、交通运输、水利、环境保护、市政工程、社会事业等基础设施和公用事业领域，广泛筛选适宜开展特许经营的项目，深化前期研究，谋划重点推进项目，积极运用建设—运营—移交（BOT）、建设—拥有—运营—移交（BOOT）、建设—移交—运营（BTO）、设计—建设—融资—运营（DBFO）、改建—运营—移交（ROT）、建设—拥有—运营（BOO）、转让—运营—移交（TOT）、运营管理（O&M）等方式开展特许经营。

随着清洁供暖市场的火热，可以查询到的公开招标采购信息频出，吸引了一批民营企业进入，技术路线百花齐放，充分展现了特许经营商业模式在供热领域推广应用的活力。在特许经营商业模式下，市政公用事业主管部门可根据所在地人民政府的授权，采取招标、有偿转让、委托的方式选择特许经营者签订供热特许经营合同，由企业合法取得清洁供热项目的经营权利进行市场化的商业运营。

清洁供热商业模式以特许经营权参与项目，首先在签约主体方面，投资人应着重审查该项目主管部门是否具备县级人民政府的合法授权，以及授权的时间、范围，并确保签订主体的合法性、合规性；其次要对项目边界和投资条件准确定义，并结合供热源特点及当地供热情况进行细化，注意区域排他的独家特许经营权期限不得超过30年。由于供热系统专业性较强，应由公司专业人员核实该项目是否符合实际投资需求，另外对项目边界如加压站、换热站等界定是否属于热力管网，户内共用管道热力设施与用户自用管道热力设施分别是指哪些，二者的分界点等。

4. 合同能源管理模式

（1）合同能源管理的起源和机遇

在20世纪70年代，中东地区爆发了第四次中东战争，石油输出国组织中的阿拉伯国家为了还击以色列及其支持者，宣布将原油标价权收回，随后致使国际油价猛然翻了三倍，最终导致一场全球性的经济危机爆发。这场危机迅速席卷了全球，世界主要工业生产国经济受到重创，引发了社会恐慌和应对能源危机带来的思考。随着能源危机的日益加剧，受到影响的世界主要工业生产国（其中大部分是石油进口国），意识到节约能源应尽快提上日程，以保障本国的能源安全甚至是国家安全。

基于这些原因，各个国家在发展和恢复经济的同时也在考虑如何解决能源危机带来的困扰，因此一种全新的能源管理模式——合同能源管理（EPC）应运而生。1998年该机制引入中国，2008年中华人民共和国节约能源法中界定了合同能源管理的含义。合同能源管理的定义是：节能服务公司与用能单位以契约形式约定节能项目的节能目标，节能服务公司为实现节能目标向用能单位提供必要的服务，用能单位以节能效益、节能服务费或能源托管费支付节能服务公司的投入及其合理利润的节能服务机制。

中共中央、国务院2021年9月22日印发《中共中央 国务院关于完整准确全面贯彻新发展理念 做好碳达峰碳中和工作的意见》，2021年10月24日向全社会公布，要求坚持“全国统筹、节约优先、双轮驱动、内外畅通、防范风险”原则，并提出具体工作指导意见。国务院2021年

10 月 24 日发布《国务院关于印发 2030 年前碳达峰行动方案的通知》，“1 + N”政策体系相继公布，碳达峰碳中和工作的“四梁八柱”在逐步完善。

在双碳目标驱动下，节约成为首选，在清洁供暖项目中使用合同能源管理机制将成为一种新的创新和尝试，特别是在公共机构和工业生产领域，未来应用前景广阔。

（2）合同能源管理商业模式

合同能源管理商业模式的主要特点是，以减少的能源费用分享或能源费用的托管来支付节能项目全部投资的节能投资方式。具体操作方式是用能单位与提供服务的节能服务公司签订合同能源管理合同［可适用 2020 年 10 月 1 日实施的《合同能源管理技术通则》（GB/T 24915—2020）合同版本］，约定由节能服务公司投资改造或新建项目，并负责合同期内的运营管理，依靠技术手段和管理手段实现能源费用的减少，或者在核定能源基准的情况下进行能源托管，以收取热能费用的方式来收回投资回报及相应收益，合同期满后无偿将资产移交给用能单位。

合同能源管理机制最适合一个单位或一个系统的清洁供暖项目，在节能改造项目中应用更加地灵活。比如建筑节能比较适合能源费用托管型商业模式，工业项目比较适合节能效益分享型商业模式。当然合同能源管理机制也适用由节能服务公司投资、建设、运营的新能源项目。

合同能源管理在清洁供热项目中的应用案例，如工业领域有黑龙江华电齐齐哈尔热电有限公司循环水余热利用项目，采用的吸收式热泵称为溴化锂吸收式热泵，吸收式热泵的 COP 可达 1.7 ~ 2.4。项目是利用来自余热锅炉的低压补汽（0.58 兆帕）作为溴化锂吸收式热泵的驱动力，回收汽机凝汽器循环冷却水排入大气的热量，改善局部环境条件和提高电厂经济运行效益。项目投资额 9600 万元，合同期 10 年，通过循环水余热的利用技术手段销售热源向城镇供热，通过效益分享方式热电厂和节能服务公司均实现了良好的经济效益。

清洁供热项目在建筑节能领域的应用将更加广泛，如 2020 年中国农业大学的某个新建项目，由于建设配套资金的缺口，业主单位将整个能源项目的投资和建设交由节能服务公司完成，利用清洁供热的地源热泵技术，测算后委托节能服务公司运营约17年，以支付供暖费和空调费的方式给节能服务公司投资回报，合同期满后无偿收回项目资产设备等。

合同能源管理机制用于清洁供热领域还在探索过程中，需要更多的企业参与实践，无论采用节能效益分享型、节能量保证型、能源费用托管型还是综合型，都能够享受到国家对项目的政策支持和税收优惠鼓励。

5. 商业模式设计要点

商业模式设计犹如建筑领域的规划与图纸，是企业运作与实操的前提和基础，商业模式设计的好坏直接决定着企业的发展。因此，在清洁供热项目中，在合法合规的前提下，应思考的几个基本要点提示如下。

（1）以用户需求为起点

清洁供热项目设计好的商业模式，首先要善于发现需求，有需求才有市场和交易机会。这里所说的需求不仅是企业自己的需求还有用户的需求，要给用户画像，看看是政府的集中供热还是企业的热源需求，或是农村供暖需求，只有定位准确的用户需求才有设计商业模式的基础。

（2）以资源能力为基础

每家企业的资源能力禀赋不同，我们把企业的资源能力归结为生产要素（技术和产品）、经营资源（资本和渠道）、经营能力（技术和管理）。商业模式分析资源能力的目的，不是为了竞争，而是为了清晰自身特长，寻找交易机会提高资源能力的利用率，最大化收益，与合适的利益相关者形成好的交易。

（3）以合作人性为本

每个人都有趋利避害的本性，设计商业模式也要顺应人性。为利益相关者创造超过其机会成本的交易价值，包括提高收益、降低成本、减少风险，简单来说就是要让合作伙伴共享收益、减少风险。

（4）以数字技术为新手段

互联网、物联网、区块链、云计算、人工智能等信息科技正在改变所有行业，要用数据重塑清洁供热业态、清晰体现工作流程、重构服务模式，实现交易服务过程数据化，提升合作伙伴经营效率和终端用户体验。

（5）以交易结构为落地

交易落地需要结构，无论是政府发起的 PPP 模式、企业主动发起的特许经营权模式、还是用能单位与节能服务公司交易的合同能源管理模式，都需要完整的交易结构。好的商业模式也是一幅商业艺术品，具有美感。清洁供热企业都应该把自己的商业模式，也就是利益相关者的交易结构图设计好保存好，形成独特的特色，在广泛应用市场占领更多市场份额。

二、清洁供热项目筛选的基本原则

1. 符合国家政策和行业标准

供热企业开展供热项目，需首先了解国家的大政方针、产业政策和行业要求，这是确保企业项目能够顺利开展并有效实施的前提。

国家产业政策包含顶层设计的国家政策以及配套出台的行业与地方相关政策、措施，如金融支持、财政支持、税收优惠、电价优惠、奖补政策和各地方清洁供暖实施方案等。

企业通过对国家和地方产业政策及要求的深入研究、分析，结合企业自身的优势特点，选择合适的区域、技术、项目，才能使清洁供热项目得到顺利有效的落地实施。

2. 技术、经济先进性和可复制性

《中共中央 国务院关于完整准确全面贯彻新发展理念做好碳达峰碳中和工作的意见》2021 年 10 月 24 日发布。意见指出：在北方城镇加快推进热电联产集中供暖，加快工业余热供暖规模化发展，积极稳妥推进核电余热供暖，因地制宜推进热泵、燃气、生物质能、地热能等清洁低碳供暖。供热项目应用技术应符合国家政策引导方向，项目技术具有可行性和先进性，是项目在生命周期内得以顺利实施的保障。

供热项目的投资大、运行周期长，对项目投资的经济评估尤为重要，只有经济上合理可行的项目才具备实施的条件。因此，对项目投资规模、运行期限、成本投入、预期收益、项目风险等应做充分的财务测算和风险评估。

3. 模式具备适用性和推广性

针对北方地区清洁供暖，相关部门提出“因地制宜，多能互补”的原则，即“宜电则电、宜气则气、宜煤则煤、宜热则热”。应充分考虑建设的能源资源实际情况，考虑能源供应保障安全，避免单一能源方式带来的风险，以保障项目的可持续发展。项目模式还应充分考虑当地的能源消费水平和居民的经济承受能力等，以保证项目长期持续稳定的收益水平。

4. 项目各阶段的手续完备性

清洁供热项目具有一定的基础设施的特点，清洁供热项目的开展需要各方协同，各项建设、运营手续齐全完备才能确保合法合规、安全有效地运行。

项目建设可能涉及土地使用问题，供地单位应确保土地性质，土地取得的方式、手续，土地使用权证书，不动产所有权证书等合法合规、手续证件齐全，建设在土地上的热源站的资产才会安全。

项目规划建设施工手续齐全，包括但不限于工程规划许可、工程施工许可、项目竣工验收手续等。

依法取得特许经营权，供暖服务的收益主要来源于终端用户的供暖费，对居民收取供暖费须符合国家关于《基础设施和公用事业特许经营管理办法》的相关规定。特许经营，是指政府采用竞争方式依法授权中华人民共和国境内外的法人或者其他组织，通过协议明确权利义务和风险分担，约定其在一定期限和范围内投资建设运营基础设施和公用事业并获得收益，提供公共产品或者公共服务。由此可知，特许经营权需要通过公开方式由地方人民政府各职能部门负责，特许经营期限应当根据行业特点、所提供公共产品或服务需求、项目生命周期、投资回收期等综合因素确定，最长不超过30年。

三、清洁供热项目经济适用性评价模型

1. 以往经济性评价中存在的问题

在清洁供热的技术选型过程中，无论是政府供热部门、供热投资商、

热用户（不仅是农村与南方气候过渡带地区，也包含已有城市城镇供热用户）都普遍存在一些问题。如在特定的区域，哪种技术选型是最优的？某些在其他区域内适用的技术，在我们的区域是否适用？如何量化清洁供热经济适用性的各类指标？

（1）案例一

图5－1为某大型能源投资商项目评审会中对江苏省南京市某项目的清洁供热技术选型的实际案例。

- 针对项目所处地域及资源条件，可采用供能方式有：**热源塔（冷热同供）、电制冷、蓄能、电锅炉、燃气锅炉**
- 本项目利用双蓄电价进行蓄热蓄冷。冰蓄冷和水蓄冷的选择基于以下原因：

  1）投资。室外蓄冷罐水蓄冷投资比冰蓄冷节约30%~40%；项目峰谷平电价差距小，因冰蓄冷投资大，其经济性较差。

  2）运行。水蓄冷技术可实现冬夏设备兼用，即夏季蓄冷水，冬季蓄热水。若采用冰蓄冷，面积很大的蓄冰池不能蓄热水，冬夏无法共用，设备投资势必提高。

  3）现状。从项目施工进度来说，不具备可行性。现已完成按室外设置2个水蓄冷水罐的施工图设计，目前项目正按照施工图做站房的桩基工程。

- 供能方式比选：
  - 供热：**初投资**从低到高为：燃气锅炉、热源塔热泵、电锅炉（夜间蓄热白天不运行）。
  - **运行成本**从低到高为：热源塔热泵、电锅炉（夜间蓄热白天不运行）、燃气锅炉。
  - 供冷：电制冷比热源塔热泵投资略低，运行成本因热源塔热泵效率略高，热源塔热泵与电制冷运行成本基本持平。

图5－1 清洁供热技术选型（负荷与装机分析——功能方式选择）

图5－1所代表的清洁供热项目，投资方已经做了相当多的基础调研工作，但是依旧存在众多的如上所述的类似问题，我们可以把这些问题具体化：

从低到高分别低到什么程度？几项供热技术相差的初投资额概要值是多少？燃气锅炉的初投资是否低到可忽略运营成本？

几项技术在该项目中运行成本具体是多少？某一项边界条件的变化，例如气价降低0.1元/立方米对经济性的影响如何？

初投资和运行成本如何综合到一起考虑？二者有无线性关系？

（2）案例二

图5－2为某设备厂商对空气源热泵、燃煤锅炉、燃气锅炉、电锅炉、电采暖等各项技术的典型对比。

比较项目＼加热方案	空气源模块+风盘	燃煤锅炉	柴油锅炉	燃气锅炉	电锅炉	热风炉	电地暖
能源种类	电	标煤	轻柴油	天然气	电	电+天然气	电
能源热值	860kcal/kWh	6000kcal/kg	10200kcal/kg	8500kcal/Nm³	860kcal/kWh	8500kcal/Nm³	860kcal/kWh
热效率	305%（含水泵）	67%（含水泵）	87%（含水泵）	90%（含水泵）	92%（含水泵）	95%	99%
实际热值	2623kcal/kWh	4020kcal/kg	8874kcal/kg	7650kcal/Nm³	791.2kcal/kWh	8075kcal/Nm³	851.4kcal/kWh
输出2万大卡热量所需能源	7.62kWh	4.98kg	2.25kg	2.61Nm³	25.28kWh	2.48Nm³	23.5kWh
能源单价	0.52元/kWh	0.8元/kg	7元/kg	3.2元/Nm³	0.52元/kWh	3.2元/Nm³	0.52元/kWh
输出2万大卡热量所需费用	3.96元	3.98元	15.75元	8.35元	13.15元	7.94元	12.22元
环境影响状况	无污染	污染严重，中小型锅炉已禁止使用	污染严重	轻度污染	无污染	无污染	无污染
安全性能	安全可靠	有火灾、爆炸等安全隐患		有火灾、爆炸等安全隐患	电热管易老化，有漏电危险	有火灾、爆炸等安全隐患	功率太大，有安全隐患
智能化	无需专人值守	需要专人值守		需要专人值守		无需专人值守	

图5－2　设备厂商各项技术的典型对比

图5－2设备厂商做了大量细致工作，但这份对比数据用于普适的清洁供热技术选型分析在CHIC看来同样典型地存在一些局限性。

图5－2中只考虑了运营成本，而没有考虑初投资时空气源热泵＋风盘的投资会远大于燃气锅炉和电锅炉。

能源单价如果变化，当电价由0.52元/千瓦时降低到0.47元/千瓦时，燃气价格为2.9元/标准立方米之后，众多技术选型各自的经济性表现又是如何？

是否考虑风机盘管的投资，是否考虑了电力增容带来的成本提升？

两个案例综合起来，表现出一个典型的问题：有无一个统一的指标模型来评价某一项清洁供热技术在某个区域的经济适用性？有无一套系统来支撑这些快速变化的计算需求？

最终归纳为一句概括性的描述：清洁供热的经济适用性需要**“一切用数据说话”**。

2. 清洁供热经济性评价指标选取

清洁供热技术在某一区域经济是否适用，涉及初投资、实际运营成本、经营利润等多种因素，本节重点描述影响清洁供热经济性的各个重要指标以及如何量化这些指标，如何在特定区域的特定资源禀赋条件下通过这些指标计算出最优的清洁供热技术选型。

清洁供热经济性评价模型采取了五个指标的加权来对一项清洁供热技术进行评价，分别是全投资内部收益率、初投资金额、静态回收期、投资回报率、工程实施难度。综合加权评分为最终的经济性评价指标，其中的某些指标是相互影响、相互依存的关系，如全投资内部收益率是综合了初投资、利润、成本等多个因素的计算结果。

（1）全投资内部收益率

内部收益率（Internal Rate of Return，IRR）是投资行为中最重要的概念，官方定义为“资金流入现值总额与资金流出现值总额相等、净现值等于零时的折现率”。在对长期投资的决策中，IRR 是一种重要的投资决策指标。它是一项投资渴望达到的报酬率，该指标越大越好，一般情况下当 IRR 大于等于基准收益率时该项目是可行的。投资项目各年现金流量的折现值之和为项目的净现值，净现值为零时的折现率就是项目的 IRR。

IRR 的内涵就是项目能承受的最大货币贬值的比率，实际体现的是一种抗风险能力。比如 IRR 为 10%，表示该项目操作过程中每年能承受最大风险为 10%。这个指标在投资行为中较为重要，是常用的最重要的考量投资的指标，IRR 不只考虑到了投资收益比还考虑到了资金的时间价值（而简单计算的利润则没有考虑资金的时间价值）。

我们都知道今天的 1 元钱不等于未来的 1 元钱，如果要在当前预测一项投资未来是否可以盈利，就需要将未来的收入用一种方式转化为现在的价值。这种转化可以称为“折现”，未来的收益折现到现在就是财务净现值的概念，而财务净现值等于零的时候的折现率就称为 IRR。读者无须充分学习全部金融知识，只需理解从投资角度来讲 IRR 是最为重要的一项指标即可。

计算 IRR 的一般方法是逐次测试法，读者也可以简单地通过 Excel 中的 IRR 公式进行计算。IRR 的优点是可以从动态的角度直接反映投资项目的实际收益水平，又不受行业基准收益率高低的影响，比较客观。其缺点是计算过程复杂，尤其当经营期大量追加投资时，又有可能导致多个 IRR

出现，或偏高或偏低甚至是无计算结果，在实际计算过程中应注意，IRR对于典型的清洁供热项目是完全适用的，也是投资领域普遍采用的最重要参数。

只有 IRR 指标大于或等于行业基准收益率或资金成本的投资项目才具有财务可行性，IRR 在清洁供热经济性评价模型中权重占比最大为 60%，代表盈利能力和抗风险能力的均衡。IRR 取值可为负值也可能无计算结果。

（2）总投资金额

总投资金额是指根据该项目的供热面积、热负荷、单位千瓦初投资等基础数据计算得来的概要投资金额，计算的准确性取决于初始数据的准确性。此处为概要投资金额，并可随各项基础数据的变化而自动计算。

权重占比 20%。

（3）静态回收期

静态投资回收期（简称静态回收期）是指以投资清洁供热项目经营净现金流量抵偿原始总投资所需要的全部时间。它有包括建设期的投资回收期和不包括建设期的投资回收期两种形式。其单位通常用“年”表示。投资回收期一般从建设开始年算起，也可以从投资年开始算起，计算时应具体注明。

权重占比 10%。

（4）投资回报率

投资回报率（ROI）是指通过投资而应返回的价值，它涵盖了企业的盈利目标。利润和投入的经营所必备的财产相关，因为投资商必须通过投资和现有财产获得利润。通俗地讲 ROI 是指利润与投资金额的占比。

其计算公式为：ROI = 年利润或年均利润/投资总额 × 100%

ROI 的优点是计算简单。缺点是没有考虑资金时间价值因素，不能正确反映建设期长短及投资方式不同和回收额的有无等条件对项目的影响，分子、分母计算口径的可比性较差，无法直接利用净现金流量信息。只有投资利润率指标大于或等于无风险投资利润率的投资项目才具有财务可行性。

ROI 往往具有时效性，回报通常是基于某些特定年份。

权重占比 10%。

（5）工程实施难度

工程实施能力无法用数学方法进行计算，但是可以作为业主技术选型的一项不可少的参考，工程实施能力的难易，往往可以使项目的投资产生浮动。在此，仅利用大量的工程实施经验，对各种技术的工程实施难易程度，给予一个基础评分。

除去这五个因素，系统还含有其他影响因素，这些因素对于具体的经济指标有影响，直接以参数的形式作用于评价体系的四个维度（除去工程实施能力），这些因素包括但不限于：

年平均温度（℃）；

极端最高气温（℃）；

极端最低气温（℃）；

供暖室外计算温度（℃）；

日平均温度≤5℃的天数（d）。

模型内置了各种类型的建筑物的能耗标准，能耗值来自住房和城乡建设部发布的国家标准《民用建筑能耗标准》（GB/T 51161—2016）。

模型内置了各项不同的清洁供热技术的 COP，取值参考数十个项目的实际运行数据，模型也提供初始化功能。同理，整体工程造价取值，也因工程实施难度、官网距离远近而差异较大，模型预留了数据接口，可根据项目的实际情况灵活调整。

3. 清洁供热决策支撑评价模型功能

清洁供热决策支撑评价模型（CHIC Pro）是以大数据为基础，评估一个地区适用于哪些清洁供热技术的数学模型，是为政府和投资商提供清洁供热技术选型、经济指标评价、财务报表交付服务的一套软件系统，使政府能基于当地的资源禀赋、电价、气价、水价、气候等条件从数字上判断哪些清洁供热技术在当地可行，从多个维度去分析目前市场上常见的清洁供热技术在当地的评分高低，清晰地了解多种技术在当地的 IRR、静态回收期、盈利能力、运营成本等，并且为政府供热定价指导、补贴价格机制、清洁供热政策制定等提供数字支撑。

CHIC Pro 的核心功能：

（1）城市信息库

选择或录入城市名称，自动匹配当地气象资源信息，目前支持 248 个城市的基础数据（如图 5－3 所示）。

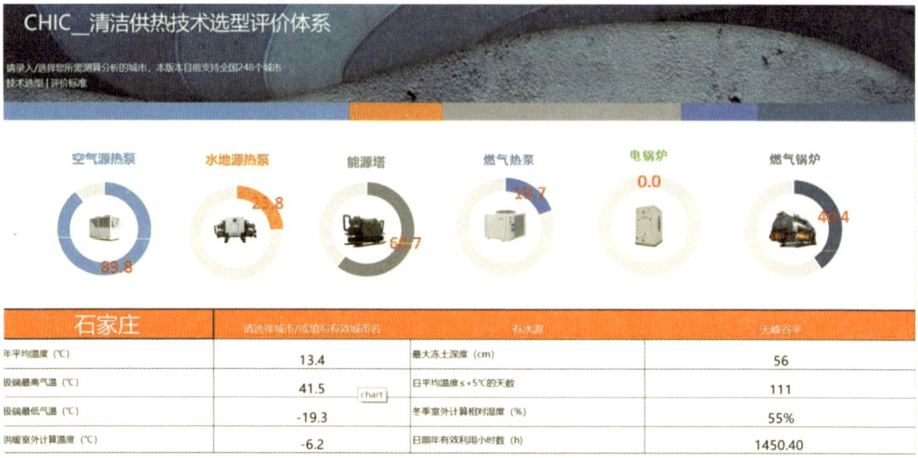

图 5－3　城市信息库

（2）能源基础信息

支持电价、气价、水价、取暖费价格、配套费标准等信息为模型的基础数据，支持这些数据的自动化获取或手工输入，系统自动计算、自动评分、多维度对比，快速生成某城市的技术对比报告（如图 5－4 所示）。

电价 (元/Kwh)	燃气价格 (元/立方米)	用水单价 (元/吨)	燃气热值 (Kca/立方米)
0.51	3.10	6.30	8300
供暖价格 (元/平米)	**配套接口费 元/平米**	**供暖天数 天/供暖季**	**收益率要求 (全投资IRR)**
26:00	70.00	110	8%
建筑类型	**实际能耗**	**同时使用系数 百分比**	**冷负荷 w/平米**
50	50	0.73	70

图 5－4　能源基础信息

（3）区域选型评价

从初投资金额、IRR、静态回收期、ROI、工程实施难度五个维度对当前城市的技术选型进行评价（如图 5 -5 所示）。

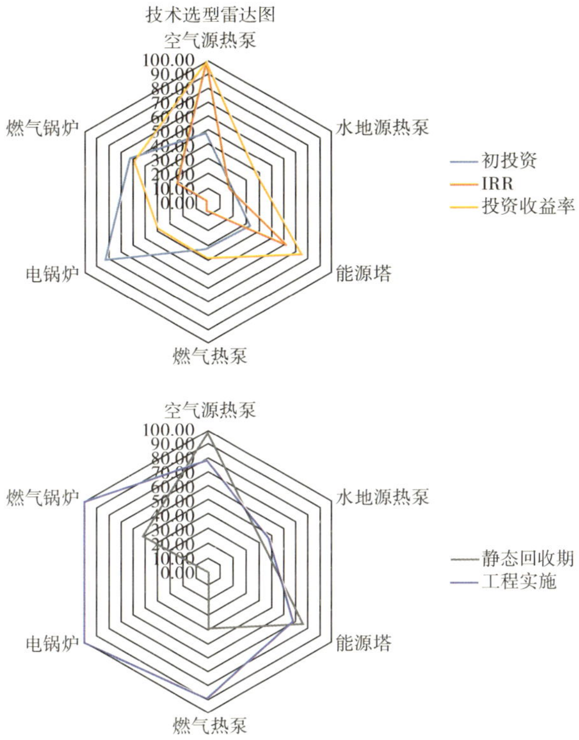

图 5 -5　区域选型评价

（4）支持主流供热技术

支持空气源、水地源热泵、能源塔、电锅炉、燃气锅炉、燃气热泵、太阳能等多种清洁供热技术。

（5）投资经济性分析

根据技术选型、供暖面积、收费标准、收费率、工资标准、电价、气价等数据，提供详尽的经济性分析报告，包括 IRR、ROI、静态回收期、偿债能力等（如图 5 -6 所示）。

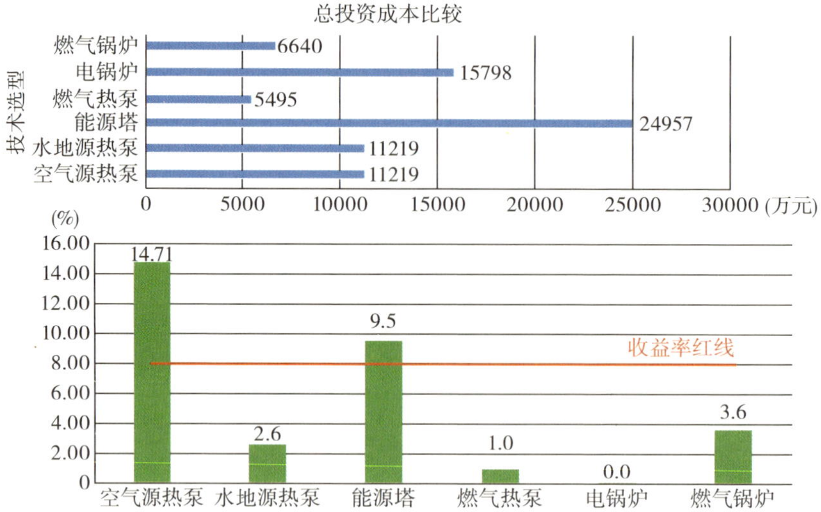

图 5－6　投资经济型分析

（6）财务报表

提供收入及税收，成本费用表、利润表、现金流量表等财务报表，从专业角度验证投资经济性。

（7）自动关联

自动关联所选区域的气象信息，包含气温、室外计算温度、极端温度、湿度、光照条件等数据。根据所选供热建筑类型，自动匹配建筑能耗基础数据。根据不同的技术选型匹配供热、制冷效率。

（8）快速仿真

模拟出多种付费条件、补贴计算、不同成本、不同资源条件、机组能效、管理水平下收益率的计算，了解投资边界与风险，并支持贷款计算，基本利率、贷款期限、贷款比例自动计算（如图 5－7 所示）。

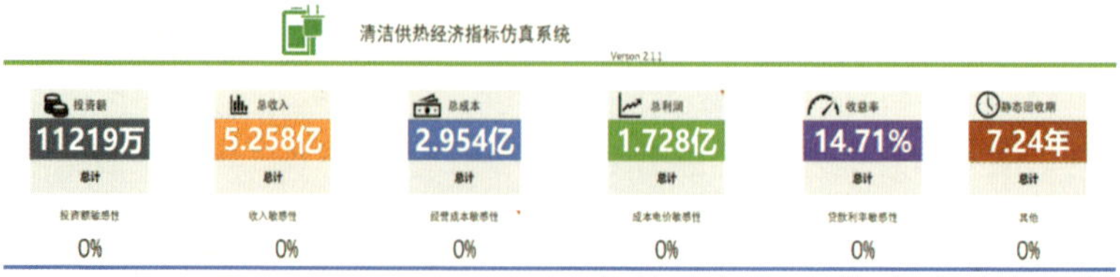

图 5－7　快速仿真

CHIC Pro 目的是辅助政府客观、详尽、数字化地了解符合地域特点的清洁供热技术，使政府获得更合理：技术上可行、经济上适用的清洁供热技术，获得更有针对性的，在特定电价、气价、取暖费下的准确的清洁供热分析报告，以辅助其政策决策制定。新版本支持光伏、储能、风电、充电桩等清洁能源项目经济性仿真评估。

4. 模型评价案例分析

位于河北省某市的清洁供热项目，项目业主以及投资商期望以具体数据的形式体现出哪些技术选型是恰当的、合理的，并预估出全部的财务数字，为后期的股权并购做相应支撑，使决策有所依据。

我们使用清洁供热决策支撑评价模型对整个项目进行全面分析，指导该项目的投资商进行技术选型与经济指标测算，并模拟出项目仿真估值。

（1）项目简介

河北省某商业综合体清洁供热项目，投资商为业主提供全部的清洁供热、制冷、生活热水服务，冷、热供能面积为 19.69 万平方米，其中公建 14.28 万平方米，医院配套住宅 5.41 万平方米。生活热水每年不低于 0.732 万吉焦。投资商负责能源中心墙外 1 米线内所有设施、设备、管线、设备基础等全部与能源中心生产相关的系统投资，主设备为分散式燃气锅炉、离心式制冷机组、螺杆制冷机组、热回收系统、节能群控系统及配套设备（如表 5 -1 所示）。

表 5 -1　项目概况

<table>
<tr><th>功能区</th><th>建筑面积（万平方米）</th><th>供能面积（万平方米）</th><th>供能需求</th><th>热水供应</th><th>供暖期</th><th>供冷期</th></tr>
<tr><td>综合楼</td><td>4.90</td><td>4.14</td><td rowspan="2">供冷采暖
生活热水</td><td rowspan="4">全天</td><td rowspan="3">11 月 1 日至次年 3 月 31 日</td><td rowspan="3">6 月 1 日至 9 月 30 日</td></tr>
<tr><td>养护中心</td><td>8.45</td><td>7.70</td></tr>
<tr><td>后勤服务中心</td><td>2.48</td><td>2.44</td><td>供冷
采暖</td></tr>
<tr><td>配套住宅</td><td>5.41</td><td>5.41</td><td>采暖</td><td>11 月 15 日至次年 3 月 15 日</td><td></td></tr>
<tr><td>合计</td><td>21.24</td><td>19.69</td><td></td><td></td><td></td><td></td></tr>
</table>

项目运营期限为20年，自项目投入运行时开始。项目于2020年7月15日投产运营。

边界条件：年收费标准（含供冷、供暖）为125.2元/平方米，供冷单价为62.6元/平方米、供暖单价为62.6元/平方米，生活热水收费标准为242元/吉焦，业主承诺保底热水用量7320吉焦。

居民供暖：住宅5.41万平方米供暖费由业主支付给投资方，供热集资费为40元/平方米；住宅供暖费每个采暖季单价为20元/平方米。

（2）技术选型分析

技术所在地石家庄，当地的资源禀赋如图5－8所示。

石家庄	请选择城市/或填写有效城市名	有水源	无峰谷平
年平均温度（℃）	13.4	最大冻土深度（cm）	56
极端最高气温（℃）	41.5	日平均温度≤+5℃的天数	111
极端最低气温（℃）	-19.3	冬季室外计算相对温度（%）	55%
供暖室外计算温度（℃）	-6.2	日照年有效利用小时数（h）	1450.40

图5－8　石家庄项目资源禀赋图

模型分析结果如图5－9所示。

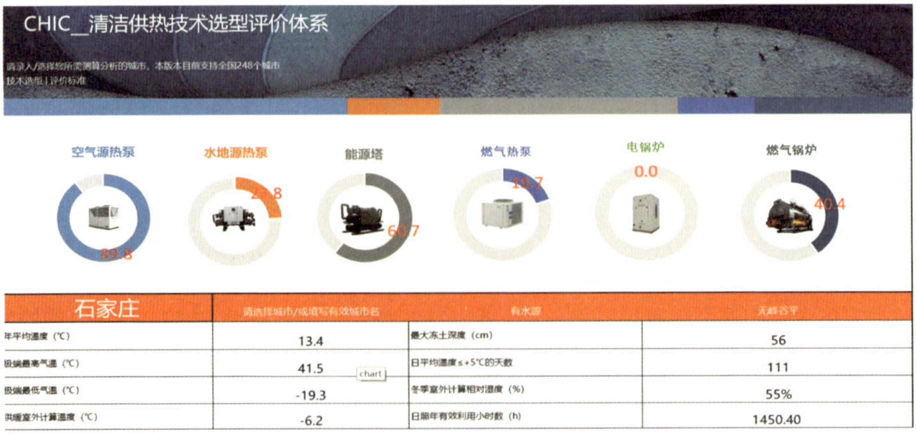

石家庄	请选择城市/或填写有效城市名	有水源	无峰谷平
年平均温度（℃）	13.4	最大冻土深度（cm）	56
极端最高气温（℃）	41.5	日平均温度≤+5℃的天数	111
极端最低气温（℃）	-19.3	冬季室外计算相对温度（%）	55%
供暖室外计算温度（℃）	-6.2	日照年有效利用小时数（h）	1450.40

图5－9　石家庄项目模型分析结果

在如上收费标准以及电价、燃气价格、水价下，燃气锅炉的选型优势十分明显，其初投资最低、运营成本尚可，其全投资内收益率表现最为出色。

（3）财务基础数据

该项目计划进行下一轮融资，业主和投资商期望对项目进行估值，在模型中，模拟计算出项目估值，估值按照12%的全投资内部收益率倒推计算，按照客户行业运营标准计算运营数据，初步预估数字。财务评价计算期采用20年。

①股权收购成本。

根据概要估算，该项目估值按照12.0%的全投资内部收益率倒推计算为6350万元。

②资金来源。

建设资金来源为资本金和银行贷款。资本金采用总投资的20%，贷款年利率4.9%，贷款年限15年。

③成本费用。

总成本主要包括水费、电费、燃气费、燃气接口费、折旧费、修理费、职工工资及福利费、劳保统筹费、利息支出、摊销费及其他费用。

经营成本为不包括折旧费、摊销费和利息支出的全部费用。

水费6.3元/吨，电价采用河北省电力公司标准执行0.6574元/千瓦时，燃气费2.9元/立方米。项目的固定资产形成率按100%计；综合折旧年限按15年计；修理费平均每年19.6万元、人员工资年均18万元。

计算预估运营财务数据如表5-2所示。

表5-2 能源项目运营成本

序号	名称	单价（元）	数量	总价（元）
1	水费	6.3	1500	9450.0
2	电费	0.6574	4932633	3242712.9
3	燃气费	2.9	1694290	4913442.2
4	维修费	1.0	196000	196000.0
5	工资	1.0	180000	180000.0
合计				8541605.1

④税金。

该项目应缴纳的税金包括增值税、销售税金附加和所得税。

增值税：冷热供应增值税税率为9%。另外根据增值税转型相关政策，允许企业购进机器设备等固定资产的进项税金在销项税金中抵扣。

销售税金附加：销售税金附加包括城市维护建设税和教育费附加及价格调节基金税，以增值税销项税额为计算基数。该项目城市维护建设税税率取7%，教育费附加费率取3%，地方教育费附加费率取2%。

所得税：所得税按应纳税所得额计算，该项目的应纳税所得额为发电收入扣除成本、增值税和销售税金附加后的余额。所得税按照25%征收。

（4）经济指标分析

该项目设定的财务基准收益率为8%。所得税后财务盈利能力指标如表5-3所示。

财务内部收益率（所得税后）（全部投资）：12.00%；

财务内部收益率（所得税前）（全部投资）：16.76%；

财务净现值（$I=8\%$）：1498.75万元；

资本金内部收益率（20%资本金，80%贷款，贷款利率4.9%）：31.09%；

财务净现值（$I=8\%$）：2301.71万元；

全投资静态回收期：8.23年。

表5-3　总投资收益汇总一览表

序号	项目名称	单位	金额	备注
1	总投资	万元	6350	
2	销售收入总和	万元	38419	合计值
3	总成本费用	万元	24909	合计值
4	销售税金及附加总额	万元	428	合计值
5	利润总额	万元	9812	合计值
6	年均利润	万元	491	平均值
7	全投资内部收益率（所得税前）	%	16.76	
8	全投资内部收益率（所得税后）	%	12.00	
9	全投资静态回收期	年	8.23	
10	财务净现值（$I=8\%$）	万元	1498.75	
11	项目资本金内部收益率（所得税后）	%	31.09	
12	财务净现值（$I=8\%$）	万元	2301.71	

续表

序号	项目名称	单位	金额	备注
13	静态回收期	年	4.52	
14	总投资收益率（ROI）	%	11.87%	
15	投资利税率	%	10.64%	
16	资本金净利润率（ROE）	%	38.63%	
17	偿债能力			
18	贷款偿还年限（含建设期）	年	15	
19	利息备付率（ICR）	倍	7.57	
20	偿债备付率（DSCR）	倍	1.76	
21	年平均成本	万元	1245.43	平均值
22	年平均经营成本	万元	1013.12	平均值
23	年平均税收总和	万元	184.94	平均值
24	年平均附加税	万元	21.41	平均值
25	年平均所得税	万元	163.53	平均值

（5）风险边界

①项目收费浮动的风险。

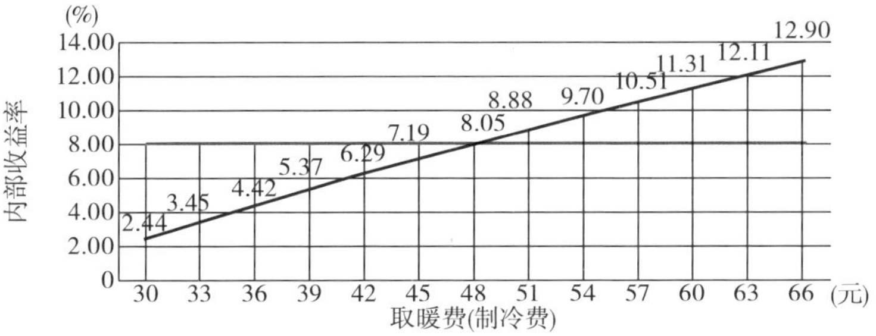

图 5－10　取暖费（制冷费）与收益率

如图 5－10 所示，业主取暖或制冷费用不低于 48 元，项目即可稳定盈利；超过 8% 投资红线，商业收费标准均高于该数字。目前与用户的收费合同为 62.6 元/平方米。

②燃气与电价。

计算可知燃气价格在 2.6～4.15 元/立方米区间内正常浮动，不会使收益率低于 8%（如图 5－11 所示），电力价格在 0.4～1.0 元/千瓦时区间内浮动，不会使收益率低于8%（如图5－12所示），全部处于投资红线以上。运营后可申请清洁供暖电价，有进一步降低成本的空间。

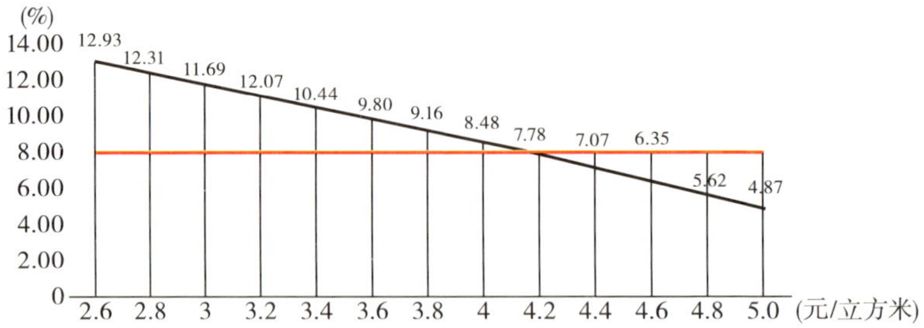

图5－11 燃气价格

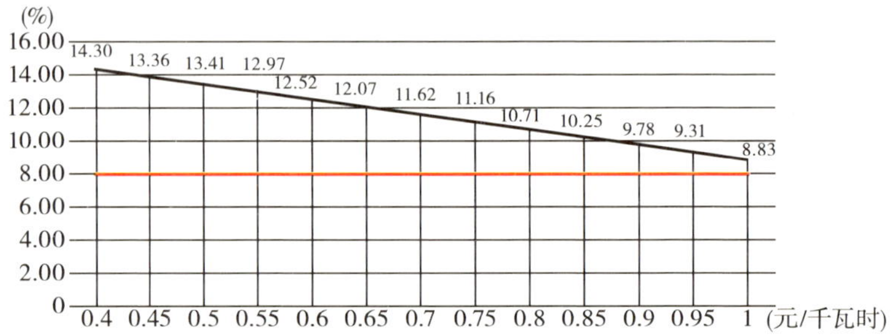

图5－12 平均电价

（6）敏感性分析

该评价选择总投资额、收入、年均成本、运营电价等多个因素做敏感性分析，计算在5%、10%、－5%、－10%的情况下对全部投资的财务内部收益率、投资回收期的影响，如图5－13所示。

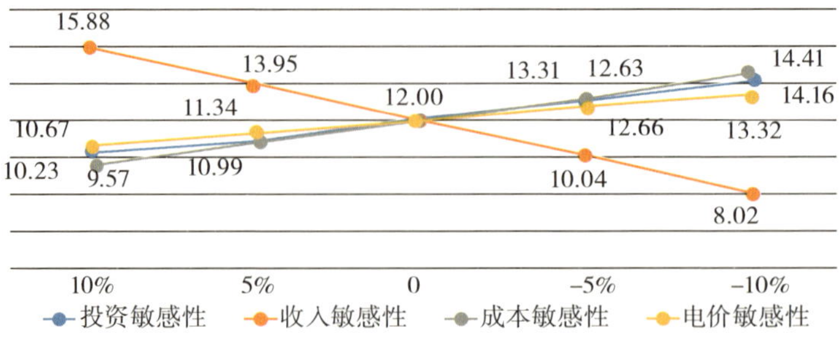

图5－13 敏感性分析

对收益率影响最大的因素是销售收入，其次为运营成本，具体因素敏感性如表5－4、表5－5所示。

表5－4 收入敏感性分析表

序号	项目	总收入（万元）	税后项目投资财务内部收益率（%）	税后静态投资回收期（年）
1	10%	2113	15.88	6.8
2	5%	2017	13.95	7.4
3	0%	1921	12.00	8.2
4	－5%	1825	10.04	9.2
5	－10%	1729	8.02	10.5

表5－5 成本敏感性分析表

序号	项目	经营成本（万元）	税后项目投资财务内部收益率（%）	税后静态投资回收期（年）
1	10%	1120	9.57	9.5
2	5%	1067	10.99	8.8
3	0%	1013	12.00	8.2
4	－5%	960	13.31	7.7
5	－10%	907	14.41	7.3

（7）项目求解

为满足公司全投资收益率大于8%、目标12%的要求，模型就该项目从三个角度推进求解：第一，求解出可接受的最高收购价格；第二，求解出最低收购价格；第三，求解出用户预期的收购价格下收益率数值（如图5－14所示）。

当全投资内部收益率为8.0%，财务净现值大于0时，投资商可以接受的最高估值价格为7968万元。

如满足全投资内部收益率为12.0%，项目估值价格为6350万元。

当估值价格为用户认可的6500万元时，全投资内部收益率为11.55%。

项目的最佳贷款周期为15年，如图5－15所示。

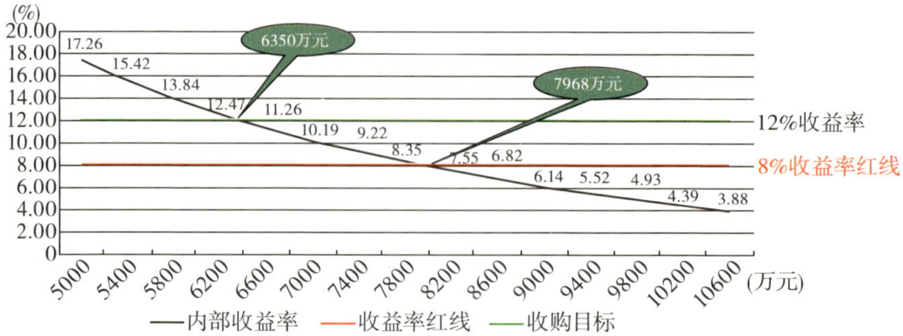

图 5－14　项目估值与收益率

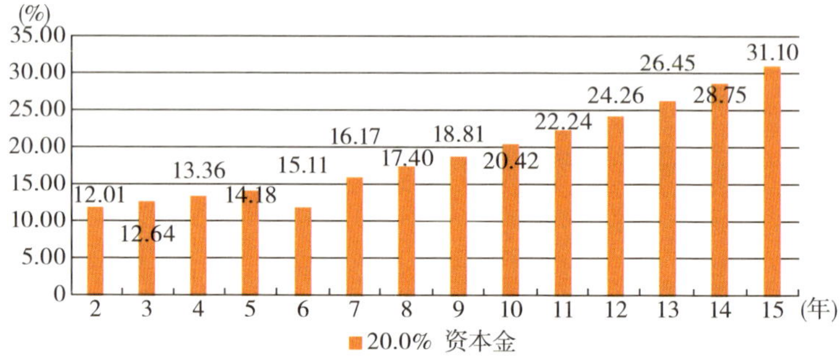

图 5－15　贷款年限与收益率

静态回收期最短 4.52 年（如图 5－16）。

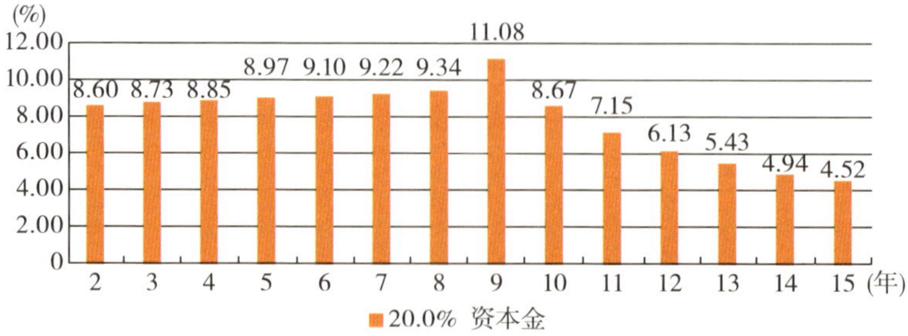

图 5－16　贷款年限与静态回收期

（8）建议

与项目公司协商谈判，项目估值不高于 7968 万元，保障全投资收益率为 8.00%，力争达到 6350 万元，全投资内部收益率达到 12.00%。

适当增加贷款年限，可以降低静态回收期，最佳年限为15年，静态回收期为4.52年。

要求用户承诺商务条款对赌，要求其必须保障经营成本不高于1013万元/年，收入必须保证达到预算金额以满足收益率要求，降低收购投资风险。

5. 供热成本对比分析

清洁取暖成本受技术路线选择、用能习惯、建筑节能等多种因素影响，清洁供热技术路线在不同情境下有不同的适用性。按照供热120天、设备使用年限10年、不计补贴，各种供热成本计算结果如下。

（1）集中供热

集中供热是北方主要的城镇供热方式，目前集中供热方式主要有热电联产供热、余热回收热电联产供热和工业余热供热。常规热电联产的供热成本为7.1元/平方米，余热回收（大温差）热电联产供热成本为5.33元/平方米，工业余热供热成本为20.24元/平方米。

（2）分布式供热

在集中供热覆盖不到的地方，某些地区采用分布式供热方式。在现有技术较为成熟的几种供热方式中，中深层地热地埋管热泵供热技术供热成本为42.42元/平方米，浅层地源热泵供热技术供热成本为34.63元/平方米，燃气锅炉供热成本为67.00元/平方米，蓄热电锅炉供热成本为38.77元/平方米。

（3）分户式供热

在农村地区，居民居住零散，没有供热管网，不适宜集中供热。对于农村供热，多采用分户式采暖。自“煤改电”政策推行以来，农村地区采暖方式发生巨大改变，由原来的散煤采暖变成“电采暖”和“生物质采暖”。目前流行的几种农村采暖方式中电直接加热（电暖气、发热电缆）供热方式供热成本为52.82元/平方米，生物质采暖炉供热成本为22.50元/平方米，空气源热风机供热成本为22.30元/平方米，热水型空气源热泵供热成本为32.70元/平方米，燃气壁挂炉供热成本为40.90元/平方米。

不同供热方式的供热成本比较如图5－17所示。

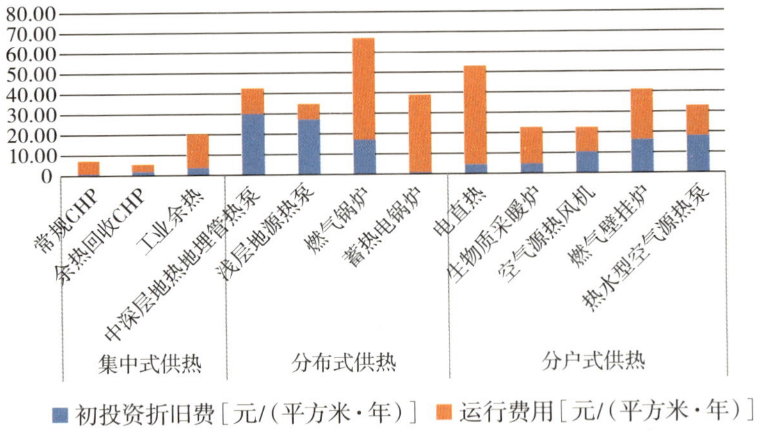

图 5-17　典型地区不同取暖方式成本比较

总之，农村供热应按照“先供后拆”“以供定改”原则，综合考虑热源稳定性、技术先进性、经济合理性、清洁性和安全性等因素，因地制宜，尽量采用分布式供热，在有条件的地区可以实行集中供热。可以因地制宜推广两类技术。

①经济性较好、可以市场化运行的技术。这类技术成本较低，通过为其创造应用环境和合理的商业模式，可具有较好的经济性，具备市场竞争能力，从而实现市场化运作，实现投资者可盈利和用户用得起的双赢格局。这类技术包括生物质热电联产供热技术、燃煤电厂热电联产供热技术、工业余热供热技术、生物质散烧锅炉供热技术、地热供热技术、空气源热泵技术等。

②给予一些补贴即可市场化运行的技术。生物质炉具供热技术、生物质锅炉供热技术和沼气供热技术稳定可靠，适用于供热价格高于居民燃煤供热成本、生物质资源丰富的北方地区。电供热技术成熟可靠，供热价格高于居民燃煤供热成本，适用于经济条件较好的城乡接合部和农村地区。天然气供热技术成熟稳定可靠，供热价格高于居民燃煤供热成本，适用于天然气管网覆盖的经济条件较好的农村区域和气候过渡带的城镇地区。

四、清洁供热合同谈判要点

当前我国清洁供热商务模式类型多且比较复杂，在供热项目实施过程中可能会涉及供热企业、金融机构、用能单位、施工单位、设备供应单位等多方主体。由于缺乏相关标准，清洁供热项目的各参与方责权利不清晰、合同订立不规范，经常出现供热项目运营纠纷，无法达到正常供热效果，甚至出现运营项目瘫痪的现象。因此项目合同的谈判与签订对于清洁供热项目的顺利实施至关重要。一个项目谈判、设计到采购、施工、验收、运营管理等各环节都是为了能够最终实现公司经营目标。合同就是要将上述环节的具体权利义务固定下来，保证项目能够顺利实施。清洁供热项目合同双方在合同谈判签约时应该注意哪些要点呢？下部分内容详细梳理清洁供热项目合同谈判签订要点。

1. 合同谈判需注意事项

（1）谈判前的准备

项目双方需要根据各自的需求制订谈判计划，明确项目谈判的目标，收集项目信息，了解项目对方基本情况。

（2）商务模式确定

当前供热项目可采用的商务模式比较多，常见的模式有 PPP 模式、BOT 模式、合同能源管理模式、EPC 模式等。不同的商务模式决定了谈判的要点不同、合同权利义务不同、项目实施程序不同、采用的供热技术不同等。因此，谈判中双方需要根据供热项目的实际情况来确定到底采用何种商务模式，进而确定合同的其他核心条款。

（3）招投标问题

清洁供热分为集中清洁供热、分布式清洁供热和分户式清洁供热等。不同的供热类型、不同的商务模式决定了项目实施程序的不同，比如集中供热是城市公用事业的一项重要设施，实施该类项目需要招标；通过 PPP 模式实施供热的项目也需要招标。供热项目招标问题具体如下：

①规范我国招标行为的法律主要有两部，分别是《招标投标法》和

《政府采购法》。

两部法律规范的主体不同。《政府采购法》规范的主体是各级国家机关、事业单位和团体组织。《招标投标法》规范的主体则无限制，在我国境内的任何主体都可进行招标投标活动（强制或自愿）都须遵循《招标投标法》，包括私人企业以及其他非法人组织。

规范的行为性质不同：《政府采购法》规范的是政府采购行为，《招标投标法》规范的是招标投标行为。

方式不同：政府采购主要采用公开招标、邀请招标、竞争性谈判、单一来源采购、询价及国务院政府采购监督管理部门认定的其他采购方式。招标主要有公开招标和邀请招标两种方式。

除了上述不同点，两部法律也有密切联系。比如政府采购工程进行招标投标的，还要适用《招标投标法》。

②必须招标的情形。

《招标投标法》第三条规定，在中华人民共和国境内进行下列工程建设项目，包括项目的勘察、设计、施工、监理以及与工程建设有关的重要设备、材料等的采购，必须进行招标，如：大型基础设施、公用事业等关系社会公共利益、公众安全的项目；全部或者部分使用国有资金投资或者国家融资的项目；使用国际组织或者外国政府贷款、援助资金的项目。

③招标法律效果。

招标人和中标人应当自中标通知书发出之日起三十日内，按照招标文件和中标人的投标文件订立书面合同。招标人和中标人不得再行订立背离合同实质性内容的其他协议。

（4）供热技术确定

合同谈判中，项目双方需要确定供热项目具体采用哪种供热技术。当前主要的清洁供热技术有热泵供热技术、生物质供热技术、天然气供热技术、电供热技术、地热能供热技术、太阳能供热技术等。项目采用的不同供热技术决定了项目设计、施工、运营等方案的不同。

2. 合同签订需注意事项

①签约主体资格审查。包括合同主体资质、商业信誉、诉讼情况等方面的审查。

②签约合同首尾部各方名称应为全称，并应与其在国家机关登记的名称相一致，做到首尾一致、证照与合同标注一致。

③合同签章应由具备对外签署合同的主体签章，内部机构、项目部、单位内部无合法授权人员不具有签署合同的主体资格；要加强对单位印章及各种用印的管理，严格按照确定的权限审批用印。

④要注意审查拟签合同各份是否为同一文本，有无修改或添加。

⑤签署合同时应避免空白未填项，如格式合同有不需要填写的应划“/”或标注“空白”字样。

⑥如有修改，修改处签约主体是单位的应由单位盖章，签约主体是个人的应该由其捺印。

⑦个人签名原则上应当面签署，单位应由法定代表人或委托代理人签名并加盖公章。

⑧合同如果是多页，除署名处盖章外还应加盖骑缝章。

⑨应审查合同签署人身份证件及授权委托书并收存。

⑩合同签署时间、签署地点应填写完整。

⑪在履行过程中所需要用到的联系人、签收人、结算人、联系地址、联系电话等，最好在合同中能写进去，即使不写，也最好有书面的确认。否则完全有可能出现签字人一旦调离对方要赖说不是公司的人的情形。

⑫合同条款的设置一定要合法、合理、公平、严谨、全面。

3. 合同核心条款的设置

（1）项目基本情况

项目基本情况条款要明确项目的名称、地点、采用的商务模式、采用的供热技术等内容，通过此条款来确定供热项目合同的主要目的。

（2）项目投资

项目投资条款对项目实施至关重要，关系谁来负责投资的问题。不同的商务模式投资主体是不一样的，可以是政府投资，也可以是供热企业投资。我国现在更加鼓励通过市场化运营的方式引入社会资本进行供热项目的投资、建设、运营。不管是PPP模式还是BOT模式，都是鼓励社会资本投资、建设、运行清洁供热项目。因此，项目合同中要明确投资主体是谁，投资额是多少等。

（3）项目施工

合同中应当明确谁来负责项目设计、项目施工。供热项目的设计、施工一般由供热企业来负责。施工前，供热公司需要编制项目设计方案和项目施工方案，上述方案要经过业主方的同意，避免后期产生争议。项目设计、施工要选择具有相应资质的单位来进行。

（4）项目验收

合同中应明确项目验收的程序。供热项目的验收一般由供热公司与业主共同进行，供热公司负责测试并提交验收报告。供热项目的验收一般包括设备到货验收和项目施工完毕后的竣工验收。设备验收包括到场供热设备设施的数量、规格、品种、型号、外观、包装等是否符合合同的规定；项目竣工验收包括供热设备运行是否正常，是否达到了合同约定的供热标准，设备运行效果等。双方一定要签订书面的验收报告。

（5）项目运营

通常供热项目的运营权由供热公司来负责，如涉及特许经营权授予问题，业主方需要负责完成与政府的对接工作，以确保项目能够合法运营。

项目运营过程中，供热公司应该按照合同约定的运营管理和服务标准进行运营，定期对供热设备及配套的管道设施进行维修维护，保证供热达到合同约定的标准。

（6）供热时间、温度标准、付款条款

由于各地的供热时间和温度标准存在不同，合同中应明确约定供热时间以及温度标准。具体的时间和标准以各地的规定和实际情况为准。

此外，合同中应明确付款方式、付款时间节点、付费标准等关键内容。一般供热项目的付款方式有两种，一种是由业主负责收费，收费后再向供热公司支付供热费用；另一种是由供热公司直接向用户收取费用。

（7）违约条款

违约条款对供热项目合同双方都非常重要，当出现工期延误、工程验收不合格、业主拒绝或延期付款、供热标准不符合要求、设备维修维护问题、安全责任事故等情形时，需要明确该如何进行责任的划分，如何承担违约责任。

（8）项目移交

供热项目合同到期后，在供热公司收回投资成本和合理利润后，项目形成的资产一般会无偿移交给业主单位。那么合同中应明确约定移交的方式、移交的程序、移交前后双方的权利义务等。

五、清洁供热项目风险识别

清洁供热项目主要风险点包括政策风险、市场风险（如能源价格变动风险）、金融风险（金融市场上汇率、利率的变动）、项目阶段性风险、供热公司风险、业主单位风险、合同风险等，具体分析如下。

1. 政策风险

政策风险是指因国家颁布相关政策影响到清洁供热项目的实施，或者对项目实施后造成影响的风险。这就需要在实施清洁供热项目之前，对国家政策有前瞻性的把握。例如：事先判断项目属于国家产业政策禁止类、限制类还是鼓励类？是否具备相关行业准入条件？业主单位的主要供热装备是否符合国家产业政策和行业准入条件？如果属于国家限制或禁止类（例如生物质锅炉在综合整治中遭到淘汰），若事先未知而投入类似项目，无疑将遭到损失。此外，还要注意经济政策的稳定性风险，例如税收制度的变更、财政补贴、奖励的取缔等。

2. 市场风险

能源价格风险客观存在，项目双方需要充分估计其对自己发展的影响。能源价格风险可以在项目合同中有所体现。根据对未来能源价格的趋势分析，在固定价格和浮动价格两种方案中选择一种，确保将能源价格的风险降到最低。

3. 金融风险

供热项目的金融风险主要表现在项目融资中利率风险和汇率风险两个方面。项目发起人与贷款人必须对自身难以控制的金融市场上可能出现的变化加以认真分析和预测，如汇率波动、利率上涨、通货膨胀、政策的趋向等，这些因素会引发项目的金融风险。

4. 项目阶段性风险

（1）项目筛选阶段

清洁供热项目如果能在前提调查阶段将风险予以排除规避，那么便成功了一半。我们需要在项目筛选阶段注意以下风险点：

①所依附的项目建设手续齐备情况。

关注拟投资项目所依附的建筑物项目建设手续是否齐全。清洁供热项目所投资、改造的设备设施并不是独立的，需要建设于业主单位既有的房屋或其他建筑物上。如存在建设手续不完善或者属于违法违章建筑物，那么后期存在可能被拆除的风险，势必会影响到后续收益及项目正常运行。因此，需要注意审查项目所依附的建筑物的验收手续完备情况。

②信用风险。

信用风险是指项目有关参与方不能履行约定的责任和义务而出现的风险。例如，在清洁供热项目中因供热公司自身的信誉问题拒绝履行合同约定的服务内容和义务，业主单位推迟或者拒绝支付款项等。

这就需要提前通过同行、银行、上下游客户等多方途径对各方的经营能力、盈利能力、履约能力做相关调研，保障项目的顺利履行。

③关于拟实施技术的可行性。

如若供热公司对业主单位所需技术不能完全掌控，势必会在履行阶段出现争议，也必然会影响到项目的运行。因此，在前期调研阶段，需要关注技术改造方案的可行性、技术改造水平的保障性、设备的可靠性、技术和知识产权的合法合规性、项目实施后对业主单位的供暖效果保障性。

（2）洽商签约阶段风险识别

关于洽商签约阶段的风险主要集中在合同条款中，项目合同是清洁供热项目实施的重要载体，也是项目履行的重要依据，更是明确业主单位和供热公司权利义务的重要依据。为降低合同履约风险，充分保障自身合法权益，应充分重视对合同相关条款的设置完善。具体如下：

①鉴于条款。

通常，合同双方对鉴于条款的重视程度不够或者说不重视。其实鉴于条款在于表达合同的目的和合作双方的诉求，有必要进行明确的约定。

②项目边界条款。

此条款通常是对项目的描述条款，但实践中通常仅描述项目名称，对项目的具体地址、项目所涉及的建筑面积、项目具体包括什么都不描述或描述不清楚，这是有风险的，尤其是在改造面积与投资收益挂钩的情况下。因此，一定要将项目的边界描述清楚。比如，对地址的表述具体到街牌号；对于系统设备的描述具体到型号、数量、功率等；还要有供暖的面积数。

③验收标准条款。

常见问题是没有约定或约定不清楚。比如常见的约定条款为验收地点和验收标准（符合国家相关标准并符合甲方要求），这样的约定并不明确。在设计验收标准条款时，需要注意：第一明确验收的责任主体；第二明确验收流程，比如谁通知验收、几日内验收完毕、逾期不验收的后果；第三明确验收标准，或者在合同中具体明确，或者作为附件；第四验收合格后需由双方签署验收报告并作为合同附件。验收不合格需以书面形式提出，否则视为验收合格。验收的内容需要写明确，比如设备质量合格、安装功率符合设计标准、供暖情况达到约定标准。

④建设期条款。

通常的问题为建设期延误。需要明确因哪方原因导致建设期延误，因为涉及违约责任的承担以及投资收益的保障，所以一定要提前约定清楚。

⑤预期收益条款。

常见问题是约定不明确或存在冲突约定。由于在较长的运营周期内，不能排除业主单位出现经营不善、停产甚至解散、破产的可能性，而已有的司法判例显示，部分法院认为，服务单位应当预见到业主单位的停产风险，而未能预见的应自担风险。如合同不明确可得利益赔偿责任，后续提起诉讼将存在不被人民法院支持的风险，因此建议在签订合同时尽量明确约定合同解除或终止时业主单位是否需赔偿剩余合同期内的可得利益及相应的计算方法，以减少争议。

⑥项目移交条款。

未约定或约定不明。建议在合同期满且业主单位按约定支付完全部费用后，再行移交。

⑦担保条款。

主要体现是担保条款未约定或约定不明。一旦业主单位出现违约风险，投资收益将难以保障。供热公司可要求业主单位尽可能地提供一定的担保增信措施，再比如由业主单位提供相关物保，充分运用独立第三方的担保即业主单位的支付担保、设备提供商的供应担保、技术服务合同的服务担保、施工期担保等，以充分保证合同目的的实现。

（3）项目实施阶段风险识别

该阶段的风险主要表现为能源价格变化风险，定价和调剂机制争议，产品设计、质量、技术风险，因采购问题导致工期延误风险（风险转移供货商），是否具备施工条件，工程进度问题，工程成本增加，材料及设备管理问题，是否符合约定程序，书面记录是否符合能效要求，先合同义务问题等。

①采购风险。

供热公司所面临的采购风险常体现在市场价格风险和合同风险上。

第一，市场价格风险。市场价格风险是指受市场价格波动的影响，采购成本偏离供热公司基于成本计划和利润计划的测算值，可能会使供热公司成本计划和利润计划的实现受到威胁，供热公司将面临财务风险、生产风险和销售风险，进而影响供热项目的进度和后续运行。

第二，合同风险。合同风险是指可能遭受到的合同欺诈、空头合同、合同陷阱等在采购合同中常见的风险类型。可从如下几个方面防范采购风险：

首先，把握市场行业，采取灵活方式。对国家经济政策、市场趋势进行深刻的分析研究，尽可能地准确把握市场行情，灵活运用各种采购方式，有效防范市场风险。

其次，建立与完善管理制度和监督机制。以“计划严谨、采购及时、质量保证、价格合理”为主要内容，以“降低成本、保障供给、堵塞漏洞”为主要目的，制定一套比较完整、科学、规范、合理的采购工作程序和规章制度。做到有章可循、有据可查、层层把关、责任到人。为了确保各项制度的贯彻落实，应加强对职工尤其是采购业务人员的培训和教育，不断增强法律观念，重视职业道德建设，做到依法办事，培养团队精神，增强内部的风险防范能力，从根本上规避采购风险。

再次，完善采购程序，规范操作行为。采购活动的运作应严格按照法定、公开、公正、透明的原则有序地进行，使每一项程序紧密衔接又互相制约。为确保这一原则贯彻实施，应从统一招标文件格式、招标采购操作规程、明确审查标准、科学核准合格供应商、规范供应商质疑和投诉处理行为、完善招标采购评审专家库及推进电子商务采购以加强采购的透明度等方面逐步建立标准化的采购程序。

最后，加强合同管理监督，防范合同风险。检查合同条款是否有悖于政策、法律，避免合同因内容违法、当事人主体不合格或超越经营范围而无效；通过资信调查，切实掌握对方的履约能力；对那些不讲效益、舍近求远等非正常情况严格审定；审查合同条款是否齐全、当事人权利义务是否明确、手续是否具备、签章是否齐全。履行过程中一旦发现问题，立即采取惩罚和补救措施；合同履行完毕，整理资料归档，以便日后跟踪检查。

②技术风险。

广义的技术风险包括缺乏技术的风险与技术取得和运用的风险。技术风险的种类很多，主要类型有技术不足风险、技术开发风险、技术保护风险、技术保密风险、技术使用风险、技术取得与转让风险等。

如果项目所用设备的运行情况不理想，即便设备制造商对设备性能、质量提供保障或赔偿，供热公司也要为解决因技术、设备产生的问题而承担额外费用，因此要尽可能降低技术、设备风险，主要方式有：

第一，使用成熟、可靠的技术，不在项目中进行新技术的应用试验。

第二，尽可能只采用有可靠性历史记录的设备。

第三，采用风险转移的方法，如选择优秀的工程施工队伍或设备供应商。如果要求设备供应商提供担保，则需要其提供更换设备的人工费用担保。

③完工风险。

完工风险是指项目无法完工、延期完工或者完工后无法达到预期运行标准而带来的风险。项目的完工风险存在于项目建设阶段和试生产阶段。完工风险对项目公司而言意味着利息支出的增加、贷款偿还期限的延长和市场机会的错过。如果出现无法完工、延期交工或者完工之后未能达到清洁供热标准的情况，也会影响到后续的融资。这就需要业主单位对施工方积极配合，双方共同推动项目的进度和预算的完成。

（4）项目运营阶段风险识别

在清洁供热项目运营阶段的风险主要有：项目操作人员不按要求运行管理项目发生技术故障造成的损失风险。这就需要负责项目运行的各方注重人才管理，提高项目人员责任心、专业技术水平和意识，避免人才流失等。

（5）违约风险

违约风险贯穿项目实施的各阶段，例如，业主单位违约与其他供热公司进行合作；业主单位企业制度改变、更换单位领导人导致新的单位领导不履行合约；业主单位因非法经营或卷入法律纠纷等导致停业或关闭，最终导致项目不能正常运行等。这就需要在签约过程中，有针对性地对各种违约情况设立违约责任、触发解决机制条款等，进一步控制风险。

清洁供热产业委员会
Clean Heating Industry Committee

第六篇　典型案例展示

一、案例选择原则

清洁供热是重大的民心工程、民生工程，自2017年实施北方地区冬季清洁取暖五年规划以来，北方地区清洁取暖成效显著，截至2021年底北方地区清洁供热率达70%，完成规划制定目标。实现碳达峰碳中和，供热是一个重要领域，近年来我国清洁供热技术在全国各地有很多具有先进示范意义的应用案例。这里，主要从项目概况、主要技术及创新点、商业模式、可推广性分析、综合示范效益等5个方面展示案例先进性。

本篇共介绍9个具有代表性的清洁供热典型案例，案例涉及的清洁供热技术包括四个共同特征。

1. 技术先进性

“双碳”背景下，我国将构建清洁、低碳、安全、高效的能源体系。我国能源升级无法效仿西方国家路径，而要逐步提升非化石能源消费比重，不断提高消费端电气化水平，压缩能源转型升级时间；坚持安全降碳，将经济社会发展和人民群众改善生活的能源需求放在重要位置；坚持节能优先，将节能放在重要位置；能源开发利用必须减少对生态环境的不利影响，降低二氧化碳等温室气体排放强度；以群众可承受为前提，不能脱离中国国情、超越发展阶段，推动煤电从基础性电源向基础性和系统调节性电源并重转型，实现能源安全、高效、清洁、低碳、可持续发展。

技术先进性应坚持减污降碳，优先发展可再生能源供暖，促进取暖电气化发展。具体来说，热源侧包括热电机组深度解耦技术、核能供热技术、工业余热供热技术、热泵技术、生物质利用以及跨季节储热技术、中深层无干扰地热供热技术等“零排放”“分布式”“可再生”能源利用技术等；热网侧包括智慧供热技术、先进热计量技术以及热计量收费的先进管理；用户侧包括超低能耗建筑、近零能耗建筑、零能耗建筑，随着新能源大规模并网以及终端电气化率的不断提高，未来产能建筑和高效用能设备也将登上历史舞台。

2. 转型示范性

在“双碳”目标背景下，终端用能电气化是大方向。在供热领域，绿色低碳转型理念将贯穿全产业链。短期来看，在城镇集中供暖区优先选择工业余热、热电联产、地热等方式；农村地区要因地制宜，尽量采用分布式采暖，并探索洁净煤炉具，鼓励生物质供暖、分散式生物质成型燃料＋专用环保炉具、“太阳能＋”、水源热泵等多种方式。长期来看，清洁的可再生能源电力供热是最终方向。北京大学能源研究院数据显示，2021 年，光伏发电的上网电价再创新低，降至 0.1476 元/千瓦时，随着技术进步，未来将降至 0.07 元/千瓦时甚至更低，为电供暖奠定基础。我国要大力提高电能在终端能源消费中的比例，从目前的占比约 26% 提高到 50% 以上。应充分利用各地的屋顶资源建设分布式光伏，将可再生能源的分散特性与户用采暖的分散性相结合，降低供热管网等基础设施投资。同时，可以利用先进热计量技术提升清洁电力供暖的经济性，实现清洁供暖的商业化。

3. 效益综合性

清洁供热作为重大民生、民心工程，要坚持“以供定改、先立后破”的原则，因地制宜推广“煤改电”“煤改气”、清洁燃煤集中供暖、工业余热供暖以及地热、生物质、太阳能等可再生能源供暖方式，实现环境、社会、经济的综合效益。

环境效益方面，北方地区冬季清洁取暖是保障百姓温暖过冬、减少环境污染、打赢蓝天保卫战的重要举措。国家和地方政府高度重视清洁取暖工作，自 2017 年《北方地区冬季清洁取暖规划（2017—2021 年）》发布以来，清洁供热对大气主要污染物减排贡献显著。展望未来，一方面清洁取暖工作仍需要不断巩固取得的成果；另一方面，未来应以减碳为发展方向和重要抓手，推动减污降碳协同增效，促进全社会绿色转型发展。

我国火电机组中 40% 以上是供热机组，终端用户与建筑相关，全球终端能耗中供热占比 50% 左右。据测算，我国建筑全过程碳排放约占全国碳排放量的 50%，其中建筑运行阶段（含供热、冷、电等）占 22%；北方地区城镇和农村供热碳排放约为 10 亿～12 亿吨。

社会效益方面，清洁供暖长期稳定运行是推进工作中的重中之重。在能耗双控并逐步转向退发票控制背景下，要进一步挖潜增效，提高系统供热效率，深度回收低碳热源、开发零碳热源，加快调整热源结构。加快节能降耗、提质增效、减排降污技术的开发与应用是供热企业竞争力的一个非常重要的体现，供热企业需要尽快实现高效、智慧、精细化运营。

经济效益方面，改造成本是政府选择技术路径的主要因素，而运行成本是用户考虑是否持续使用的主要因素。综合两者，优秀的清洁供热技术方案和典型案例将保障清洁供热长效机制的建立。

未来一段时间内燃煤热电联产集中供热占比会不断下降，但仍要承担基础性热源的保障功能，尤其是在严寒、寒冷地区。在2060年碳中和目标下，我国电力装机结构中仍会保留一定量的热电机组，相应碳排放由负碳源抵消；为适应新能源为主的新型电力系统，热电机组会继续推进热电解耦，进一步提高机组出力调节范围和爬坡速度，增加供热能力，降低上网电量，相应地电供热占比会持续增加，尤其是蓄热式，既增加电力系统灵活调节能力，又可提升稳定供热能力（虽牺牲了局部时间的能源利用效率，但提高了系统价值）。

在北方农村地区以分户式采暖为主，包括生物质户式采暖炉具、燃煤户式采暖炉、热泵、电暖器、热风机、燃气壁挂炉、地热等。要统筹考虑经济性和低碳环保性，北方农村地区应优先就地或就近利用生物质供热，发展农村循环经济模式；电供暖（优先考虑热泵等高能效电供暖方式）与分布式光伏充分结合，洁净煤短期内仍是严寒、寒冷等地区不可或缺的重要兜底保障能源，其他热源作为补充热源进行因地制宜的利用。

4. 模式推广性

中国工程院院士杜祥琬认为，未来一次能源的主流可以概括为核聚变。核聚变有两类：第一类是太阳上的核聚变即太阳能。广义的太阳能包括光伏、光热。实际上，风能、生物质能都来自太阳能。它们是清洁、低碳、碳和可再生的。第二类是地球上的受控核聚变也称为人造太阳。目前是裂变核电站在支撑核电，业内正在突破人造太阳受控核聚变。

清洁供热产业仍处于快速发展阶段，化石能源供热比例将会有所下降，电、地热、生物质等清洁能源供热比例会进一步提高。在能耗双控背景下，优秀清洁供热典型技术案例需要进一步挖潜增效，提高系统供热效率，深度回收低碳热源、开发零碳热源，加快调整热源结构。加快节能降耗、提质增效、减排降污技术的开发与应用，同时供热企业需要尽快实现高效、智慧、精细化运营。

二、典型案例

1. 杭州云谷朔州市神头二电厂余热利用集中供热项目

关键词：平衡热量表、联网监测、平衡控制、室温软测量。

（1）项目概况

朔州市位于中国山西省北部，室外年平均气温一般为3.6℃～7.3℃。1月最冷，平均气温为－14.9℃～－9.4℃，极端最低气温可达－40.4℃。

该项目热源为朔州市神头二电厂余热利用，总供热面积为213000平方米，供热住户2668户，房屋类型为民用商品房且符合节能建筑标准，住户室内采用暖气片进行供暖。该项目对所有小区二网进行分户计量和调控节能改造，改造现场如图6－1所示。

图6－1　项目现场

该供热网末端分户调控项目涉及二次网平衡及计量设备（平衡热量表）的安装、联网平衡控制、节能运维、数据分析等内容。

（2）主要技术及创新点

该项目户用热管控计量终端采用云谷科技具有自主知识产权的一体化终端设备——平衡热量表，具有基于室温的用热平衡控制、供热开关、热计量、失水监测、远程通信、室温软测量等功能。

该项目提供上位机监控软件，实现平衡热量表的联网监测、室温软测量、平衡控制等功能，并通过平衡控制策略实现热用户的室温一致，如图6－2所示。

图6－2　平衡热量表优势

主要技术创新点如下：

①全球首创的表阀一体结构，拥有多项发明专利，具有体积小、功能强的特点。

②国内首创的户用电磁式热量表，具有精度高、抗硬水的特点，使用寿命长、可靠性高、维护少。

③垂直V形阀体结构，能有效改善小开度下的流量控制性能，优于普通球阀的调节性能。

④全球首创的室温软测量技术，根据平衡热量表直接测得的参数对室温进行间接评估，实现免入户室温测量，为换热站调控提供依据，有力促进系统节能，如图6－3所示。

⑤领先的L值平衡控制算法，按设定的功率分配比控制阀门的开度，

从而让每个热用户的功率分配系数保持稳定，由于功率直接决定了室温高低，基于功率分配比的控制，稳定性好且能够随着换热站总供热量的变化而自动跟踪运行，使整个小区室温均衡并随换热站总供热量大小整体实现水涨船高、水降船低的效果。

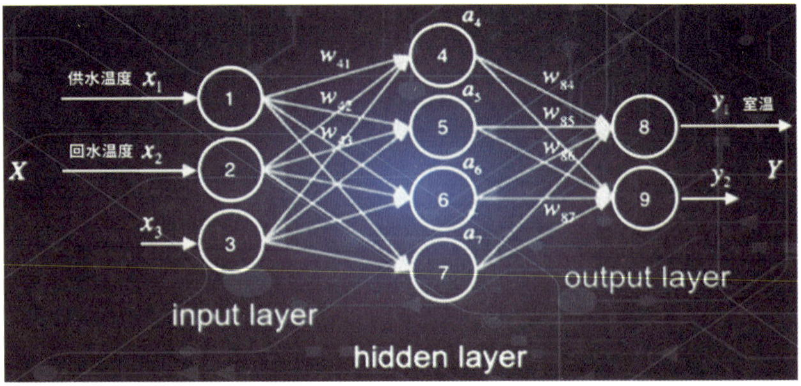

图 6－3　室温软测量技术原理

（3）商业模式

采用“产品＋服务”的商业模式。

（4）可推广性分析

平衡热量表已取得了计量产品生产许可证，生产工艺成熟，已进行大批量生产并投放市场，年生产量达 10 万台以上。公司遵循 JB/T 13753—2021《平衡热量表》行业标准，执行严格的质量管理体系，并取得 ISO 9001、ISO 4001、ISO 45001、清洁供热服务 5A 级认证等体系认证。

产品的原型机 2013 年首先在上市公司长春亚泰热力得到试用，之后经过不断的改进和提升，目前已经在山西、内蒙古、吉林、辽宁、天津、山东、河北、陕西等省（市）地热得到广泛应用，受到用户一致好评。根据使用情况的数据统计，节约的热能达到 15% ~20%，电能达到 20% ~30%。

每年如果推广 100 万户供热居民使用该技术，每年需投入 10 亿元，每户供热成本大约下降 400 ~ 500 元，两年左右可收回投资成本。全国现有 250 亿平方米的供热面积，其中有 1 亿户居民使用集中供暖居民，随着城市化进程加快以及供暖南移，将会有更大的面积和更多的居民采用集中供暖，市场潜力巨大。如果推广普及该技术，全国每年可以降低能源成本400 亿元，减少大约 0.7 亿吨煤炭消耗，经济效益和社会效益显著。

（5）综合效益

项目供热时间 5.5 个月，目标室温设定为 22 ±1℃，测得的室温分布为 21℃ ~24℃，平均室温 23.1℃，且室温比较平稳、舒适，提高了用户的整体满意度。

平衡热量表不仅具有热计量功能，同时还实现二次网调控，对用户室温控制效果明显，避免了室温过高的问题，具备优秀的室温调控和节能效果，响应国家节能减排号召的同时降低了燃料成本、碳排放量，提高了现有供热能力，如表 6 –1 所示。

表 6 –1　2018—2019 年与 2019—2020 年供热季
（11 月至次年 3 月）同期能耗分月统计分析表

能源类别	供暖时间	11 月	12 月	1 月	2 月	3 月	合计
补水量（吨）	2019—2020 年	206	175	80	76	43	580
	2018—2019 年	255	320	172	236	117	1100
	节约量	49	145	92	160	74	520
电量（千瓦时）	2019—2020 年	60934	50641	52698	47857	36990	249120
	2018—2019 年	71016	71856	72578	64565	59954	339969
	节约量	10082	21215	19880	16708	22964	90849
热量（吉焦）	2019—2020 年	12889	14529	20764	19156	6799	74137
	2018—2019 年	14520	21038	22354	25302	9049	92263
	节约量	1631	6509	1590	6146	2250	18126

根据以上统计，朔州市神头二电厂余热利用集中供热工程平衡热量表项目 2018—2019 年供热季 11 月至次年 3 月与 2019—2020 年供热季 11 月至次年 3 月同期对比，共节水 520 吨，节电 90849 千瓦时，节约热量 18126 吉焦。折算节约标煤 630 吨，减少二氧化碳排放 1684.66 吨。综合年节约费用超过 82 万元，如表 6 –2 所示。

表6-2 项目综合效益指标

序号	项目	结果
1	节约水量（吨）	520
2	节约电量（千瓦时）	90849
3	节约热量（吉焦）	18126
4	二氧化碳减排量（吨）	1684.66
5	二氧化硫减排量（千克）	5355
6	氮氧化物减排量（千克）	4662
7	年节约费用（元）	824200
8	投资回收年限（年）	3.4

平衡热量表同时具有热计量和室温调控功能，可实现用户按“用热量交费”，从而鼓励用户“按需用热，节约热费”，促进能耗节约，达成“国家节能减排，供热单位节约能源、取暖用户节约热费”的多赢局面，带来良好的环境效益和社会效益。

（6）单位简介

杭州云谷科技股份有限公司（简称云谷科技）成立于2011年3月，总部位于杭州市滨江区白马湖畔，是国家级高新技术企业和软件企业。云谷科技致力于通过“人工智能+物联网（AIoT）”技术，基于工业互联网产品构建热能全域协同模型，围绕人工智能技术，打造“TEMPED全域协同热能管理SaaS平台”，以数字创新支撑国家碳达峰碳中和战略。

聚焦政府能源双控、热企高效运营和人居环境改善，为城市、工厂、建筑、家庭的热能管理赋能，实现从政府监管的“人治”到“数治”、服务热企的“人控”到“智控”、人居环境的“人感”到“智感”的全域协同，构建了“双碳”背景下“政府可治、企业可控、百姓可感”的创新型能源动态平衡基础设施。

云谷科技以“数字创造人居和谐”为使命，通过不断的产品和服务创新，构建ENGR10系列产品和服务，通过“源、网、站、户”的全域管理，全过程数字孪生、人工智能与物联网（IoT）智能产品等创新技术，解决低碳供热系统优化调度、全域协同等技术难题。

云谷科技奉行“理想、乐业、协作”的核心价值观，倾注智慧、奉献社会，“让每个家庭减少1吨碳排放”是云谷人的行动目标。在顺应全降碳的同时，云谷科技遵循“领先一步的产品和服务，为客户增效，与合作伙伴共赢”的战略方针，坚持颠覆式的创新技术革命，为人类社会美好未来作出云谷人应有的历史贡献，努力成为杰出的“碳路人”。

2. 四季沐歌河北省南宫市纯水岸小区集中供暖项目

关键词：热泵采暖、耦合系统、集中供暖。

（1）项目概况

河北省南宫市纯水岸小区集中供暖项目采暖总面积约为93000平方米。主要利用空气源热泵进行供暖，利用电锅炉进行调峰。末端为地板辐射采暖，设计采暖供回水温度为45℃/35℃。

该项目采暖范围为纯水岸一、二期，其中一期2011年建成，二期2014年建成，住宅、商业、别墅，建筑物保温性能较好，小区建成时在当地属于较高档小区。该项目每栋建筑不超过7层，不需要分区。纯水岸居民住宅热指标31瓦/平方米，商铺热指标55瓦/平方米，别墅热指标40瓦/平方米，总设计热负荷3.17兆瓦。选用28台50匹超低温空气源热泵与一台600千瓦电锅炉耦合。

该小区原系统采用水地源热泵机组供热，由于自然规划局重新规划，地热系统现已全部停运，政府、企业为了让老百姓温暖过冬，急需先进技术满足供暖需求，为此四季沐歌采用了先进高效的产品及解决方案帮助政府、企业、老百姓解决冬季供暖问题。为降低运行成本，采用空气源热泵作为供暖热源，考虑到当地极端天气情况很少，将36台50匹空气源热泵减至28台，极端天气由电锅炉进行补充，充分适应采暖末端设备的输出能力，充分利用系统能量的互补性，提高采暖的效果。

2020年采暖季监测数据表明，居民室内温度参数均达到预期效果，且运行费用仅12.3元/平方米（采暖时长为120天）。

（2）主要技术及创新点

该项目积极响应落实《大气污染防治行动计划》等文件精神，采用的空气源热泵+电锅炉清洁能源联合系统（如图6-4所示）立足先进节能技术，低成本、高能效、零排放地解决供暖问题，增加了供暖的稳定性，降低了系统投资，运行节能，设备寿命提高，具备良好的经济价值和环保效益，对于“推进清洁能源、减少雾霾天气”有着积极的示范意义，也为严寒地区空气源热泵耦合其他能源升级改造提供了借鉴。工程实践体现在以下几个方面：

①采用电锅炉补热技术对空气源热泵采暖升级改造，具有良好的可行性和经济性。

根据南宫市纯水岸小区供暖前期采暖运行数据监测对比分析，空气源热泵+电锅炉系统供暖效果明显优于单一空气源热泵供暖效果，实践证明空气源热泵耦合其他能源供暖技术方案可行并可靠。另外，通过采用复合能源进行优化升级，避免了空气源热泵随着室外温度降低能效降低导致的供热不足的缺点，空气源热泵能效较低的时候电锅炉正处于峰谷电价时段。经过供暖前期运行数据分析，空气源热泵耦合电锅炉系统稳定可靠，运行费用和空气源热泵单独运行费用相差不明显，经济性可接受；相较于单一能源供暖的方案，耦合系统的技术方案在供暖效果、设备寿命上都提升了20%以上，综合性能增强，经过证明这种技术方案可推广复制。

②电锅炉补热空气源热泵系统在严寒低温天气条件下能实现稳定的高温供暖。

通过供暖前期数据分析，在严寒低温天气以及低温雨雪环境下，电锅炉补热空气源热泵系统供水温度能够稳定满足50℃的高温供暖，末端暖气片供暖可达到22℃。

③电锅炉补热系统优化了设备技术性能并提升了设备使用寿命。

电锅炉补热改变了空气源热泵出水工况，使得压缩机设备运行的冷凝温度和冷凝压力降低，设备的技术性能充分发挥，始终在稳定高效区间运行。通过COP值推算排气温度可降低30%左右，大大降低了低环温条件运行时压缩机烧毁的风险，而且大幅提升了设备的使用寿命。

④电锅炉补热系统实现大温差供暖更适应地暖采暖特性。

电锅炉补热系统温度的提升使得供回水温差增加，那么相应的循环水流量减少，这样可以实现大温差小流量运行，以降低热网循环泵运行功率。以南宫市纯水岸小区为例，设计理念是供热末端循环温差为10℃，通过压差，旁通阀一部分循环水流进入空气源热泵，机组循环温差为 5℃，而热网循环泵设置在压差旁通阀上游，导致循环水泵运行功率非常大，如果设计循环温差为 10℃，那么运行功率减半或者一台泵循环即可满足设计需求，这样有利于节能和满足末端用热需求。

⑤在同等供热效果下复合系统总投资低于空气源热泵系统。

从以往的空气源热泵供暖系统运行效果、投资费用等方面来看，常见的空气源热泵系统若达到同等供热效果，需大量增加机组数量，按该项目现有情况测算，耦合系统总投资低于空气源热泵系统。另外与常见的空气源热泵相比，耦合系统从技术上大幅减少了设备维护投入。

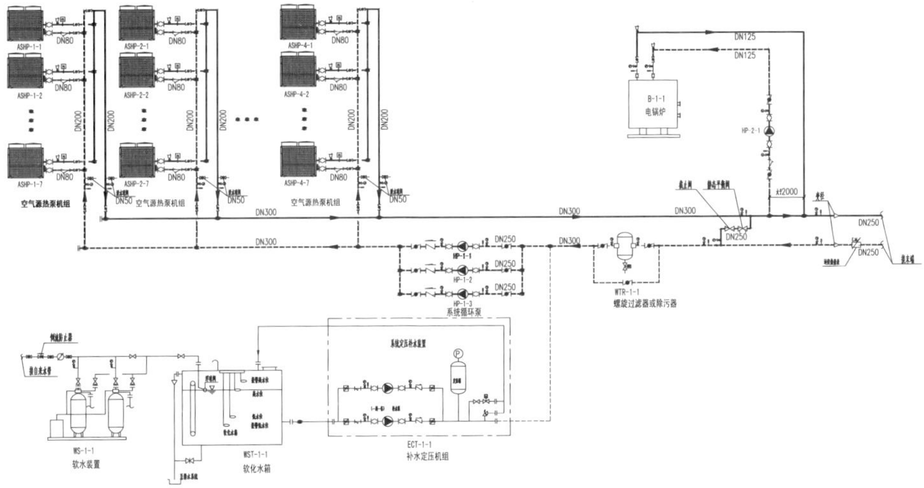

图 6－4 “空气源热泵＋电锅炉”集中供暖系统运行原理图

空气热源泵运行策略和自控逻辑如下：

①运行策略。

热源系统主要由空气源热泵与电锅炉两大设备组成，辅助系统包括补水泵、软化水器、软化水箱。

当地采用清洁能源供暖具有电价优惠政策。日常以空气源热泵为主，空气源热泵提供系统所需主要热量，辅助电锅炉在极寒天气或空气源热泵故障等供热不足时启用，加热对象为循环管道中的供水。

供暖中期，12 月和次年 1 月，晚上室外环境温度低于设计工况下温度时启动电锅炉，且电锅炉处于峰谷电价运行期间运行费用较低。

居民室内温度为控制因子，最低温度设定 18℃，最高温度设定 24℃，通过室外温度和供回水温度以及循环水量进行调控。

供热季开始时，首先开启空气源热泵作为热源。根据室外环境温度设定 T_1（可设定）。每 30 分钟根据室外环境温度调节一次供水温度。监测补水点压力，高于 250 千帕时水泵停止，低于 200 千帕时水泵开启。

②自控逻辑。

系统由 28 台空气源热泵机组 +1 台 600 千瓦电锅炉组成；热源的启动优先次序是空气源热泵机组、电锅炉，故障和被禁用设备跳过，停止则顺序相反；根据室外环境温度调节供水温度，自动加载和卸载；加卸载原则遵循满足水温的控制范围要求，能适应开机或者负荷变化的需求，避免频繁启动和停止的振荡状态；设置远程视频监控系统分别监控主机及机房；控制系统可远程在线监测并设置各参数。

③逻辑控制总则。

先启动水泵 HP－1－1/2（HP－1－3 为备用泵，可手动/自动切换），30 秒后再启动低环温空气源热泵；先启动水泵 HP－2－1，30 秒后再启动电锅炉；7 台空气源热泵设置一个水流开关；空气源热泵最多 2 台同时启动，顺次启动时间间隔 30 秒（可设定），减机时逐台递减，时间间隔 30 秒（可设定）；机组具备待机防冻功能，防冻模式下联动水泵启动。

监测末端供水温度 T_1，回水温度 T_2，监测低环温空气源热泵总管供水温度 T_3，监测每台低环温空气源热泵出水温度 T_4，监测锅炉出水温度 T_5，监测室外环境温度 T_6，详细监测点位及各设备控制要求如图 6－4 所示。

空气源热泵预留 RS485 通信接口，modbus 通信协议；电锅炉预留 RS485 通信接口，modbus 通信协议；设置温度传感器监测水系统管道各点温度，温度传感器精度 0.1℃，设置压力传感器监测各点压力，压力传感器精度 100 帕；环境温度传感器精度 0.5℃；分别设远传峰谷电表计量水泵、空气源热泵、电锅炉运行电量及运行时间，设远传热量表计量总供热量，设远传水表计量系统补水量。

（3）商业模式

项目采用 EPCO 模式。

（4）可推广性分析

居民建筑供暖先后经历 4 个阶段，第一阶段是燃煤锅炉。燃煤锅炉产生的污染物较多，造成非常严重的环境污染，因此国家发布了一系列政策限制燃煤锅炉供暖，开始实行“煤改气”供暖，这就是第二阶段。第三阶段是分布式集中“煤改电”阶段，主要采用消耗电能的设备替代前两阶段设备，这些设备不产生污染物且运行效率高，被定义为清洁能源设备，因此国家推出鼓励政策让其蓬勃发展。

在这样的背景下，空气源热泵耦合辅助能源被推上历史舞台。虽然燃气锅炉是清洁能源设备，但运行费用很高，远远超出了目前居民采暖收费标准，居民承担不了昂贵的采暖费用。全空气源热泵采暖运行费用较低，但初始投资较大，回收期超出行业平均水平，投资者较少。通过实践、市场竞争影响力、国家宏观调控手段等证明，空气源热泵单一系统对于大中型集中采暖项目推广来说很困难。因此，经过长期实践，结合项目当地气候条件及运行费用可接受程度、初投资的可望性，空气源热泵 + 电锅炉的耦合系统应运而生，该系统是综合两种能源设备的优点进而互相补充，达到了可替代、可复制、可适用、可推广的效果，吸引了众多投资，同时也备受供暖客户青睐。

（5）综合效益

①供暖全年耗热量。

$$Q_h^a = 0.0864 \times N \times Q_h \times \frac{t_i - t_a}{t_i - t_{a \cdot h}} = 0.261GJ/\mathrm{m}^2.\mathrm{a}$$

式中：

$Q_h{}^a$—供暖全年耗热量，GJ；

Q_h—供暖设计热负荷，kW；

N—供暖期天数，d；

t_i—供暖室内计算温度，℃；

t_a—供暖期室外平均温度,℃;

$t_{a \cdot h}$—供暖室外计算温度,℃。

②建筑供暖耗电量。

空气源热泵供暖期平均COP达到2.7，每平方米年耗电量26.88千瓦时。

水泵耗电量：系统供暖采用质调节，定流量运行，水泵耗电量为0.75千瓦时。

供暖期建筑平均每平方米耗电量为27.3千瓦时/平方米。

③实际运行耗电量预测。

供暖前期监测数据表明，居民室内温度参数均达到预期效果，日耗电量在10705千瓦时，一个供热季耗电128万千瓦时，共计57.81万元，每平方米约12.3元（电费：0.45元/千瓦时）。该项目完全选用清洁能源，实现CO_2减排4082吨/年，标准煤减排1659吨/年。

（6）单位简介

四季沐歌是沪市A股主板上市企业、中国航天事业战略合作伙伴、中国清洁采暖热水专家。

四季沐歌历经20年的创新发展，已成为集智能健康厨卫设备、清洁能源供热、建筑舒适系统于一体的综合性企业，产品由太阳能热水器横向延伸到空气能、电热水器、燃气热水器、壁挂炉、厨电、净水、五金卫浴、新风等领域，纵向延伸至热水工程、太阳能节能建筑及太阳墙、跨季节储热采暖、储能系统、能源中心投资运维等领域，形成了从单机到系统、从城市到乡村、从家庭到商用、从线下到线上的全方位、场景化采暖、热水系统解决方案，引领中国消费者迈入更绿色、更节能、更健康、更安全、更智能、更舒适的体验时代。总部基地如图6-5所示。

四季沐歌集团连续8年成为中国房地产500强首选供应商，入选“中国品牌价值500强”“全球新能源500强”榜单，连续13年被评为“全国售后服务十佳单位”，连续10年荣获“中国最佳雇主”等荣誉。截至2020年，四季沐歌累计推广1600万台（套）清洁能源产品，竣工交付14000多个清洁能源工程项目。

“让阳光改变生活，用绿色还原世界。”四季沐歌，创造美好生活。

图 6-5 四季沐歌总部基地

3. 山西维斯塔农谷生态农业自然能供热项目

关键词：自然能、生态农业、智慧供热、分布式供暖。

（1）项目概述

山西农谷青创园建设项目，建设地点位于山西省晋中市太谷区，园区规划的总占地面积约为655 亩，分 A、B、C 三个区域建设，由山西维斯塔清洁能源股份有限公司设计、供货、安装、调试运行的 A 区智能玻璃温室采暖自然能热利用系统热源项目，提供 A 区智能玻璃温室采暖热源，在保证良好供暖效果的同时，较厂区现有市政供热、生物质锅炉，运行清洁稳定，运行费用较低，节能效果显著，得到用户的广泛认可。

山西省太谷区位于山西省晋中盆地东北部，项目区所处属暖温带季风型大陆性气候，四季分明，春季温暖多风，夏季炎热多雨，秋季凉爽宜人，冬季寒冷。据气象站 1954—2000 年观测资料，多年平均气温 8.9℃，一月最冷，平均气温 -6.1℃，七月最热，平均 23.4℃。无霜期 157 天，冻土期为 12 月初至次年 3 月初。年平均气温 9.8℃，历年极端最低温度 -25.3℃，冬季室外采暖计算温度 -11℃，采暖期（≤ +5℃）日平均温度为 -4.1℃。全年主要以西南风为主，冬季主导风向（11 月至次年 1 月）

为偏西风。

该青创园区温室热源项目为蔬果种植温室，单座玻璃温室建筑面积为10368平方米；两座温室，合计建筑供暖总面积20736平方米。设计自然能热源为冬季满足2座温室全负荷供暖，设备选型为维斯塔自然能VST-TKS320－FXSⅡ型循环主机8台，自然能主机总输入功率约710千瓦。无任何电辅助加热措施，设备布置于温室附近热源站，占地总面积约445平方米（如图6－6所示）。

该项目自然能循环主机能效比为3.64；系统综合能效比为3.16。

图6－6　山西太谷青创园区温室采暖自然能现场

温室在保持所要求温度的条件下，在某时间段内温室内得到的热量与损失的热量应收支平衡。如果温室满足了在这个时间段下需要补充的热量，即可满足实际应用中其他绝大部分条件下温室的加热需要。由于室外环境最低温度一般出现于冬季最寒冷的夜间，温室大棚内采暖设计温度一般应根据栽培作物正常生长发育所需要的夜间适宜温度来确定。在日间光照充足的情况下，温室内温度完全可达到种植作物所需温度，日间自然能系统主机运行储热模式，在系统COP较高的情况下进行储热；夜间为12

点至早晨8点之间，因室内外温度降低，自然能系统运行加热模式，利用日间储热量供热，在热量不足的情况下自然能系统主机运行制热。

（2）主要技术及创新点

自然能一体机是维斯塔公司的核心产品，自然能一体机消耗少量的电能驱动压缩机运转，通过自然能高效聚能板中的的工作介质与外界进行换热，可以源源不断地从自然界中的阳光、空气或雨水中获取低品位热能，实现了从大自然中搬运能量的目的。由于不受地理地质条件的限制和不破坏环境，同时具备太阳能和空气源热泵系统的优势性能，自然能一体机的应用范围非常广泛，是一种极其节能、环保、清洁的供能设备，如图6－7所示。

图6－7 自然能一体机

该项目自然能系统工作过程主要针对各种植物生长所需的适宜温度及湿度，对主机的工作状态进行智能控制，实现智慧供热。系统工作过程主要有储热和加热两种模式。

①储热模式。

储热模式下，当系统检测到水箱内的温度低于设定温度下限时，主机自动启动加热；高于设定温度上限时，主机停机，处于保温状态，如此反复。

②加热模式。

此阶段，系统控制水泵循环水箱内的高温热水到温室的散热器内，以保证植物所需的温度，当检测到水箱温度降低至温度下限时，主机自动启动加热。

该项目适用于建筑使用功能分时段的智慧农业、养殖业等的分布式供热项目。系统采用多能取热，分布式供暖。设备多种能源取热，保证系统在超低温工况下也可持续稳定供热，依据目标项目的使用功能性，日间/夜间系统全负荷运行，夜间/日间系统维持保温状态，在确保系统稳定供热的情况下，最大程度节省运行成本（如图 6－8 所示）。维斯塔自有自控系统，设备全自动运行，依托 5G 大数据平台，实现手机 App 远程调控，进一步保证了系统的稳定运行。

图 6－8　自然能热利用系统图示

（3）商业模式

该项目采用建设—移交（BT）模式，园区建设单位企业自有资金投资运营，园区市政供热年运行费用为 143 万元，自然能供热系统年运行费用为 34 万元，每年可为用户节省 109 万元。达到了稳定供热，并且实现了零污染物排放，绿色节能，取得了良好的环保、经济效益，得到用户的充分认可。

（4）可推广性分析

煤、气、油等传统化石性能源面临能源清洁化的要求，同时风、光、核、氢等清洁能源规模和占比要进一步提升。自然能智慧能源系统是清洁能源技术未来的发展方向，是传统热泵和多种能源的结合，可吸收自然环境中的太阳辐射能、大气显热与潜热、空气中的焓差，实现多源互补，是多种能源互补的高效绿色智慧能源系统。自然能一体机，不受地理地质环境条件的限制，同时具备太阳能和空气源热泵系统的优势性能，实现了自然能智慧能源系统在供暖、制冷、热水的民生化、工业化，以及在生态农业、生态建筑等领域的良好应用。

（5）综合效益

该项目每年 11 月 1 日供暖运行至次年 3 月 18 日系统停机，项目年供热天数为 150 天，平均室温 16 ±2℃，供热设备和供暖面积匹配。一个采暖季（150 天）自然能系统实际电总消耗量 679464 千瓦时；自然能年节能量（150 天）为 333947. 13 千克标准煤；常规能源（标煤）替代量（15 年）为 5009206. 99 千克标准煤；自然能系统供热单位面积运行费用为 3. 30 元/（平方米・月）；自然能供热单位面积折合标煤量为 13. 11 千克标准煤/平方米；园区市政供热收费为 13. 8 元/（平方米・月），自然能系统较市政供热运行费用节省 76%。

（6）单位简介

山西维斯塔清洁能源股份有限公司成立于 2009 年，隶属于润民环保集团，是一家集环保节能产品的研发、生产、设计、销售、工程施工、运维于一体的高新技术企业。公司拥有多项以自然能热利用系统为方向的核心技术专利，形成了制热、制冷、生活热水等产品模块，广泛应用于工业工厂、煤矿、农业大棚、商业地产、企事业单位、酒店宾馆、温泉、农村“煤改电”等各领域。公司以技术为基础，以市场为导向，致力于以自然能技术的创新引领清洁能源应用新方向。

多种严格测试表明，自然能主机设备产热能效比在不同低温环境最高可达到 2 ~7 倍。在不使用额外电辅的情况下，能够在 -35℃以内地区安全高效稳定运行，由于自然能一体机不受地理地质条件环境的限制，同时具备太阳能和空气源热泵系统的优势性能，实现了自然能智慧能源系统在供暖、制冷、热水的民生化、工业化，以及在生态农业生态建筑等领域良好应用的目标，是一种应用范围广、经济效益好、技术性能优的新型先进环保的节能技术。

碳中和水平是美丽中国建设的核心指标。国家能源局也表示，“十四五”作为“碳达峰”的关键期和窗口期，中国将以更大的力度来推进清洁能源的发展，加快清洁能源发展，加快构建适应高比例可再生能源发展的新型系统，完善清洁能源消纳长效机制。

维斯塔公司以自然能一体机为核心，聚焦客户利益，打造建筑智慧供热体系，提供绿色能源资产投资与运营管理的完整解决方案，通过“清洁能源应用+互联网”创新服务模式全面布局行业生态，助力产业发展，实现企业规模效益和绿色可持续发展，为用户增效益，为社会降能耗，持续改善人类生存环境。

4. 肥城三汇热力汶阳集中供暖项目

关键词：余热利用、环保、集中供暖、抽凝机组改造。

（1）项目概况

肥城三汇热力有限公司位于山东肥城市纹阳镇，南北宽4公里，东西长20公里，总面积78.296平方公里，地处泰山脚下，汶河之畔，在肥城、岱岳、宁阳三县（市、区）交界处。新建综合楼建筑采暖面积80万平方米，采暖热负荷为40瓦/平方米，年采暖天数为120天；设计总用热水量为400立方米/天，供水温度为55℃，回水温度为35℃。该工程采用低温循环水供热（如图6－9所示）。

电厂是汶阳镇的集中供热热源，位于汶阳镇东南，现有75吨/小时循环流化床锅炉2台（一用一备），配一台12兆瓦抽凝式汽轮发电机组。

（2）主要技术及创新点

①设计负荷。

本次管网设计及敷设工程需满足近期20万平方米、远期40万平方米的供暖需求，根据计算得出综合热指标为50瓦/平方米（含5%的热网损失），采暖热负荷分别为近期10兆瓦，远期20兆瓦。

根据热源厂情况，管网设计供、回水温度为55℃/40℃，计算的总循环水量分别为近期700吨/小时，远期1400吨/小时。

图 6－9 采暖工程现场

根据汉阳镇气象资料，冬季采暖期室外计算温度为－9℃，平均温度－5.6℃，采暖期 120 天，因此平均负荷系数为：

$$\frac{18-(-5.6)}{18-(-9)}\times100\%=0.874,$$

最小负荷系数为：

$$\frac{18-5}{18-(-9)}\times100\%=0.481;$$

通过计算得出采暖热负荷如下：

近期：

最大热负荷：10 兆瓦；

平均热负荷：8.74 兆瓦；

最小热负荷：4.81 兆瓦。

远期：

最大热负荷：20 兆瓦；

平均热负荷：17.48 兆瓦；

最小热负荷：9.62 兆瓦。

首站低温水改造：

现有 1×12 兆瓦供热发电机组的主要技术参数如下：

型号：C12-4.9/0.981 型；

设计排汽温度：36℃；

设计排汽压力：0.0059 兆帕；

设计真空值：－0.094 兆帕；

循环水流量：2000 吨/小时；

循环泵电机：315 千瓦 2 台。

降低凝汽器真空值，提高循环水温度后的计算数据见表 6－3 所示。

表 6－3　计算数据

排汽温度(℃)	排汽压力(兆帕)	凝结器真空(兆帕)	出口焓值($kJ \cdot kg^{-1}$)	机组焓降($kJ \cdot kg^{-1}$)	减少做功(%)
36	0.005 9	−0.094	2 565	775	
70	0.031 161	−0.068 839	2 626.8	713.2	8.0
75	0.038 548	−0.061 452	2 635.3	704.7	9.1
80	0.047 359	−0.0052 641	2 643.8	696.2	10.2

②改造方案。

在不增加主要设备的情况下，充分利用抽凝式汽轮机排汽潜热。采用循环水为乡镇居民供暖，利用凝汽器作为表面式加热器将循环水加热后对外供热，凝汽器内汽侧的压力决定了循环水的温度，它们之间的关系表示为：

tw2 = ts − st；

其中：tw2—循环水出口温度，℃；

ts—凝汽器压力所对汽的饱和温度，℃；

st—凝汽器端差，一般为5℃～10℃。

正常情况下，12兆瓦汽轮机运行时的排汽压力为0.005兆帕左右，所对应的温度为33℃，循环水出口温度为25℃左右，这不能满足采暖和供热水质的要求，必须提高凝汽器工作压力。由于机组安全性等原因的限制，汽轮运行时凝汽器的压力只能提高到0.04～0.05兆帕，相应的饱和温度为75℃～80℃，循环水出口温度为65℃～75℃。65℃热水直接供热已能满足供暖要求，回水温度为50℃～60℃。

12兆瓦抽凝式汽轮机在正常工业供汽情况下，有36.43吨/小时的蒸汽排到凝汽器，将汽轮机的排汽压力提高到0.05兆帕，其排汽温度为65℃，循环水出口的温度可达到50℃。

根据计算，一台12兆瓦抽凝式汽轮机在满足正常工业抽汽的条件下，低真空运行循环水供暖面积可达到60万平方米。

C12—4.9/0.981型抽凝式汽轮机低真空循环水供暖面积为60万平方米，机组改成循环水供热后，其供热能力可满足60万平方米的供热要求。

12兆瓦抽凝式汽轮机低真空循环水供暖，如热网供热面积达到50万平方米，汽轮机组的发电能力及抽汽能力不受任何影响；如热网供暖面积20万平方米，则循环水回水温度升高，真空降低，发电负荷降低。为发满电负荷，可采取外网供暖与凉水塔并用的办法。具体方法是将凝汽器一侧的排水，用阀门节流的方法将一部分循环水送进凉水塔降温，同时用循环水泵将凉水塔降温后的水，用泵出口门节流送进凝汽器，达到凝汽器循环水进出平衡。循环泵送出的水和热网循环回水一同进入凝汽器。

③废热回收。

该项目充分利用电厂废热，余热供暖，目前将扩容器和定联排废热、除氧器排汽废热以及生产废热利用射气抽气器吸入换热器，在换热器内加热循环水回水，再泵入供热回水系统。

同时在换热器内，将蒸汽换热后产生的凝结水一并收入水箱，更充分地利用热量，减少能源消耗和碳排放（如图6-10所示）。

图 6-10　电厂废热回收现场

（3）商业模式

总成本估算：热费、维修费、水电费。

公司从热电厂购入热源成本为 22 元/吉焦，供给热用户采暖，供热运行及检修人员等成本每年约 40 万元，运行电费及水费每采暖季约 50 万元，成本总计约 370 万元。

销售收入：配套费、取暖费。

供暖价格及供热面积：

住宅：采暖价格 22 元/平方米，供热面积 20 万平方米。

热用户缴纳入网费及新增入网面积：

住宅：入网费价格 30 元/平方米，入网面积 20 万平方米，入网费共计约 600 万元。

近期先按照供热面积 20 万平方米考虑，销售收入约每采暖季 440 万元。

项目静态回收期：（1380.6 万 - 660 万）/（440 - 370）=10.3 年，即约 11 个采暖季后就可实现项目的静态投资盈利。

（4）可推广性分析

建设节能型社会是党和国家近期乃至长远经济建设和社会发展的重点工作，为配合节能减排目标的贯彻和落实，依据国家节能中长期专项规划和十大节能重点工程建设整体工作安排，在乡镇基础建设领域加快热电联产以及乡镇集中供热工程的建设，促进能源利用效率和用能水平的提高，有效控制节能减排量，按照建设科学合理的能源资源利用体系和减量化、再利用、资源化的原则，实现集中供热和节能减排，以构建和谐社会为目标，贯彻落实以人为本的科学发展观，促进节能型社会的建设以及人、环境、社会经济的和谐与可持续发展。随着国民经济的发展，汶阳镇的经济实力在逐步增强，乡镇建设及房地产业发展迅速，而整个乡镇集中供热行业的发展相对明显滞后。为确保汶阳镇建设的健康发展和保护乡镇环境，提高汶阳镇居民的生活质量，实现汶阳镇集中供热就显得十分必要和迫切。

（5）综合效益

低温水循环系统采暖供热稳定，室内温度能保证在国家标准范围内，能够满足实际的供热需求；把原来浪费的热源用于供暖，在没有增加热耗的前提下，既节约了燃料成本又减少了因燃料燃烧而造成的污染物及 CO_2 的排放，省钱的同时还获得各界的好评和赞扬。以 20 万平方米采暖面积为例，设备初投资费用 1500 万元，年节能量 2470 吨标准煤，年二氧化碳减排 6540 吨，相当于节电 287.2 万千瓦时，按照 1 元/千瓦时进行估算，年节约费用 287.2 万元。充分利用清洁能源，减少二氧化碳排放，不仅为碳中和目标贡献了力量，更彰显了大企业的责任和担当，对可持续发展具有重要的意义。

（6）单位简介

肥城三汇热力有限公司成立于 2019 年 8 月，上级公司为成立于 2012 年的山东三汇热力工程技术有限公司，公司是从事节能及能源开发、投资与服务的专业化能源服务公司，成立至今一直以推进能源高效利用为使命，根据国家产业政策，利用发电厂余热资源投资建设供暖系统，为乡镇公共建筑以及住宅提供集中供暖服务。

肥城三汇热力依托科技、重视人才，已与清华大学等多所知名高校、科研院所建立了长期稳固的合作关系，坚定发展“产、学、研”相结合的先进运营模式，为创新发展打下了坚实的基础。保证了肥城三汇热力能不断推出新技术与新产品，以适应日益激烈的市场竞争形势，使肥城三汇热力在服务社会的同时，始终保持行业领先的地位。

肥城三汇热力凭借先进的节能技术、高素质的技术团队、雄厚的经济实力以及丰富的能源投资运营经验，已在北京、山东、山西等地建立了众多的客户群体。由于肥城三汇热力的技术具有可靠的安全性能以及突出的节能环保效应，完善的服务体系又保证了肥城三汇热力在项目投资建成后能为客户提供优质的服务，并按照国家规定的合理价格收取供暖费用，诚信互惠的服务宗旨赢得了客户的认可与好评。

肥城三汇热力本着稳妥与开拓相结合的原则，以创新求发展，在实业投资逐步规模化的基础上，拓展资本运营的新思路，向专业化的能源资产管理方向迈进。

5. 联美控股多能互补的综合能源城镇居民清洁供热项目

关键词：城镇居民清洁供热、城市中水利用、多能互补。

（1）项目概况

联美控股多能互补的综合能源城镇居民清洁供热项目位于沈阳市于洪新城，由子公司国惠环保新能源有限公司运营管理（如图 6 - 11 所示）。该项目有蒸汽锅炉 3 台，热水锅炉 3 台，水源热泵机组 6 台套。占地面积 6.1 万平方米，是一个集燃煤清洁高效利用、再生水源热泵和余热回收等多能互补、综合利用于一体的大型城市居民清洁供热项目，供热面积 1094 万平方米。

图 6 - 11　项目厂景（国惠公司）

该项目属多能互补的综合能源集中式供热方式，在运用燃煤清洁高效利用技术的同时，采用比例替代化石能源的方式进行热源生产，通过应用再生水源热泵和蒸汽余热联合供热，可有效替代部分燃煤，使得能源消耗及环境污染降至同行业最低。项目还应用了多项自主研发的节能和环保技术，如多管水面自激波气液交换脱硫技术、烟气四除一回收节能环保技术等，有效提升环保排放、余热回收利用水平，还大大降低了运行和维护成本。因此，该项目具有良好的社会、环境和经济效益。

（2）主要技术及创新点

该项目具有低碳、环保、清洁、高效等特点，以2019—2020供暖年度运行为例，供暖期内室外平均气温 -3.27℃，年总耗煤量约30万吨，单位面积耗原煤约27.1千克/平方米，单位面积耗标准煤约12.72千克/平方米。供热量单耗约每万平方米每小时每摄氏度0.036吉焦，二次网电耗约0.656千瓦时/平方米，二次网水耗约19.02千克/平方米，整体运维水平高，在北方城镇居民供热领域具有极高的推广价值。曾获中国城市能源变革产业发展联盟、《中国城市能源周刊》联合推选的“清洁高效供能最具复制推广性典型项目”特别单项大奖。项目主要能效比如表6-4所示。

表6-4 项目主要能效比

设备名称	规格型号	数量（台）	制热量（千瓦）	能效比	供回水温度（℃）	流量（吨/小时）	运行规律
热泵	LSLGF10000	1	8364	4.1	55/48	1028	供暖期运行
热泵	OM4930	1	22817	4.1	65/45	983	供暖期运行
热泵	GSHP4400K	1	4410	3.83	57.7/50	495	供暖期运行
热泵	RHPI200Y	3	17155	1.7	50/40	1475	供暖期运行

该项目的最突出特点是公司实用新型专利技术——水源热泵技术的应用（如图6-12所示），蒸汽锅炉燃烧产生高压蒸汽，驱动水源热泵。充分利用仙女河污水处理厂处理后的再生水，提取污水中的低品位能量，并采用蒸汽余热和水源热泵联合供热的方式，主要有如下特点：

①低品位能源升级。用水源热泵技术将12℃左右的水中的能量提取出来，升高温度后作为加热供热循环水的热源。

②热动式水源热泵。用小型蒸汽轮机作为水源热泵的动力源，驱动水源热泵工作，将低温水中的能量提取出来，升高温度，作为供热循环水的热源；汽轮机做功后排出的乏汽，对供热循环水再次加热。热泵系统效率较高，能效比可达到1.8以上。

③梯级加热、集中供热。只有逐级升温，才能将低品位能源最大限度地收集起来，而只有集中供热才能将升过温的热源最大限度地利用起来。供热循环水经过热泵加热、汽轮机乏汽加热等多次加热，达到所需温度，推动汽轮机的蒸汽锅炉采用中温中压的大型锅炉，锅炉效率可以达到80%以上。

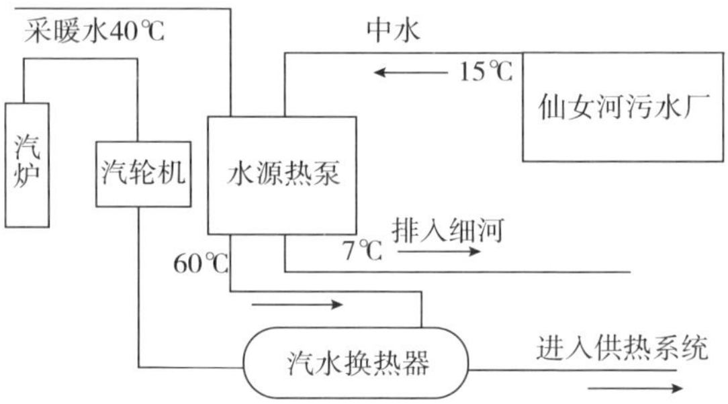

图6－12　水源热泵技术的应用

（3）商业模式

按照城镇供热的相关政策和行业要求，热源厂通过供热管网将热量输送到千家万户，并通过收取采暖费的模式实现日常经营。

（4）可推广性分析

相关资料显示，城市污水余温热能储量丰富，理论热能为4.64千瓦时/立方米（温差为4℃）。通过水源热泵交换可实现38%热能转化（1.77千瓦时/立方米，COP＝3.5）和25%冷能转化（1.18千瓦时/立方米，COP＝4.8）。从数值上看，实际污水热能回收显然远远高于化学能（0.20千瓦时/立方米）。

中国人民大学低碳水环境技术研究中心主任王洪臣认为，污水处理厂要想实现碳减排，需要从降碳、替碳、固碳等方面进行。在替碳方面，可以开发水源热泵技术，在冬季为用户供热，夏季为用户制冷。

中国工程院院士江亿在谈及零碳供热的技术路线时也指出，要利用好城市中水资源，通过多种电动热泵方式，为难以连接集中热网的建筑供热。

水源热泵技术实现了对城市污水资源的综合利用，不仅可以缓解我国水资源短缺的现状，推动循环产业发展，也有助于优化能源结构，减少化石能源的使用比例。根据多年实际运行情况看，该项目传热方式与传统供热方式相比，在减少二氧化硫、氮氧化物、粉尘等排放方面具有非常好的效果。

（5）综合效益

该项目的经济、环境效益显著。

①节约煤炭。

采用水源热泵系统进行区域集中供热，充分利用仙女河污水厂的再生水，与采用燃煤热水锅炉相比较在现有建设规模下年节约标准煤 2 万吨。

②环保性突出。

据测算，采用该形式供热，水源热泵的供热量占总供热量的 15%，年减少二氧化硫排放量 23.6 吨，年减少烟尘排放量 13 吨，年减少锅炉灰渣排放量 0.47 万吨，社会效益非常显著。

2021 年 9 月新扩建的设计供热能力不低于 35 兆瓦的中水源热泵热源站（如图 6－13 所示）于 2021—2022 年度供暖季投入运行，与原有中水源热泵项目联通并网后，可实现零碳供热面积 307 万平方米，或将成为国内供热面积最大的中水源热泵供热项目，这将为城市污水综合利用和城镇清洁供热实现减碳乃至零碳提供具有价值的示范作用。

（6）单位简介

联美量子股份有限公司（简称联美控股）是在上海证券交易所上市的公司。联美控股聚焦国家公用事业的发展和生态环境的改善，致力于打造低碳、洁净、美好生活生态圈。联美控股在清洁燃煤集中供热与热电联产、再生水源热泵供热、生物质热电联产、天然气分布式冷热电三联供等多能利用、多能供给和智能管控等方面形成了独特的发展优势，围绕城镇

图 6-13　2021 年新建的 35 兆瓦中水源热泵机组

居民供热制冷、工业园区和城市大型公共建筑等多能用能需求提供综合能源解决方案、智慧运营和管理服务。

联美控股 2020 年实现收入 35.98 亿元，税收近 5 亿元。公司先后被纳入富时罗素、标普、摩根士丹利全球三大国际重要指数成分股。此外，联美控股还连续荣获“中国主板上市公司价值百强”“中国 A 股核心资产 50 强”“中联上市公司价值百强”“金牛投资者关系管理奖”“电业中联上市公司十强”等，并获“中国能源集团 500 强”“国家清洁供热服务 5A 认证”“清洁高效供能十大最佳运维企业”“热力行业节能环保百强企业”等多项行业殊荣。

目前，联美控股在辽宁沈阳、江苏泰州、山东菏泽、上海等地建设和运营了多个项目。公司规划总供暖面积 1.5 亿平方米，截至 2020 年已实现平均供暖面积约 6815 万平方米，联网面积约 8885 万平方米。在沈阳，公司建有集中供热和热电联产厂共 8 座，规划供热能力 1.5 亿平方米，供热区域覆盖了浑南区、皇姑区、于洪区、沈河区、大东区等七个行政区，服务了包括沈阳市委市政府新行政中心、省级“四馆”、全运村、奥体中心、浑南大学城、沈飞集团、东软软件产业园等公建项目，以及金地、恒大、万达、碧桂园、龙湖、保利、华润等知名地产品牌近 600 个住宅项目的近 70 万居民用户，获得了“辽宁省供热企业 20 强”“沈阳优秀供热单位”“沈阳市节能减排先进企业”“沈阳市供热企业 AAA 质量信誉（信用）等级”等多项好评。在江苏泰州医药高新区，联美控股作为唯一的生物质热电联产供应商为雀巢健康科学、阿斯利康、石药集团等40余家知名企业提供蒸汽等配套服务。在山东，联美控股收购菏泽福林热力公司，为中国最大桐木生产基地曹县庄寨工业园提供工业蒸汽等服务。在上海，联美控股投资运营世界上最大的建筑单体和会展综合体——国家会展中心能源站，采用全球最先进的天然气冷热电三联供技术提供冷、热、电等服务。

作为社会公用事业的重要组成部分和国家能源战略落地实施的重要参与者，联美控股始终坚持以“科技创新为动力，精细管理为基石”的经营理念，坚持自主研发、新技术集成应用，坚持管理创新，将先进的管理理念和技术应用到能源利用和能源管理的各个层面。

6. 潍坊滨投寒亭区天然气清洁供暖项目

关键词：山东寒亭、天然气、城乡清洁供暖。

（1）项目概况

为贯彻落实国家、山东省和潍坊市有关清洁取暖工作要求，构建绿色、节约、高效、协调、适用、安全的清洁供暖体系，进一步提高全区居民冬季取暖清洁化水平，有效保障群众安全温暖过冬，根据《潍坊市2021年冬季清洁取暖工作实施方案》，结合寒亭区实际情况，潍坊滨投天然气有限公司实施了潍坊市寒亭区清洁取暖项目的建设。项目主要建设内容为：在寒亭区6街道铺设DN100－DN200 3PE无缝钢管1000千米，设计压力≤0.4兆帕，低压管道2600千米，覆盖寒亭区域内共计约78747户农村居民用户，同时配套户用燃气壁挂炉、燃气表及相关智能化设备设施。项目计划分3年实施，一期项目已于2021年11月开始运行，现场如图6－14所示。

（2）主要技术和创新点

①布线原则。

燃气管网是供气区域内主要输气、配气管线。管网应按如下原则布线：

管网的布置必须以城市总体规划为依据，并充分结合城市现状；

贯彻远近结合、近期为主的方针，一次规划，分期实施；

中压干管在保证安全间距的前提下，尽量靠近用户，以减少中压支管

图 6－14　一期项目现场

的长度，节约投资；

在确保安全供气的情况下，尽量减少管道的穿越及跨越工程；

为提高管网系统的安全可靠性，干管尽量成环布置。环状布置设计既要能充分保证供气的可靠性，又要利于实现区域切断，以方便置换和检修操作；

充分利用已敷设管道，降低工程投资。

②管线敷设。

主城区管网的敷设主要依靠高调压站的气源，新建规划区域管网形成稳定可靠的供气环网。

③管材确定及防腐。

在充分利用城区现状管网的基础上，考虑各种管材的投资、承压能力、使用寿命、防腐、对工作环境温度的要求。规划新建主干燃气管道管材为钢管，其余管道为 PE 管。规划钢制管道防腐采用三层 PE 加强级防腐，并采用牺牲阳极保护法对钢制燃气干管进行保护。

④施工技术与要求。

天然气管道应远离热源，与供暖管道净距不得小于 200 毫米，且不得因热源辐射使管外壁温度高于40℃；

天然气管道与其他管道同沟平行敷设时宜沿沟边布置，上下平行敷设时不得敷设在热水或蒸汽管的上面且平面位置应错开，与其他管道交叉敷设时应采取保护措施或用金属套管保护且接口不应重叠；

管道直线长度大于20米时，应采取补偿管道胀缩的措施，干管与支管连接应利用管道折角自然补偿管道的伸缩；

天然气管道相互交叉时其净距不得小于0.15米；

天然气管与其他建构筑物净距应满足《城镇燃气技术规范》GB 50494－2009的要求；

⑤燃气壁挂炉作为冬季灵活方便、适应性强的生活热水和取暖两用采暖设备，正逐渐成为非集中供暖地区的首选。铺设管网如图6－15所示。

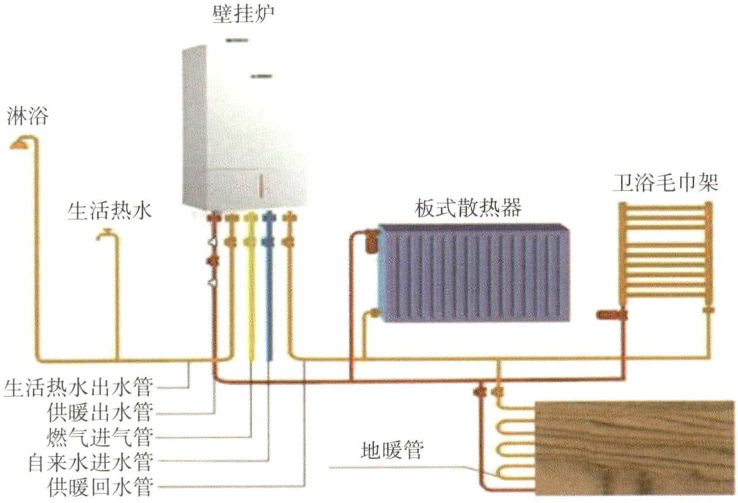

图6－15 管网

（3）商业模式

该项目总投资估算为141744.6万元，其中固定资产投资141547.0万元，铺底流动资金197.6万元。固定资产中，建筑工程费15349.0万元，设备购置费66191.7万元，安装费44028.8万元，其他费用5492.5万元，预备费用10485.0万元。该项目建设资金由建设单位自筹解决。

（4）可推广性分析

“十四五”期间，国家层面的能源结构优化和环境污染治理将成为天然气消费最主要的推动力。该项目的建设能够很好地契合能源发展战略，并做好与新城市总体规划衔接，合理利用各种气源，使寒亭区燃气事业建设与其他各项建设协调发展。

天然气将成为全球能源由高碳向低碳转变的重要桥梁，发展速度将明显高于煤炭和石油。对促进乡镇经济发展具有重要作用。天然气作为清洁能源，对减少二氧化碳和二氧化硫排放，优化能源结构、落实节能减排任务，将起到积极的推动作用。

（5）综合效益

随着城市建设规划的实施和城乡融合进程的加快，必然导致用气范围不断扩大，目前采用的液化石油气、原煤等供气方式局限性大，供气范围小、供气规模小、安全隐患大等问题已显露出来。天然气是清洁优质的能源，燃烧过程中不会产生污染，对环境的影响很小，且天然气属无毒气体，安全性较高。在城乡利用管道天然气作为城乡燃气，有助于提高城乡供气的安全可靠性，方便人民生活，提高生活质量，对提高城乡的整体水平作用十分显著。使用天然气作为城乡能源，是市政基础建设中一项重要的能源设施工程，将明显改善城乡人民的生活质量。

天然气作为世界公认的清洁、优质气体燃料，能源利用效率高，并且燃烧产物污染少、温室效应低，以天然气作为燃料可以减少氮氧化合物排放量60%～80%，天然气燃烧后二氧化碳的排放量比燃煤低41%，比燃油减少24%，二氧化硫减少量巨大，天然气燃烧产物基本不含二氧化硫。天然气燃烧造成的污染约为石油的1/40、煤炭的1/800，与烧煤和烧油相比，形成酸雨和温室效应情况将大大减少，同时天然气燃烧无烟尘，对大气的污染很小，对保护城市生态环境有明显的效益。天然气的大规模使用将切实改善城市环境质量，提升城市品位，为人民群众营造生态良好和清洁优美的创业环境、旅游环境和人居环境。

项目的建设可实现寒亭区清洁取暖，一定程度上节约了能源消耗，并且减少了环境污染，使该地区经济、社会和环境协调发展。该项目的建设具有巨大的社会效益。

①更好地完善市政配套设施，提高城乡居民的生活水平。

该项目的建设可以改善城镇供气，使居民用上更便捷的天然气，更方便居民的生活。

②优化区域的发展。

该项目的建设将改变目前寒亭区的环境状况，优美的城市环境可以促进经济发展，从而为当地居民带来更多的就业机会。

③有利于城市的可持续发展。

项目的建设提高了寒亭区城乡基础设施的承载能力和天然气的利用率，优化了当地的经济环境，改善了寒亭区城镇职工生活条件，对寒亭区城乡经济发展有利。

（6）单位简介

潍坊滨投天然气有限公司成立于 2020 年 4 月 29 日，注册资本 16666.67 万元。公司经营范围包括工程技术研究和试验发展；技术服务、技术开发、技术咨询、技术交流、技术转让、技术推广；停车场服务；国内货物运输代理；运输设备租赁服务（除依法须经批准的项目外，凭营业执照依法自主开展经营活动）许可项目；燃气经营；检验检测服务；道路货物运输（含危险货物）；各类工程建设活动。

7. 森创中汇闭式热源塔热泵系统清洁供暖项目

关键词：闭式热源塔热泵系统、超低温运行。

（1）项目概况

佳和大厦，位于荆州市松滋市，建筑面积约为 23000 平方米，2021 年 2 月已投运。该项目选用森创中汇最新一代闭式热源塔热泵机组进行冷暖联供，为办公场所、酒店商用提供 24 小时制冷制热及供应热水。

项目核心设备配置 2 台型号 SCZH620.1J 超低温热泵主机和 2 台 SCZHR400 – RL型号闭式热源塔（如图 6 – 16 所示），其基本技术参数如表 6 – 5 所示。

表6-5　基本技术参数

设备名称	型号	制冷量	制热量	功率
超低温热泵主机	SCZH620.1	676.6kW	527.3kW	128kW
闭式热源塔	SCZHR400-RL	380kW	310kW	11.5kW

图6-16　设备现场

（2）主要技术及创新点

项目闭式热源塔热泵系统主要由闭式能源塔和热泵主机组成，是对传统空气源热泵的创新和升级，也是对热源塔热泵的创造性革新。一套系统解决制冷和供热需求，冬季能源塔用作热源塔，利用低温防冻溶液提取空气中的热能，为热泵机组提供热源，用于供暖；夏季能源塔用作冷却塔，利用水蒸发冷却为热泵机组提供冷源，用于制冷，如图6-17所示。

闭式热源塔热泵系统与常见系统对比情况如表6-6所示。

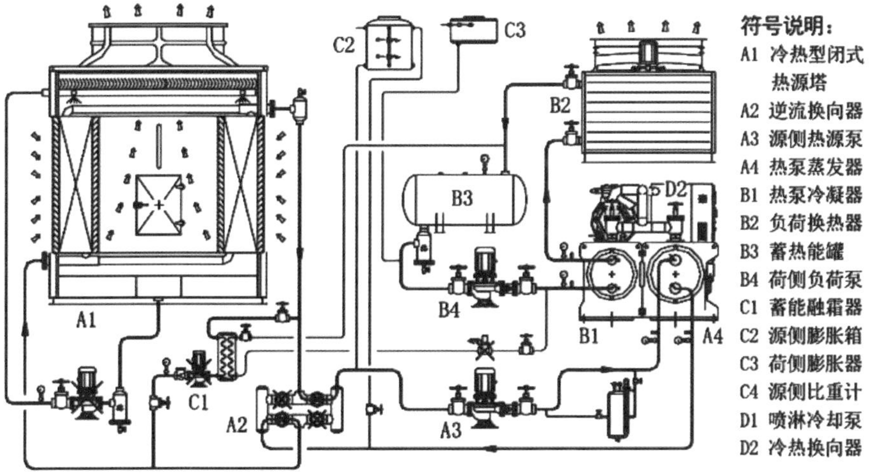

图 6－17 闭式热源塔热泵系统结构

表 6－6 技术系统对比情况

	燃气锅炉＋电制冷机	空气源热泵	水/地源热泵	闭式热源塔热泵
能量来源	天然气＋电	空气＋电	地下水/土壤＋电	空气＋电
制热能效比	1.0	3.0	4.0	3.8
制冷能效比	5.5	3.5	5.5	5.5
运营耗能	100%	80%	50%	55%
动力类型	燃烧	涡旋式压缩机	螺杆式压缩机	螺杆式压缩机
运行时间	13～15 年	8～10 年	8～10 年	15～18 年
布置面积	100%	400%	150%	100%
环境影响	高污染、高排放	绿色可再生	破坏自然资源	绿色可再生
国家政策	逐年扩大限制区域	无限制	逐年扩大限制区域	政策优推

备注：制热 COP 为 0℃时主机能效比。

闭式热源塔热泵系统具有以下优点：

①高效节能。

闭式热源塔热泵系统冬季制热时，0℃时的 COP 值达到 3.5 左右；而传统风冷热泵在空气湿度大、潮湿阴冷地区，冬季供热时结霜严重，需耗能融霜，效率会大幅降低，COP 不超过 2.5。闭式热源塔系统夏季制冷时能效比 EER 在 5～6，而对标风冷机组 EER 不超过 4；闭式热源塔可耦合磁悬浮机组，制冷时可匹配 EER 高达 10 以上的磁悬浮机，制冷时系统更高效节能。

②清洁环保。

闭式热源塔热泵系统由清洁能源纯电力驱动，无排放，清洁环保，减少了不可再生资源的消耗，同时大幅减少废水、废气、废渣等污染物的排放。

与前代开式热源塔系统相比较，闭式热源塔防冻溶液采用的是醇溶液，且系统是闭式系统，冷热模式无须做任何处理。而开式热源塔防冻溶液采用的是盐溶液，溶液对系统有腐蚀性，且存在飘散、蒸发，对周围环境、气味有严重影响。

③适用广泛。

独有大型超低温热泵机组闭式热源塔热泵主机单机额定功率可达 7500 千瓦，相当于 50 台传统空气源热泵。解决了传统空气源热泵在大型社区、建筑上应用时，占地面积过大无法布置的问题。与传统的水源热泵、地源热泵等面临诸多限制不同，闭式热源塔热泵系统可从 –25℃空气中稳定取热，适用范围大，便利性强，潜在市场空间巨大。

（3）商业模式

该项目采用 EPC 总承包模式，总承包方也可提供 BOT、BOO、合同能源管理等多种合作模式，为客户提供投资、设计、施工、运营等全系统解决方案，让客户省钱、省心、省力。

（4）可推广性分析

2020 年，我国碳排放总量达到了 99 亿吨，连续 4 年增长，占全球碳排放总量的 31%，减少碳排放总量成为我国亟待解决的难题之一。

①“双碳”政策加速了终端电器化，高效的电驱动闭式热源塔热泵系统迎来政策性利好。

终端电气化是实现“双碳”目标切实有效的途径之一。2019 年，国家电网提出“两个 50%”，即“2050 年我国能源清洁化率达到 50% 和终端电气化率达到 50%”。据国家电网预计，电能在 2025 年前可超过煤炭成为最主要的终端用能品种，终端电气化率在 2050 年将增长至 52%。闭式热源塔热泵系统由清洁能源纯电力驱动，循环利用可再生的空气能，减少不可再生资源的消耗，清洁环保，完全符合“双碳”政策要求，在政策的支持下必然快速发展。

②北方清洁采暖势在必行，为闭式热源塔热泵系统落地推广提供了广阔市场。

我国传统供暖市场取暖能源以煤炭为主，清洁供暖正处于起步阶段，低碳化进程慢。为了加大清洁供暖的推广力度，近年来，国家各部委及京、津、冀、鲁等省（市）密集出台相关政策。在政策激励下，清洁供热面积大幅提升。据清洁供热产业委员会（CHIC）不完全统计，截至2020年底，我国北方地区供热总面积218亿平方米（城镇供热面积148亿平方米，农村供热面积70亿平方米），其中清洁供热面积142亿平方米，清洁供热率达65%。清洁供暖市场需求巨大。闭式热源塔热泵系统具备能效高、无碳排放、运行成本低、机组寿命高、机组布置占地面积小等特点，在北方清洁采暖市场大有用武之地。

③冬冷夏热的南方市场方兴未艾，闭式热源塔热泵系统整体性能优势明显。

在新兴的南方供暖市场，即川、渝、湘、鄂、赣、皖、苏、浙、沪七省两市，供暖需求逐年增加，南方供暖问题已于2012年及2021年在全国人民代表大会上两次被讨论，成为热点话题。不同于传统供暖市场，冬冷夏热的南方市场对冷暖的需求同样旺盛，迫切需要一种高效的冷暖供应设备；而南方地区不适宜采用北方集中供热模式，其基础条件决定必须采用清洁低碳的能源和分布式供暖方式。这都为具备冷暖联供功能的高效闭式热源塔热泵开辟了广阔市场空间。

（5）综合效益

项目采用闭式热源塔热泵系统，能源站投资276万元，年耗电85.45万千瓦时，考虑耗水、耗电、人工、折旧、管理等年成本约为80.34万元，收费单价为每年80元/平方米，3.5年即可收回投资，全投资内部收益率为27.5%，投资效益良好。

参考传统“天然气+电”制冷方案，以天然气锅炉解决项目供暖和热水需求，每平方米约耗天然气8立方米，项目需耗天然气18.4万立方米，每立方米天然气碳排放为1.96千克，总碳排放约为360吨，即采用闭式热源塔热泵系统可减排约360吨二氧化碳。按此标准计算，推广1000万平方米北方供暖项目，即可减少1.57万吨碳排放。

（6）单位简介

森创中汇（北京）热电科技有限公司，依托于中国环保产业研究院和北京中科科技创新发展研究院，一直专注于清洁能源技术的研发、推广，深耕制冷、供暖项目的节能，建设、运营，以智慧型超低温能源塔热泵为核心产品，致力于为客户提供高效的智慧绿色能源方案。

森创中汇拥有发明专利11项，是CHIC主任委员单位，《中国清洁供热产业发展报告（2018）》副主编单位，并先后与海尔空调、中国燃气、三峡能源、国网综合能源、中国能建、中国电建、铁塔能源、大悦城地产、宝龙地产、宝能地产等企业达成合作，建立了一个节能产业绿色能源生态圈。实现“双碳”，森创中汇，势在必行。

8. 西安市高新院区地热供暖示范工程

关键词：中深层地热、清洁传热、智能控制。

（1）项目概况

陕西省地热资源丰富，主要分布于关中盆地（关中盆地是我国陆地上新生代盆地沉降幅度最大的断陷盆地），具有面积广、储量大等特点，资源总量高达1.35×10^{22}焦，相当于4.61×10^{12}吨标准煤，是当前陕西省煤炭总探明量的3.34倍，其中中深层地热能总量更是有着得天独厚的优势。关中盆地地热资源以咸阳、西安、渭南为富集区，以开采新生界碎屑岩孔隙层状热储的张家坡组热储层、蓝田灞河组热储层和高陵群热储层为主。关中盆地堆积了巨厚的新生代地层，使得钻井成本大幅降低，且具有良好的储热条件。资料分析，地区大地热流值为78.8兆瓦/平方米，较华北地区（大地热流值70.6兆瓦/平方米）、四川地区（大地热流值60.2兆瓦/平方米）有显著优势，开发前景巨大。但随着关中盆地地热流体的持续开发利用，不科学的长期连续超采导致热储压力的降低、地热流体水头总体持续下降，尤其表现在西安市区，累计最大降深达300米，并在市区出现若干个小的降落漏斗。目前，西安地区已经陆续出台地下水限采区和禁采区的地下水源保护方案。

西安市高新院区地热供暖示范项目依托集团重点项目“基于定向井的中深层地热开发利用关键技术研究与试验工程”、院科技创新基金重点项目“中深层地热开发利用关键技术装备及应用”及在高新院区原有燃气锅炉房供暖改造现实需求的基础之上，通过对中深层地热关键技术攻关及配套系统工程，创造性建立了中深层地热供暖系统。项目设计并实施4口井深大于3500米的丛式定向地热井，总供热面积54598平方米，热负荷3505千瓦。项目于2018年11月开工，2019年11月开始对办公及公寓建筑进行供暖，供暖效果显著。

2019年10月完成第一口垂直井施工及系统安装（一台制热量1223千瓦热泵），2019年11月5日开始对办公及公寓建筑进行供暖，2020年3月27日停止，供暖面积26345平方米，效果良好，系统运行稳定。完成1口垂直井及1口定向井施工，完成室外管网、热泵机组供热系统、保温内管的优化改进、高导热固井材料的研发、2口试验井永久监测系统及换热测试、中深层地热模型数值计算等工作，进行第三口定向井、顶管施工及机房智能监测系统安装。

（2）主要技术及创新点

目前，中低温地热开发利用技术主要包括浅层地源热泵、中深层水热型及中深层换热型三种，三种技术特点对比如表6－7所示。该清洁供暖项目属于改造项目，受院区可用面积及水热型地热政策限制，经综合比选最终采用中深层换热型地热开发利用技术进行整个院区供暖改造。中深层换热型地热开发利用技术是近几年发展起来的新型地热开发利用技术，该项开发利用技术逐步完善且受各地区政策鼓励，可拓展性较强。项目研究符合中深层地热开发利用技术发展趋势，符合国家发展规划，示范意义及发展前景广阔。

表 6-7　地热开发利用技术比选

地热类型	优点	缺点
浅层地源热泵	冷暖兼用 节能高效 绿色环保 维护简单	单孔取热量小 冷热平衡 钻井施工占地面积大（后期可恢复）
中深层水热型	取热效率高 钻井数量少 技术基本成熟	受政策条件限制 受地热水资源条件限制 尾水全回灌技术难度大 环境污染、水位下降
中深层换热型	基本不受政策条件限制 不受地热资源条件限制 钻井施工占地面积小	单孔换热量相比水热型较小 技术能力差异较大

根据示范工程目的、设计原则，结合现阶段地热开发利用技术发展水平与趋势，经多次技术方案研讨，高新院区地热供暖示范工程总体技术方案为：热源方案采用基于定向钻井的深层钻孔换热技术，实现“只取热，不取水”；换热站方案采用热泵机组提升和利用，并根据不同采暖形式选用不同类型热泵主机。技术路线如图 6-18 所示。

①中深层定向钻井工艺与技术。

采用两开设计、定向钻井及套管式完井工艺，克服场地不足的局限问题，同时克服井群之间的热干扰问题，完成地热井钻井深度 3518 米，井底温度 129.1℃，创造了我国中深层地热能单井同心管式换热开采的最大井深，井底温度亦是我国此类地热井之新高，实现全井段固井、100%“只取热，不取水”的开采方式。

②中深层热响应测试装置研制。

首例研发的一套适用中深层地热井热响应测试装置，主要包括循环系统、测量系统、冷源温控系统、数据采集系统，能够实现钻深 4 千米以内的中深层分层热响应测试。

③中深层地热井热物性测试与换热特性计算。

基于光纤测温系统、中深层热物性测试装置、渗流场及传热场多场耦

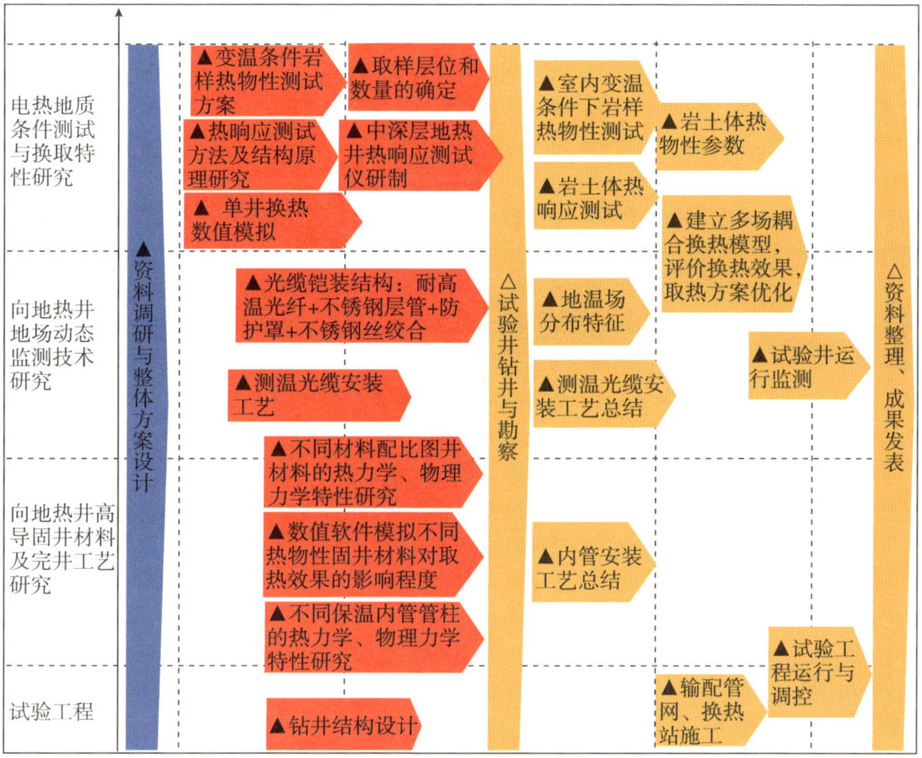

图 6－18　技术路线

合效应和不同深度室内热物性测试资料校正优化，建立了中深层地热井精准换热模型。

④高导热复合固井材料研发。

采用单/复掺特殊热力学性质材料及其他外加剂，室内制样并测试 280 组，研发了一种高导热复合固井材料，导热效率较常规油井水泥提高了 106%，实现 3500 米固井工程一次返全高。

⑤地温场动态监测技术。

研发一种光缆保护器及配套套管居中装置，建立了基于分布式光缆的中深层地热井地温场动态监测系统，全国首例光缆下放纵深 3176 米，实现了井下地温场动态监测。

⑥保温内管研发。

采用 API 油管、保温层及耐温防水层三层结构，研发了耐温防腐防水保温管材及其制备方法，较传统 PE 保温性能提高了 40% 以上。

⑦智能控制技术。

采用无人值守机器人系统，建立系统实时能效智能分析平台，实现运行阶段动态化调整、远程监视，通过模拟仿真平台计算，可降低 24% ~ 30% 系统能耗。

（3）商业模式

项目投资模式：该项目工程资金由天地科技资助资金预算 900 万元、企业自筹 950 万元，课题经费 1200 万元，所以无借款利息产生。

运营主体：自主运营。

管理模式：BOO 管理运行模式。

（4）可推广性分析

依托重大科研项目及示范应用，西安市高新院区建立了一套准确的中深层地热地质参数综合测试与计算评价方法，研发了一种高导热复合固井材料、成套内管柱结构设计及安装工艺，研发了基于感测光缆的中深层地温场动态监测技术，形成成套 146 中深层地热开发利用关键技术体系。创造性提出实施超长井深及井结构优化，创造了我国目前中深层地热地埋管换热系统井深与温度之最，并且单口地热井取热量大于 1000 千瓦，延米换热功率大于 300 瓦/米，供暖面积 2.7 万 ~3.0 万平方米，供暖能力为常规同类型项目的 2 ~3 倍。项目成果将助力并扩大关中地区乃至全国建筑节能及地热可再生能源建筑的推广和应用，同时能为地热能开发利用企业提供强有力的技术支持，也能提高国内清洁能源开发水平，推广应用前景明朗，实施产业化具备较好研究基础，具有可观的社会效益、经济效益及环保效益。该项目克服了场地不足及井群之间的热干扰问题，可推广在城市新建建筑供热、既有建筑供热改造、农村建筑等供热工程，尤其是在东部中、新生代平原盆地（华北平原、河—淮盆地、苏北平原、江汉平原、松辽盆地、四川盆地以及环鄂尔多斯断陷盆地等）及隆起山地型（藏南、川西和滇西、东南沿海、胶东半岛、辽东半岛、天山北麓等）可大面积推广与应用。

（5）综合效益

经济效益：相比燃气锅炉和市政供暖，采用地热供暖每年可节省运行费分别为 147.64143 万元和 248.55 万元，增量投资静态回收期分别为 7.92 年和 9.13 年，长期经济效益显著。但燃气锅炉供暖运行费会随燃气价格上涨，且可能受供气不足影响；市政供暖管网敷设和政府建设规划有关，且管线敷设需穿越城市道路，建设难度较大。经济效益对比分析如表 6－8、表 6－9 所示。

社会环保效益：2017 年 2 月国家能源局发布《地热能开发利用“十三五”规划》，其中提到，到 2020 年中国地热年利用量折合 7000 万吨标准煤，在一次能源消费总量中占比将达 1.5% 左右，比 2015 年提高 1 个百分点，“十三五”时期地热能利用增量将占非化石能源增量的 1/3。2020 年地热能年利用总量相当于替代化石能源 7000 万吨标准煤，相应减排二氧化碳 1.7 亿吨，节能减排效果显著。2018 年 9 月 22 日陕西省政府将于 2018 年 4 月发布的《铁腕治霾打赢蓝天保卫战三年行动方案（2018—2020 年）》修改后重新发布，该方案强调在核心区域禁止新扩建燃煤集中热站和热电联产项目，新增供暖全部采用包括地热能在内的可再生能源，优先发展分布式清洁能源集中供暖。2018 年 12 月陕西省生态环境厅与市场监督管理局发布了《锅炉大气污染物排放标准》（DB 61/1226—2018），提高了火力发电锅炉和工业锅炉的大气污染物浓度排放限值、监测等要求。该项目采用中深层地热供暖技术，在一个供暖季（120 天）可节约标准煤 1240.1 吨，减少 CO_2 排放约 3249.1 吨，减少 SO_2 排放约 10.5 吨。中深层地热供热技术属于分布式能源，不需要建设热源厂和大规模开挖路面，敷设大量热力管网，保证不抽取地下水的同时通过固井技术封闭钻孔，形成全封闭式系统，具有绿色环保、无污染的特点，可显著减少化石燃料消耗及其开采过程中的生态破坏，对可再生能源的利用推广和节能减排、治污减霾有着重要意义，具有显著的社会效益。

表 6 – 8　地热供暖与燃气锅炉供暖经济效益分析对比

序号	方案	初投资		运行费计算			
		金额（万元）	说明	指标	数量/单价	年运行费（万元）	单价［元/(月·平方米)］
1	地热供暖	3050	主要包括地热井、一次管网、换热站及控制系统。不含机房土建、二次管网及室内部分	用电功率（千瓦）	761	41.64	2.17
				电价（元/千瓦时）	0.6		
				运行天数（天）	99		
				运行时间（小时）	10		
				部分负荷系数	0.7		
				维护费（元）	10		
2	燃气锅炉	1880	包括天然气初装及更换 12 台模块化天然气锅炉（设备采购、安装等）费用	用气量（立方米/天）	960	189.28	8.51
				气价（元）	2.41		
				用电功率（千瓦）	37		
				电价（元/千瓦时）	1		
				用水（立方米/天））	7.94		
				水价（元）	2.5		
				运行天数（天）	99		
				运行时间（小时）	10		
				部分负荷系数	0.7		
				维护费（元）	25		
3	年节省运行费（万元）					147.64	
	增量投资（万元）					1170	
	增量投资静态回收期（年）					7.92	

表 6-9 地热供暖与市政供暖经济效益分析对比

序号	方案	初投资		运行费计算			
		金额（万元）	说明	指标	数量/单价	年运行费（万元）	单价［元/(月·平方米)］
1	地热供暖	3050	主要包括地热井、一次管网、换热站及控制系统。不含机房土建、二次管网及室内部分	用电功率（千瓦）	761	41.64	2.17
				电价（元/千瓦时）	0.6		
				运行天数（天）	99		
				运行时间（小时）	10		
				部分负荷系数	0.7		
				维护费（元）	10		
2	市政集中供暖	1160	主要包括分支管网（一次管网）施工安装、换热站设备及安装。不含换热站土建、二次管网及室内部分。按照供暖面积 140 元/平方米计算	按照目前西安市政集中供暖统一收费标准		248.55	7.5
3	年节省运行费（万元）					206.91	
	增量投资（万元）					1890	
	增量投资静态回收期（年）					9.13	

9. 国家能源核能供热示范工程——海阳核电一期供热项目

关键词：核能、供热、热电联产。

（1）项目概况

山东海阳核电一期供热项目位于山东省海阳市，该项目利用海阳核电厂一期 AP1000 压水堆核电机组为海阳市进行城市采暖供热，供热面积 450 万平方米。项目分两步实施，第一步供热面积 70 万平方米，于 2019 年 11 月建成投运，被国家能源局命名为“国家能源核能供热商用示范工程”。第二步供热面积 450 万平方米，于 2021 年 11 月建成投运，供暖面积覆盖海阳全城区，惠及 20 万居民，助力海阳成为全国首个“零碳”供暖城市。

目前一期 70 万平方米工程已稳定运行两个供暖季，第三方独立评价为“清洁、安全、稳定、高效，具有大规模推广应用价值，为‘加快推进北方地区清洁取暖’提供了现实可行的新方案”，为国内核电多元化发展走出了可复制的新路径。项目一期现场如图 6－19 所示。

图 6－19　项目一场现场

（2）主要技术及创新点

核电厂热电联产主要是从核电机组抽取高压缸排汽作为热源，通过换热站进行多级换热，最后经市政供热管网将热量传递至用户（如图 6－20 所示）。在此过程中，仅有热量传递，没有水的交换，确保核能供热安全可靠。

在技术上，该项目以核电机组常规岛汽轮机中间级抽汽为主要技术特征，填补了百万千瓦级中压饱和汽轮机组抽汽技术的国内空白；研发了适用于饱和蒸汽的大口径抽汽止回阀、快关调节阀等新型阀门，在核电热电联产关键设备上实现了国内首创；开发了反应堆热功率及汽轮发电机电功率与对外供热功率匹配的运行控制策略，在核电热电联产的运行控制技术上实现了新的跨越；形成了一套完整的基于核电热电联产的安全和瞬态评估体系，在国内大型核电机组热电联产安全评估技术上实现了零的突破。

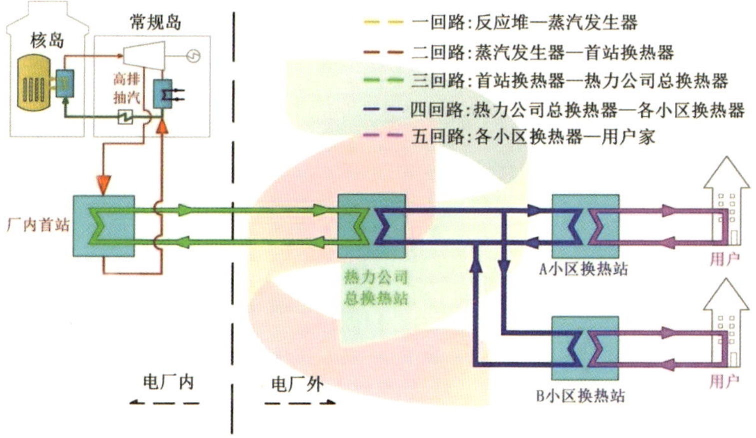

图 6－20 核能供热原理

（3）可推广性分析

为实现碳中和目标，我国将加紧推进能源体系清洁低碳发展，推动低碳能源替代高碳能源。目前，燃煤是供热的主要能源来源，清洁能源供热占比非常小。供暖季由于供热源增加，雾霾现象十分严重，因此急需采用清洁的供热能源替代常规的燃煤供热。

核能属于清洁能源，无烟气排放，替代燃煤热电联产机组可以改善雾霾。同时，适应未来可能出现的电网供给侧调整带来的核电机组调峰、降负荷压力，有效提高清洁能源在未来能源中的占比，扩大核电的竞争力。在此形势下，充分利用大型压水堆核电机组反应堆产生热能是核能发电企业和环保的双重需要。

核能供热与传统锅炉供暖相比，具有三大优势：一是环保效果显著，供热能力大幅提升；二是节能效果明显；三是管理科学规范，当地将核能供热首站控制系统纳入智慧热网调度管控平台，对核能热源、输配系统以及终端用户的供热环节进行参数监测、数据分析与智能管控，同时根据天气变化适时进行温度调控，实现了智慧供热、科学供热和稳定供热。

从以上看出，核能供暖是推进北方地区清洁取暖的一项重大民生工程、民心工程，也是实现“双碳”目标的必然选择。

（4）综合效益

海阳核电 1 号机组是目前世界上最大的热电联产机组，取代了当地 12 台燃煤锅炉，每个供暖季预计节约原煤 10 万吨，减排二氧化碳 18 万吨、烟尘 691 吨、氮氧化物 1123 吨、二氧化硫 1188 吨，相当于种植阔叶林 1000 公顷，同时减少向环境排放热量 130 万吉焦，有效改善了区域供暖季大气环境和海洋生态环境。

在提高电厂热效率方面，70 万平方米供热项目实施以后，全厂热效率由 36.69% 提升为 37.17%；450 万平方米供热项目实施以后，热效率提高至 39.94%。计划 3000 万平方米供热项目投运后，热效率将提升到 55.9%，是原来的 1.5 倍。如果海阳核电两台机组同时开展 3000 万平方米供热，能源贡献力相当于再造一个百万千瓦级核电机组。

同时，核能作为清洁能源以更优惠的价格代替燃煤供热，使得当地热力企业成本有效降低，住宅取暖费每建筑平方米下调一元。

（5）单位简介

项目 EPC 总包单位为国家电投集团综合智慧能源科技有限公司（国核电力规划设计研究院有限公司），以下简称智慧能源（国核电力院）。智慧能源（国核电力院）成立于 1958 年，是国家电力投资集团有限公司的全资二级企业。2020 年 4 月，国家电投集团以国核电力规划设计研究院有限公司为基础组建综合智慧能源科技公司，与国家电投综合智慧能源产业创新中心、国核电力院一体化运作，作为全集团的综合智慧能源产业发展平台。

智慧能源（国核电力院）是中国三代核电自主化核心单位，承担国家科技重大专项大型先进压水堆、高温气冷堆核电研究，在先进核电常规岛、全类型清洁能源、特高压电网、大容量高参数火电领域具备领先的核心竞争能力，是国家发展改革委投资的咨询评估机构，具有全国最高等级的综合甲级设计资质，是全国文明单位、北京市高新技术企业，荣获“全国质量奖”，入选“ENR 中国工程设计企业 60 强”，有 400 余项科技成果获得科技进步奖、各级优秀工程勘察设计奖和咨询成果奖。具备在综合智慧能源、核能、新能源、电网四大板块为科技创新、战略研究、规划、咨询、勘察、设计、EPC 总承包、运营服务、投融资九大领域提供服务的能力和优良业绩。

清洁供热产业委员会
Clean Heating Industry Committee

第七篇　国际经验借鉴

我国拥有世界最大的供热系统，未来供热行业升级需要在清洁低碳、节能降耗、优化服务等方面勇于创新，探索智慧供热新途径。做到这一点，紧跟以清洁供热为方向的国际能源及技术革命趋势至关重要。一段时间以来，各国在供热领域的有益尝试为我国清洁供热开拓了新思路。本篇围绕国际标准、各国区域能源政策、最新供热技术和模式等进行讨论，以期促进我国清洁供热产业实现安全、高效、清洁、智慧化发展。

一、典型经济体

1. 北欧国家

这里主要以丹麦、瑞典和芬兰为例，介绍北欧国家的供暖发展历程和政策引导。

（1）丹麦

丹麦是欧洲大陆最先发展区域供热的国家之一，凭借前瞻性的规划、与时俱进的用能策略、不断普及的环保意识，成为欧洲地区供热模式典范。丹麦纬度与我国北方传统供热地区相当，供热是刚需。虽然大部分丹麦居民散居在大大小小的乡镇，但63%的丹麦居民供热和生活热水来自区域供热，以区域能源和热电联产为主要热源。

丹麦根据自身资源特点，大力发展以风能和生物质能为主的绿色能源，逐渐形成一个可再生能源、各种废热余热、能源综合利用和优化的综合区域能源体系。1979 年颁布了第一个供热法，对供热形式和内容做出规定，供热进入规划阶段。为降低供热成本，满足人们对更加环保的热源的期望，1979 年出台了天然气计划，推广热电联产技术。1986 年出台热电联产计划，分散式热电联产是主要能源政策；政府和集中供热公司之间签订热电联产协议，要求热电厂发电容量达到 450 兆瓦以上，鼓励研究应用多样化的热源设备，尤其是以垃圾和生物质作为燃料的锅炉设备。丹麦第一个阶段的集中供热政策到 20 世纪 80 年代末结束，这一阶段建立了集中供热系统。

随后，丹麦对集中供热法进行修订。为适应修订后的法律，地方开始实施新的集中供热规划体系。丹麦展开一系列工作，以促进推广分散式热电联产，包括将既有的热电分产变为热电联产，增加天然气的使用比例，优先使用环保型燃料，扩大天然气输送管网，保证能源安全，降低碳排放；并要求分散采暖的用户必须使用集中供热。

在可再生能源占比不断提升的背景下，丹麦发展区域供热的技术和理念，尤其是以需求为导向综合利用余热、废热、可再生能源制热等途径，对优化中国区域能源系统、提高能源利用效率、降低能源成本、实现碳达峰碳中和和能源“双控”目标有着一定的借鉴意义。

丹麦大型区域供热系统由传输管网相连的多个输配管网组成。热量产自多种类型的热源厂，如大型煤、生物质或天然气开采厂、城市垃圾处理厂，以及工业余热和尖峰负荷锅炉。丹麦集中供热节能以政府为主导，政府制定一系列规定，与供热企业签订协议，强制供热企业做出改变。一开始，丹麦制定国家层面的供热行业法律，为区域供热提供经济社会成本效益测算框架。地方政府基于相关法规和地方情况制定符合区域实际的供热计划，并批复用热设施建设计划。获得许可后，供热企业根据建设计划和运营状况测算投资和用户成本，某些情况下为了提升热网使用率还要响应政府的号召挖掘潜在热用户群体，为其提供一定的前期折扣。热用户为争取利益会抱团组建用户协会，主动提供各项反馈去影响区域供热企业的投资决策和各项服务举措。

通过一系列的集中供热节能政策、政企与居民的良性互动，丹麦集中供热更加高效和环保，还促进了集中供热技术进步，促进了节能产品的研发制造。区域能源系统成为丹麦从依赖化石能源进口向相对独立的能源体系转型的重要措施之一。丹麦虽然只有600万人，却产生了很多节能产品、咨询及服务公司，节能环保行业繁荣发展。如今，63%以上的丹麦家庭使用来自区域供热的热量采暖，这些热量不仅用于建筑物供热，还用于生活热水。丹麦的节能环保产品、技术、服务还向国外输出，为本国经济发展做出重要贡献。

为促进区域集中供热和可再生能源供热的发展，丹麦采取多种经济激励措施，包括直接补助、税收减免、贷款担保，以及其他间接激励措施。

具体如下：

①直接补助。

20世纪90年代，丹麦对老房子改造，为区域供热组成、提前完成规划管网建设、热电联产等给予直接补贴。其中，热电联产电厂补贴是通过固定上网电价补贴来发放的，根据电力输送时间不同分三个等级，后改为每年固定金额发放直到2018年底。其后，采用可再生能源的发电厂和热电联产电厂将享受一项电力市场价格附加费，例如利用生物质燃料发电将获得每兆瓦时20欧元的市场价格附加。

②税收减免。

丹麦是欧洲能源税最高的国家之一。20世纪70年代和80年代，为了鼓励使用环保型能源，以化石燃料为基础的供热生产被征收高额的能源税，使用生物质和沼气等可再生能源供热可以免交能源税。在丹麦，虽然生物质燃料非税使用成本要高于天然气锅炉，但由于生物质燃料供热不用交能源税而天然气锅炉需要缴纳能源税、二氧化碳税、氮氧化合物税、硫化物税以及甲烷税等，使用生物质燃料供热的总成本明显低于天然气锅炉。电热泵供热系统燃料费较低排放且尾气几乎为零，但需要缴纳一定的能源税，总使用成本略高于生物质燃料供热。1992年，丹麦颁布了对电力生产进行补贴的政策。2003年，小型和工业热电联产发电可享受减税，但低水平补贴政策不变。如今，对可再生能源的这项补贴通过征收发电厂电价附加费方式来解决。

③贷款担保。

丹麦政府为供热公司提供了一种贷款担保以降低风险。在政府担保情况下，丹麦区域供热系统的借贷成本非常低，大多数项目的利率低于1%。如果没有政府担保，利率将高达2.5%。

④其他间接激励政策。

为支持区域供热，在有公共供热管网覆盖的地区居民被强制性联网，必须采用公共供热。《丹麦能源政策协议》规定，从2013年起新建建筑禁止使用石油和天然气采暖；区域供热区内的既有建筑自2016年起不得安装新的石油锅炉。强制性联网、禁令的共同实行，保证了供热公司的收入，也保证了区域供热的竞争力。同时，丹麦政府在用户侧引入“节能账户机制”促进房主提高建筑能效，通过能效提升促进转型技术的经济效益。

（2）瑞典

瑞典一直致力于将化石燃料能源热力系统转化为可再生能源主导的、具有韧性的热电系统。区域供热系统可以在增加可再生能源供热的同时，降低一次能源消耗。欧洲区域能源系统的灵活性和经济性使瑞典的区域供热系统的发展和建立有着自己独特的轨迹。

瑞典的供热发展始于20世纪50年代，区域性集中供热需求产生于为客户提供空间取暖和生活热水。当时重油在国际大宗商品市场物价低廉且供应稳定，故瑞典的集中供热持续到20世纪70年代一直采用重油作为锅炉的供热燃料。到20世纪70年代末，石油输出国组织严厉控制石油输出，世界范围内爆发了范围广且影响深远的石油危机，瑞典许多区域性集中供热公司于20世纪80年代初纷纷将主要燃料由重油转向了煤炭。垃圾焚烧也在瑞典一些地区兴起，许多城市的供热公司于20世纪70年代开始陆续进口其他国家的垃圾，用垃圾焚烧作为补充能源供热。

在20世纪80年代，北欧诸国开始对环境问题高度关注，制定了各种法案限制了硫化物及其颗粒排放。瑞典各地能源系统安装除硫设备，并在燃油能源站和燃煤能源站配用了催化剂。基于环保压力，清洁能源的利用在瑞典如火如荼地开展起来，供热公司在20世纪80年代于区域集中型供热系统中开始大量使用大型热泵作为补充，地源热、海水、湖水、处理过的污水都是这些热泵重要的热力来源。随着冷热联供的兴起，大型热泵系统大多改造成能同时提供供热和供冷服务的新型区域能源供给系统，在扩大其规模的同时实现范围经济。

20世纪90年代，气候变化逐渐成为能源与供热行业关注的焦点，供热公司又一次改变供热系统的燃料结构，能源利用率和清洁性得到进一步提升。为了应对20世纪90年代瑞典政府征收的二氧化碳碳税机制，供热公司开始纷纷寻求化石能源的有效替代燃料。由于瑞典的森林资源十分丰富，发达的林业系统为供热行业带来了稳定的废料，这些林业废料通过一定工业循环可以转化为生物质燃料，垃圾焚烧供热在此期间也得到了一定的发展。

进入21世纪，瑞典区域管网改造与热网循环系统结构改善为供热行业的能效和减排大幅增添助益。瑞典较早的供热能源系统设计为120℃的供水温度，70℃的回水温度。随着技术进步和管道结构设计优化，新型供热系统将供水温度定为80℃～100℃，回水温度定为33℃～53℃。设计温度的降低能有效降低热电联产机组的背压，输配管网的热损耗率也会进一步下降。再加上末端建筑的升级改造与能源利用率的提高，20世纪90年代至21世纪初，瑞典在保持建筑舒适度的同时，供热与生活热水的能耗都降低了约27%。瑞典的分户热计量也有了长足的发展。居民端大部分建筑都安装了能耗计量表，按表收费。

瑞典的供热模式是以客户中心导向、综合利用多种燃料和既有热源发展起来的。瑞典集中供热系统的热供应量，对各类工商业用户和住宅用户的热负荷需求十分看重。在几十年的历史演进中，供热系统逐步由以能量生产为导向转向以热负荷实际需求为导向，用户为他们实际的热需要量买单。

瑞典供热市场化程度很高，供热公司所有制结构多元化，处于自由竞争状态，突出体现在三个方面：一是供热企业所有制结构多元化，地方政府所有、国有、私人和外资等多种所有制类型均占据一定比例；二是供热企业拥有自主定价的权利，并且需要接受政府的有效监督；三是各种类型供热企业在市场上自由竞争，接受消费者的选择。在瑞典，负责供热的供热公司70%隶属于当地市政部门，8%为国有，22%为私人或外资所有。

瑞典针对能源产品征税，并加强政府调控。为引导供热企业改变能源消费结构，瑞典出台了一系列能源税和二氧化碳税等税收政策，对燃煤供热征税标准为35欧元/兆瓦时，对燃油供热的征税标准是30欧元/兆瓦时，以促使供热单位转向可再生能源，减少化石燃料的使用量。

（3）芬兰

芬兰集中供热历史悠久、技术先进、市场成熟，集中供热系统的自动化水平高，市场管理完善，芬兰能源协会从1970年开始，对城市集中供热相关数据包括供热管道长度、供热量、燃料消耗、热价水平、用户数量等进行统计。

集中供热是城市普遍采用的有效供热方式，不仅可以节省能源，还能降低环境污染，改善城市空气质量。芬兰集中供热形式以热电联产为主，燃料有石油、天然气、煤、泥煤、木材、可再生能源。分布在全国各地的发电厂利用发电产生的余热，通过密布在城市地下的供热管道向用户供热。其最大优势在于不仅极大地提高了燃料利用率，还可以将环境污染降到最低。集中供热提供的是干净的热水，在提供热气的同时，还供应洗澡和洗涤用热水。每个住宅区或住宅楼集中供热自动控制调节中心可根据室外温度的变化调节供热的温度。在芬兰赫尔辛基市，冷、热、电都采取区域联供方式，自 20 世纪 90 年代以来该市在能源消费量增长超过 60% 的情况下，各方面排放量减少，空气质量有所提升。

芬兰供热公司按照市场规律管理经营，向消费者提供热商品。对公寓式住宅，供热公司通常是按照在楼内热力站安装的热量表与公寓房屋管理公司进行热量结算，然后房屋管理公司按面积向住户收取供热费。楼用热量表读数是该楼房屋管理公司与区域供热公司热量结算的依据。在每个物业管理小区均有中型或中小型的集中供热自动控制调节中心，集中供热的调节、监测、登记等事务性工作由物业管理公司负责。供热费平摊在每月的物业管理费中，并根据住户的居住面积而确定。通常情况下，一栋 80 平方米左右的住宅大概每月需要缴纳 200 欧元的物业管理费；而一栋独立的私人住宅在最冷的 1 月收费要超过 400 欧元（约合人民币 3231 元），在最热的 7 月收费不到 100 欧元。

为了达到减排的目的，同时引导能源使用，芬兰政府对不同种类能源制定了差别性税费标准，且税率明显高于欧盟能源税最低要求。能源税征税对象包括重燃油、轻燃油、煤、天然气和泥炭等。对用于产热的燃料，根据能源类别和能源使用产生的二氧化碳量进行征税，对泥炭除征收能源税外还要另征财税，对可再生能源燃料则免征能源税。

芬兰集中供热值得我国参考借鉴的经验很多，包括多热源环网供热、热力站二次供水温度气候补偿调控、楼宇式换热站等。

2. 俄罗斯

从1931年起，俄罗斯集中供热事业进入发展壮大阶段，热电联产基本技术方案得到开发，技术政策逐步形成，大力发展热电厂在大型工业中心先行建设。至1941年，莫斯科运行的热电厂已达到6座，热水管网共计63千米，蒸汽管网共计17千米，向445个居住小区及附近工厂供应电力、热水和蒸汽。

第二次世界大战后，随着地处寒冷气候区的北欧及德国集中供热的迅速发展，俄罗斯热电厂和集中供热基础设施的建设步伐随之加快，热电厂工艺形式及技术方案、相关供热理论基础得到系统全面的发展。20世纪50年代末，俄罗斯实现了城市中心及工业区热电联产系统全覆盖。1955年，由热工研究所设计的尖峰锅炉在热电厂得到应用，热网供水温度从110℃调至150℃，热电厂具有最佳热化系数的能效和输出。为进一步提升热电厂经营效率，俄罗斯大力发展高参数供热汽轮机，1957年制造出第一台50兆瓦的超高压供热汽轮机。随后又制造出一系列不同类型的热电联产汽轮机，供热功率能够逐级增至250兆瓦，蒸汽压力达到超临界参数，进气压力达到24兆帕，温度甚至达到540℃。1970年，俄罗斯共建成热电厂100座，汽轮机装置600多个。20世纪90年代，俄罗斯供热功率超过300兆瓦的热电厂超过80座，其中12座供热功率达600~700兆瓦，9座超过1000兆瓦。1975—1990年，在俄罗斯热电厂建设稳步发展的同时，主要管网设施出现老化现象。1991年以后，苏联解体和自由化改造对俄罗斯经济造成了巨大影响，热电联产生产能力大幅下降，大型热电设施停止建设，热电厂产电量降低了约15.5%，供热量降低了约33.8%，设备与管网加速老化。

这个时期的主要特点是集中供热与分散化供热相互结合，以进口设备为主的分散式自动化供热系统得到优先发展，自动化系统技术方案得到大幅应用。2000年，俄罗斯热能动力工程逐步复兴。俄罗斯首座大功率蒸汽—燃气热电厂的运行成为标志性事件，该热电厂的全部指标都符合甚至高于国际同等水平。在21世纪，俄罗斯小型热电厂建设得到发展，热电厂自动化设备也逐步实现国产化，形成以大型和小型热电厂联合集中供热为主的新发展理念。2003年，俄罗斯境内供热热源包括热电厂485座，这些强力全面的热力基础设施为居民供热提供了良好的保障。到2011年，俄罗斯集中供热的居民小区建筑集中供热率达到81%，64%的居民能得到热水、暖气的供应保障。

为了将供热市场化工程改革向纵深推进，俄罗斯开启了多项热电设备和管网的更新改造工程，热能动力工程得到新一轮复兴，还原热商品本质的热计量改革也在循序推进。另一方面，为了满足用户取暖的多样化需求，分散化的可靠供热方案不断发展，逐渐形成了大型热电厂和小型热电厂联合供热的局面，供热模式由传统的举国上下集中供热往集中供热与分散供热相结合的模式转变。

3. 英美国家

(1) 美国

美国拥有丰富的能源储量、低廉的能源价格、地广人稀的分布，以分布式供热为主体的居民供热模式逐步形成。19世纪初，美国出现中央供热，南北战争之后逐渐普及，当时主要使用燃煤锅炉作为取暖设备，需要工作人员不断向炉子添加燃料并照看，这种低效的供热方式一直到20世纪20年代才得到完善。与此同时，燃油锅炉的发明也使供热系统更加可靠高效。

第二次世界大战之后，天然气管道开始大规模铺设；20世纪60年代，天然气由于价格较低、通用性高于燃油、来源稳定可靠等优点，成为最主要的燃料，中央供热逐步销声匿迹。随着美国经济发展，分户自供热成为美国家庭取暖的首要选择。分户自供热发展过程中经历原油价格暴涨暴跌、页岩气页岩油开采技术发展健全等事件，但这些只影响到美国居民对供热能源的选择，并没有影响全国上下的供热模式。美国约有1.17亿户家庭，50%的家庭使用天然气供暖，39%的家庭使用电力供暖，其余的家庭使用取暖油、丙烷、木头等其他方式采暖。由于地处北半球，大部分的建筑都是双层玻璃或者三层玻璃，门也大多是双层门，这都有利于室内温度的保持。

美国负责能源政策制定实施的机构分为国家和地方（州政府）两个主

要层次。在国家层面，美国能源部（DOE）是工作范围和影响力最大的政府机构，负责能源战略、能源政策制定执行、科学技术研发和国家实验室监督，其中能效和可再生能源办公室（EERE）是 DOE 内负责节能工作的主要部门，主要工作有：

①税收优惠。

在联邦层面，为居民住房节能升级或安装节能设备提供 30% 税收优惠，为非商业型物业进行节能改造（升级外围结构、安装高效加热和空调系统）提供 10% 的税收优惠，节能型房屋建造者和新建节能商业建筑/老商业建筑节能改造承包商可分别享受 2000 美元和 1.8 美元/平方英尺（约合 0.17 美元/平方米）的税收优惠；给予节能电器生产商税收优惠；在州层面，为安装节能设备进行房产税减免，给予节能电器和设备节能补贴。

②实施建筑节能规范。

联邦层面提供每三年更新一次的自愿性模板型建筑节能规范供各州参考采用，包括 ASHRAE90.1 标准和 IECC 标准。DOE 负责评估这些规范采用情况。美国还推行自愿性认证项目，包括 ASHRAE189.1、能源与环境设计先峰（LEED）认证、DOE 的零能房屋认证等。马萨诸塞、纽约、加利福尼亚州等实施更严格的建筑节能规范。此外，美国提供建筑能效跟踪和对标在线工具，供业主和物业管理者计算建筑能源绩效、了解建筑能效性能，并为居住建筑、商业建筑和工厂建筑实施能源之星等建筑节能标识。

③推行热电联产。

包括为在 2021 年底前开工建设的超过 50 兆瓦的热电联产项目提供 10% 的税收优惠，对 90% 使用生物质的设施免除能效要求，给予热电联产项目折旧补贴等。

④强势推进联邦建筑节能。

DOE 下设联邦能源管理项目办公室负责该工作，通过发布立法和行政指南、促进技术整合、协调资金、提供技术协助、跟踪联邦机构审计、开发认证培训项目等方式推动联邦机构达到节能目标。联邦可持续发展办公室鼓励联邦机构采用合同能源管理来提升能效。

（2）英国

英国供热这一能源服务自中世纪以来进入较快变化期，近代以来供热模式开始向化石能源转型，英国最终成为第一个完成化石能源转型的国家。

天然气是英国主要供热能源，但北海气田开采不足以完全满足全国供热需求。英国政府2016年底的一份建筑物供热咨询报告显示，80%的英国家庭供热依靠天然气，且主要依靠进口。城市空气频繁出现雾霾，除车辆尾气等因素，取暖仍是一个重要污染来源，比较突出的污染源来自木材燃烧取暖。面对环保压力，整个英国一直在持续投入资源发展绿色供热。

伦敦偏北的伊斯灵顿区在扩展已有区域集中供热系统，这个系统当前利用热电联产的形式，将发电产生的余热通过管网传送到当地社区的家庭中用于取暖。计划再进一步修建设施捕捉社区附近地铁运行时产生的余热，并将其传导到供热管网中，从而为更多家庭提供廉价且环保的供热服务。

提高家庭自身使用暖气的效率对节能环保也非常重要。英国一些公司大力推广智能温控仪。装配这种设备后，家庭用户能通过手机应用随时设定温度和开关暖气，这样即便用户忘了关暖气智能仪表也会通过手机提醒用户，用户可通过手机中远程关闭暖气，下班路上还能提前把家中暖气打开预热。这能让用户更有效地控制暖气花费，减少不必要的浪费。

随着英国计划到2025年关闭境内所有燃煤电厂以及大型海上风电场等可再生能源项目的实施，煤炭这种曾助推工业革命的化石燃料将进一步淡出民众日常生活。未来英国政府的供热体系建设也会朝着更环保、更节能的方向发展。

英国供热能源转型是从天然气等化石能源转为生物质、地热等可再生能源。典型激励政策是可再生能源供热激励计划（Renewable Heat Incentive，RHI）。该计划旨在提供财政激励措施，鼓励居民和企业使用可再生能源供热。可再生能源供热激励计划分两个阶段：第一阶段于2011年11月提出，用于工业、商业和公共行业领域的非住宅设施，可再生能源供热补贴规定每千瓦热的补贴金额，补贴年限为20年，补贴范围包括自2009

年 7 月 15 日起所有的家用、商用和政府供热系统。第二阶段是住宅可再生能源供热激励计划（目前被可再生能源供热额外补偿计划覆盖）于 2014 年 4 月推出，补贴年限 7 年。

英国可再生能源供热激励计划基于“成本”的补贴原则，补贴水平根据不同规模的技术成本而变化。按照 12% 或 7.5% 典型回报率（第一阶段非居民政策按照 12%，第二阶段居民按照 7.5%）计算补贴标准，通过经济回报吸引居民和企业主动放弃天然气供热，采用更加低碳化的生物质、地热、太阳能等可再生能源。

由于可再生能源技术改造成本和使用成本的差异，采用相同的回报率测算出差异化的居民补贴标准，补贴标准按可再生能源发电的“便士/千瓦时”固定费率计算（地源热泵只对可再生能源供热部分给予补助）。补贴标准不是一成不变的，而是随季度变化的：一方面，根据每季度预算支出情况降低补贴比例，只有当总支出高于既定支出标准或更高标准时（说明补贴政策吸引力较大，补贴偏高），补贴降低 10% 或 20%；另一方面，补贴标准会随着通货膨胀，即零售价格指数或消费者价格指数做调整。

可再生技术的商业补贴标准不同，对于同种技术，按照规模不同给予不同补贴。对中小型生物质供热系统和地源热泵供热系统设置了一级和二级补贴标准，一级补贴标准要远高于二级补贴标准，当享受补贴的热量超过一定数额时（热负荷的 15%）超出的部分则享受二级补贴，以免产生过量的热能。比如，英国政府最终将生物质按照 200 千瓦热能和 1 兆瓦热能的规模大小进行分档，2014 年第三季度时低于 200 千瓦热能的小型规模生物质一级补贴标准为 8.4 便士/千瓦时，高于 200 千瓦热能而低于 1 兆瓦热能的中型规模生物质一级补贴标准为 5.1 便士/千瓦时，高于 1 千瓦热能的大型生物质补贴标准为 2 便士/千瓦时。政府同样会根据每季度预算支出情况降低补贴比例。

4. 德国

德国是一个高纬度国家，冬天漫长寒冷，这使得“让每个家庭用上暖气”成为一项国家大事，暖气费也是家庭的一笔重要开支。德国供热需求非常大，但德国本身能源十分匮乏，石油几乎 100% 依靠进口，天然气

80%依靠进口，煤的进口量也日益增长，因此德国非常注重效率和环保。据统计，德国约有50%的最终能源消费用来生产热能，其中家庭供热占热能消费的46%。如何提高热能生产效率，增加建筑保温，一直备受关注。

德国的暖气供给分为集中供热和独立供热，居住密度比较高的高层住宅基本都是集中供热。德国有悠久的市场自发的分户热计量收费历史。1981年公布了暖气和热水计量收费条例，此条例含有对那些不执行条例的房产主的惩罚条款，分户热计量收费得以在德国大面积推广。

德国主要用天然气和燃油，配合少量的电、煤炭和可再生能源进行热电联产。煤炭曾经是主要燃料，由于环保压力，德国超过75%的新住宅使用天然气这一相对清洁的能源以减少空气污染。热力生产企业非常注重生产效率。首先是控制锅炉大小，现代的锅炉可以精确控制燃料和空气的混合比例，使燃料充分燃烧，最大限度释放热量，还能减少因燃烧不完全产生的有害气体。此外还要改良控制系统，通过合理设计烟道、回收余热等措施，热能效率可以提高15%。而近年来，随着科技的发展，个人供热的比例在逐年上升。比如在德国东部地区有32%的家庭享受区域集中供热，但是在德国西部地区集中供热的比例仅为9%。而且在德国政府的推动下，太阳能、风能等可再生能源在独立供热方面的应用得越来越普遍。

德国政府采用财政补贴、税收等手段来推动可再生能源技术市场化。1999年，《可再生能源供热市场激励方案》（Market Incentive Programme for Renewable Heating，MAP）推出，由两部分构成：一是小型系统可以向德国联邦经济管理和出口办公室（BAFA）申请，BAFA向个人、个体经营者和希望改用可再生能源供热系统的小型公司提供赠款；二是大型系统、蓄热系统和热力管网（主要用于公司和市政当局）通过德国复兴信贷银行获得低息贷款以及MAP的赠款。贷款可用于地热供热站、大型生物质供热系统和大型太阳能热利用系统。

从2016年1月1日起，德国通过了一项新的能效激励措施（APEE），如果改造客户可优化包括散热器和管道在内的整个供热系统，就可以在MAP基础上获得额外补助资金，补助标准相当于MAP补助标准的20%，同时用户还将获得600欧元的一次性投资赠款用于补贴帮助提高供热系统能效的设备投资。

德国联邦经济事务和能源部推出了一项新的补贴计划——区域供热网络4.0，计划对使用太阳能、生物质或余热来满足客户至少50%的年度采暖需求的项目给予补贴。自2017年7月1日起，项目可申请最多60%的可行性研究费用及最多50%的新供热系统投资的补贴。

德国对其可再生供热系统的补贴对象主要分为太阳能供热系统、生物质供热系统以及热泵供热系统。在可再生能源供热市场激励方案执行过程中，补助标准被反复地调整。自2015年3月25日起，方案对太阳能供热系统采用了新的基于产出的计费方式，生物质锅炉和热泵采用了新的最低补贴率，并扩大了对创新技术的奖励。

太阳能供热系统补贴包括基础补贴、奖励补贴和创新设计补贴。其中，基础补贴根据太阳能供热的用途以及集热器面积大小设计不同的奖励标准，以每平方米集热器为单位或固定金额对用户给予补贴。当太阳能供热系统用于生产加热、家庭热水与供热相结合时补贴标准较高，若集热器只用于家庭热水系统或者对已有太阳能供热系统进行扩充，则补贴标准相对较低。奖励补贴是在基础补贴的基础上给予的补贴，必须与基本奖励结合使用。用户在没有获得基础补贴的条件下，对于一些创新型设计可获得创新设计奖励。

对生物质供热系统的补贴包括基础补贴和额外补贴。当生物质锅炉满足一定的供热功率和效率且废气达标排放时，则会根据不同生物质锅炉的成本提供不同程度的基础补贴。比如燃烧木屑和原木的生物质锅炉的基础补贴为3500欧元/台；颗粒锅炉的基础补贴为80欧元/千瓦，但最低补助为3000欧元/台。同时当生物质供热系统与其他有利于清洁供热的方法相结合，如将生物质系统和太阳能供热系统以及热泵相结合或为高效住宅提供热量等，则会获得一定的额外补贴。

对热泵供热系统的补贴也包括基础补贴和额外补贴。按照空气源热泵、地源热泵、水源热泵以及吸附式燃气发动机热泵等热泵形式不同，给予不同的基础补贴。与生物质供热系统的额外补贴类似，当热泵供热系统与其他供热系统相组合或是连接到供热管网等情况下，会获得一定的额外补贴。

二、发达国家供暖的技术体系

1. 热电联产逐渐普及

20 世纪 70 年代的石油危机后，热电联产受到了西方国家的重视，热电联产技术在全球范围内得到普及。热电联产是实现能源高效利用的供热与发电过程一体化的多联产能源系统，可以大大提高能源的利用率。目前，世界热电联产发展呈推广范围普遍化、机组容量大型化、洁净煤技术高新化、节能技术系统化、热能消费计量化、投资经营市场化等趋势，与全球的能源短缺、环境恶化和经济状况密切相关，需要世界各国加强技术合作，推动技术革新，并在投资政策上进行深度合作、创新。

热电联产技术分为以下类型：

①燃煤、燃气、垃圾焚烧热电联产系统。

燃煤、燃气热电联产相关设备趋于大型化，一些小的机组由于其燃烧效率比较低、污染严重已经被大型及特大型抽气冷凝机组逐步取代。垃圾焚烧热电联产系统的主流技术是德国马丁 SITY2000 型逆推式炉排炉和全自动燃烧控制系统（ACC），通过与计算机技术的有机结合，可以对垃圾进行较为彻底的燃烧，并使其热酌减率控制在 3% 以内（国家现行标准是≤5%），从而提高垃圾焚烧效果，减轻垃圾焚烧炉渣对环境的影响。虽然这些以传统能源为燃料的热电联产技术具有相对较低的成本、较高的能源效率、较强的稳定性和安全性，短期内仍是供电、供热市场的主力，但因其无法达到新能源热电联产技术零排放标准，需在洁净煤技术、无害化处理、燃料高效利用以及废物资源化等方面加强技术创新以增强其市场竞争力。

②生物质热电联产系统。

高效的生物质热电联产系统可以取代以化石燃料为主的传统热电联产系统，减少二氧化碳排放及所需缴纳的税金，还能产生更多的电量和热量并提高经济效益。生物质热电联产技术的主流发展趋势是实现电、汽、暖三联供，满足县域内各用户的用电、用汽及供热需求。

③太阳能热电联产系统。

太阳能作为一种易于获取的免费资源，通过与热电联产系统结合可以解决热电联产系统单独运行时远距离供热所产生的能量损失及大气污染问题，实现优势互补。太阳能热电联产可以解决目前单一的光热利用或者光电利用效率低的问题，并通过相关系统设计和工程应用技术的优化、实现与建筑一体化来提高系统的效率。太阳能热电联产系统主要有管板式、扁盒型、热管型、圆热管式、平板热管式、超薄吸热板芯结构等型式，这些设备在运行时往往因为自身温度过高而影响其热电利用效率，通过冷却技术或与热泵技术结合可以解决系统温度过高带来的效率下降问题，并充分利用装置的低品位热能实现能量的梯级利用，从而提高系统综合性能，实现效益最大化。热电材料和市场的发展也必将对热电联产混合动力太阳能热电系统的发展和未来产业化起到关键作用。

④其他热电联产系统。

风能作为一种不稳定的可再生能源无法单独稳定地为电网和热网供能，而热泵作为一种实现热量从低温传递到高温的装置，可用于吸收电厂的低品位余热并将其转化为可供利用的高品位热量，因此风能与热泵常常结合使用用于热电解耦，减少弃风电现象。分布式热电联产系统以能量梯级利用为基础，由于其系统结构简单、灵活性强的特点，近年来在一些经济发达的地区得到了大力推广。

丹麦、芬兰热电联产技术在世界领先。芬兰集中供热以热电联产为主，燃料包括石油、天然气、煤、泥煤、木材、可再生能源。热电联产技术生产了芬兰约 75% 的集中供热热能。欧盟认为热电联产是降低碳排放最有效的单一方法，可通过减少热量的损失来节约能源。热电联产技术还有一个优势，即可以因地制宜使用当地的燃料。过去几十年内小型热电联产机组提供的区域供热热量显著提升，到 2015 年丹麦共有约 670 座集中式和分散式热电联产机组。

2. 各种技术方式均有所进步

工业余热利用途径主要有三种：第一种是热交换，是回收工业余热直接、效率较高的经济方法，不改变余热能量的形式，只是通过换热设备将余热能量直接传递给自身工艺的耗能流程，降低一次能源消耗。主要利用方式有间壁式换热、余热锅炉、蓄热式热交换、热管的换热等。第二种是热工转换，利用热功转换可提高余热的品位。主要采用余热锅炉发电，是工业余热利用的主要形式。第三种是采用热泵（溴冷机）系统回收余热，适用于工业和民用的低温余热回收。

丹麦区域能源技术在工业余热方面取得创新。通过耦合不同的传统能耗部门、充分利用本地余热废热资源是丹麦区域高效供热的一大特点，如将超市余热与城市污水处理过程等产生的余热引入能源利用系统，大大减少用能单位的能耗和运营成本，实现“产、供、消”一体化，变“消费者”为“产消者”。

芬兰清洁能源中，生物燃料（以木材为主）和地热能占据了相当比例。木基燃料在芬兰使用尤为广泛。除了木基燃料技术，芬兰的生物柴油技术也走在世界前列。地热取暖技术在芬兰日益成熟。芬兰也有居民利用太阳能取暖，但是比例较小。

瑞典作为清洁能源的领头国家，供热热源有电力、生物燃料、煤、泥炭、垃圾、工业余热、天然气、热泵等多种类型。其中，部分热源如工业余热、垃圾、电厂余热等除用于区域供热外，很难用于其他领域，为降低区域供热运行成本奠定了坚实的基础。据统计，目前瑞典用于供热的能源中，具有清洁、燃烧效率高等特点的生物质能源占 60% 。瑞典的生物质能源主要来自林业木屑和造纸黑液，并已经用作热电联产的主要原料。

丹麦集中供热在选择热源时是非常灵活的，范围基本上涵盖了所有的热源，甚至包括风能、太阳能和工业余热之类的波动源。多年来，生物质已经成为丹麦能源结构的组成部分，利用的生物质资源（除了垃圾外）主要包括木块、木屑和秸秆。丹麦是全球最早推动太阳能区域供热的国家，在技术进步和激励政策的支持下，丹麦太阳能区域供热市场发展迅速，已成为全球最大的市场。

热泵技术起源可以追溯到 19 世纪，经过长时间发展，无论是热泵技术种类（水源热泵、地源热泵、空气源热泵等），还是使用场所（大型商用、小型家用，热水、冷暖等），都已经非常成熟。地源热泵系统与空气源热泵系统相比，能效更高，但地源热泵系统初始投资远高于空气源热泵，也高于传统的燃油/汽锅炉。研究表明，到2020年热泵技术可以贡献1145.8万吨油当量的可再生能源利用量，约合1638万吨标准煤。北美地区供热仍以天然气为主，热泵供热仅占10%，美国的地热热泵利用占社会总能耗的0.32%。瑞典是热泵技术应用最成熟的国家之一。在瑞典，地源热泵不仅比电锅炉和燃料锅炉节能，且清洁无污染，可持续利用，既减少了非可再生能源消耗，又降低供热能费用成本，节省民众取暖支出，同时保护环境，避免空气污染和热岛效应，可谓一举三得。世界最大的热泵在斯德哥尔摩和哥德堡的集中能源网运行。多种传统采暖方式已逐渐被热泵所替换或取代，热泵采暖被广泛地应用于家庭建筑中。

以储热材料为媒介将太阳能光热、地热、工业余热、低品位废热等热能储存起来，在需要时释放，力图解决由于时间、空间或强度上的热能供给与需求间不匹配所带来的问题，是为了最大限度地提高整个系统的能源利用率而逐渐发展起来的一种技术。目前，主要有三种储热方式，包括显热储热、潜热储热（也称为相变储热）和热化学反应储热。

显热储热技术主要应用领域包含工业窑炉和电采暖、居民采暖、光热发电等。目前显热储热技术规模化应用主要集中在光热电站中。2009年3月，西班牙Andasol槽式光热发电成为全球首个成功运行的、配置熔盐储热系统的商业化聚光太阳能（CSP）电站。伴随熔盐储热技术的日渐成熟，越来越多的CSP电站开始使用熔盐技术。中国熔盐储热尚处于开发初期阶段，截至2019年底，熔盐储热累计运行装机规模为420兆瓦，同比增长91.4%。

潜热储热技术用于清洁供热、电力调峰、余热利用和太阳能低温光热利用等领域。随着清洁采暖、电力系统调峰等的需要，潜热储热技术越来越多地应用在发电侧和用户端。

当前仅有显热储热应用较为成熟，但潜热储热和热化学反应储热具有诸多优势，这两种储热方式将是未来研究重点。中高温潜热储热材料储热密度大，有利于设备紧凑和微型化，但是相变材料的腐蚀性与结构材料的兼容性、稳定性、循环使用寿命等问题都需要进一步的研究，其商业化道路需要探索。热化学反应储热适用的温度范围比较宽，储热密度大，理论上可以适用在中高温储热领域。但热化学反应储热技术工艺复杂，迄今为止，其技术成熟性尚低，需对反应速率和传热系统等关键技术进行优化设计与控制，并对其进行大量的研究投入。

储热装置是实现供热系统优化运行的重要技术之一。丹麦的热电厂既是电力公司又是供热公司，通过利用大型储热罐等进行智能调控实现电热协同供应，依据北欧电力市场波动的情况设定调控策略，在电价低时减少发电，进行储热；在电价高时多发电，减少储热，通过储热罐的方式实现供热的稳定和优化运行。

美国阿贡国家实验室的研究团队开发了一种快速、高效的热能存储系统（TESS），该系统可快速存储热量并按需释放热量。TESS 技术是为太阳能热发电项目开发的，但其具有广泛的商业应用，包括海水淡化厂、热电联产系统、建筑制冷/供热以及发电厂的负荷均衡等方面。该系统可在一定温度范围内进行调节，并具有独特的模块化设计，可以大大提高许多工业过程的能源效率和成本效益。TESS 是一种潜热存储形式，其中的能量包含在相变材料（例如熔盐）中；相变材料被嵌入多孔、高导热泡沫中。然后，它们用模块内部的惰性气体密封泡沫，防止湿气或氧气进入内部并降解组件。最后，可以将单元内部存储的热量转移到水中，例如将热量变成使涡轮做功的蒸汽。通过选择不同的相变材料，也可以将 TESS 调整到特定的应用场景。该技术的一大优点在于模块化，不需要特别大的储存构造；可以在制造时调整模块尺寸，按照所需要的量进行安装。TESS 可以在超过 700°C 的温度下工作。由于能量密度高，它比常用的显热存储系统更小、更灵活。该技术由此获得了美国能源部 2019 年 R&D100 奖。

3. 建筑节能技术得到广泛应用

国外建筑行业都在向节能化、轻量化、低消耗方向发展。建筑节能关键技术发展至关重要。一是绿色建筑。这是最近几年流行起来的词语，是一种可以为居民提供健康舒适的生活环境的建筑空间，让能源使用效率最大化，保证建筑物不影响周围环境，在最大限度上减少不可再生资源的消耗。绿色建筑理论较为完备。以欧盟国家为例。欧盟国家对于绿色建筑技术十分关注，通过对多种能源测试和绿色建筑技术检验，如使用太阳能技术、地热能技术及水能资源利用技术等，并付诸应用，最终取得巨大的成就。二是智能建筑控制技术。随着科学技术的不断发展，智能建筑建造技术水平不断提高，并成为当今世界建筑业的主流技术形式，智能建筑具有多元化及舒适化的优势，是当今社会的一种理想住宅。智能建筑通过使用智能管理以及控制方法对住宅进行管理，将居室内安全措施、信息设备、家用电器等控制系统线路连接起来，构成一个完整的家庭智能系统，再将控制系统与整个小区的物业管理系统联系起来，让智能住宅的控制系统更加完善。由斯坦福大学的学者最早提出智能住宅的设计概念，1989 年形成粗略的空调移机电力供应控制智能体系。住宅智能控制系统在美国发展较快，主要是因为美国住宅相对独立，智能系统建立技术比较简单，研究理论相对成熟，更加独立和人性化。三是房间空调器。日本一直是世界空调制造行业的翘楚，核心优势是空调的高效节能。相比其他国家，日本空调更加小型化，能耗较低，不易损坏，很少出现损耗，制冷制暖效果都良好；已不再是单一的温度控制，而更具室内特性的自主综合控制，十分人性化、多功能化、智能化。

建筑围护结构部件，包括外墙、地板、屋顶、天花板、窗户和门，在相当程度上决定了建筑保暖性能及所需的供热热量。芬兰环境部于 2002 年制定了建筑物隔热新标准，要求新建建筑物的墙体必须要有隔热层，室内要有通风设备。为了降低室内能源消耗，芬兰新建建筑物均需采用新型隔热墙体材料，增加墙体厚度，采用二层或三层玻璃窗，每个房间的供热装置安装自动调节阀门。芬兰也十分重视对现有建筑的节能改造，在建筑设计中十分注意朝向、外墙颜色等细节。芬兰在推进节能建筑的同时，还积极探索“零能耗”建筑技术。德国建筑保温节能技术新规范的一大特点，是从控制单项建筑维护结构的最低保温隔热指标转化为控制建筑物的实际能耗。建筑的总能耗包括供热、通风和热水供应。新建建筑必须出具采暖需要能量、建筑能耗核心值和建筑热损失计算结果，特别是建筑外围结构热损失计算结果。新建建筑只有满足新的节能标准才能开工。

三、经验启示

1. 立足国情完善法规

清洁供热作为绿色城镇化等国家战略的重要内容，要做好顶层设计。通过对国外供热模式的分析，重点从国家战略规划上将区域能源、集中供热作为绿色转型的重要国家战略来推动实施，并具体体现在不同阶段的能源及城市规划中。发挥国家战略的导向作用，将推进清洁供热作为我国绿色发展、新型城市化等国家战略的重要内容，优化既有供热结构，鼓励采用新能源、新技术的清洁供热模式。

为使供热事业得到法律层面的保护，应尽快制定颁布供热立法，以加强对供热市场的监管，维护供热市场秩序和消费者的合法权益。通过供热立法，有效地规范供热管理的方方面面，使供热建设、管理、经营等都有法可依；完善供热采暖系统建设的技术标准体系，将标准中安全、节能、环保、卫生等要求纳入工程建设强制性条文；约束供热单位行为，明确违反供热规定应当承担的法律责任；鼓励相关单位因地制宜，在产业技术政策的指导下，积极研究开发利用新能源、新技术的多种供热采暖方式等。未来可进一步完善建筑节能政策法规。针对住宅、农村建筑、公共建筑、工业建筑等不同类型建筑，分别制定、修订相关工程建设节能标准，在设计、施工、运行管理等环节落实建筑节能要求；可进一步提高建筑能效标准，有条件的地方要执行更高水平的建筑节能标准和绿色建筑标准。

在建立城市综合能源服务体系过程中，我国既要有统筹全局的宏观供热政策，又必须有完全基于各地区和城市实际情况的供热规划工具支撑，鼓励通过供热清洁化发展，耦合各个行业部门的资源，最大限度发挥利用包括可再生能源以及余热、废热在内的所有可以利用的本地能源，真正做到“因地制宜，开源节流，多能互补，清洁高效”。与此同时，这一综合性供热规划工具，必须基于科学的成本效益分析，重视长期投资，将能源市场和当地经济发展、就业等经济、环境和社会等诸多因素有机联系在一起，便于决策者通盘考虑，找到有益于当地综合发展的经济优惠政策和激励措施，促进电力、热力、天然气和工业部门在能源供应方面的相互配合，进而利用供热系统优化，推动城市绿色综合能源服务体系的建设，促进城市经济效益和环境效益的整体提升。在我国城镇化进程高速推进的今天，推广应用注重清洁能源和成本效益的综合性供热规划工具，能够助力中国稳步成为更节能、更环保，在能源利用上更灵活的国家，最终实现“清洁、低碳、高效、安全”的国家能源发展大目标。

2. 因地制宜多元互补

因地制宜采取多种供热方式，制定严格的排放标准。通过不同采暖方式分析对比可以看出，各国采暖方式各不相同。德国以天然气为热源供热，环保舒适，但天然气并非可再生资源，耗能量大，在天然气资源稀缺的国家和地区不宜大规模推广利用。芬兰采用热电联产集中供热，热电厂既能发电，又能利用产生的蒸汽来供热，节能环保、提高了能源利用率，只要经过合理的统筹安排，就是相对合理环保，不论国家地区可大范围推广的一种采暖方式。瑞典大多采用用电供热，环保舒适，但耗电量大，对电能源不富裕的地区则不宜采用。韩国的地热供热方式更科学合理舒适，与我国地热地板采暖有异曲同工之处，值得大力提倡和推广。我国采用集中供热方式较为普遍，而中央空调采暖方式适用于商场、别墅、高级公寓，因投入过高对于普遍的住宅供热有局限。

我国应积极采取多种方式取暖，充分考虑各地能源可得性，促进供热能源结构转型，使用更清洁的供热方式，对燃煤、燃气、生物质锅炉等采取更严格的排放标准，根据单位产能效率确定税收和补贴，推动污染物排放量最小化。立足国情，四川、西藏、云南、广西和广东等地生物质资源最为丰富、供热需求最少，黑龙江、山东和河南资源丰富且生物质供热发展良好，北京、天津、上海、宁夏和青海生物质资源匮乏，冬季供热需求较大。不同地区需根据自身资源禀赋，因地制宜开发利用生物质能，不仅可以解决冬季供热能源短缺、环境污染等问题，还可以为农民增收、增加就业提供更多机会。

未来一段时间内煤炭依旧是我国的主要能源，但要清洁化利用。在条件允许的地区，以集中供热代替散煤燃烧、以热电联产代替燃煤锅炉，对现有燃煤机组进行超低排放改造，达到使用年限后或无改造价值的燃煤机组逐步更换为清洁能源设备。尽可能实现可再生能源热源的接入，并优先使用可再生能源，将有利于节能减排。

大力发展多样化的能源供给（可再生能源、余热等），减少对化石能源的依赖，有效降低氮氧化合物排放量。充分借鉴国外技术经验，大力发展风能、太阳能、地热能、生物质能等可再生能源，将工业余热、垃圾发电厂产生的热量充分利用起来。我国可再生能源用在集中供热中的比例仅为1%。从长远发展出发，可以大力采用电能作为供热的主要能源。我国为农业大国，产生大量农业废弃物，将之作为生物质热源用于采暖，发展空间巨大。但也要制定生物质锅炉的排放标准，实现超低排放，使其成为真正的清洁供热。开发和推广应用先进适用技术，帮助供热公司适应来自其他技术的竞争；同时，低廉的电价对区域生物质供热市场发展是极大的挑战。对生物质资源丰富区域供热系统和技术的更多研究和开发可以支持基础设施的现代化，并将区域生物质供热保持为能源系统的重要组成部分。

结合区域供热技术进行综合、合理和整体的能源规划，因地制宜，充分利用当地绿色能源，优化能源结构。通过创新改造，耦合传统用能部门，实现城市余热废热资源的变废为宝。

3. 制定市场经济政策

基于市场机制的激励政策在供暖产业转型中发挥着关键作用。供热产业转型的最大挑战不在技术，而在投资者和用户采取绿色低碳技术的政策激励和制度设计。国际经验证明，促进清洁供热系统的市场化方法要优于非市场方法。这些市场化方法包括：

（1）财政补助政策

为激励市场主体信心、降低市场主体的投资风险顾虑，英国、德国、丹麦等在中央层面均给予直接财政支持，在补贴环节有差异。无论采用哪一种方式，均能增加转型项目的技术经济性，给予市场强有力的信号和信心，从而拉动市场投资机会。

（2）税收减免政策

除直接财政补助外，丹麦对生物质等可再生能源供热给予能源税减免政策，间接增加了可再生供热项目的经济性。相比直接补助，这种做法可以减轻政府财政压力，但需要注意的是税收减免政策需要站在国家环境经济政策制度角度从顶层系统地考虑，不能仅为了促进供热的经济性而做出决策。

（3）金融激励手段

大型供热项目一般需要贷款投资建设，对于供热转型的投资，德国、丹麦、英国在直接财政补助政策下配套政府担保、低息贷款政策。在德国，对于获得 MAP 补助的大型地热供热站、大型生物质供热系统和大型太阳能热利用系统（含蓄热系统和热力管网），可以获得德国复兴信贷银行的低息贷款；在丹麦，市政府为供热公司提供贷款担保，在政府担保情况下，丹麦区域供热系统项目的利率低于 1%，如果没有担保将不得不支付 2.5% 的利率。我国 35 个试点城市只有长治、济南部分项目获得了亚洲开发银行低息贷款，其他项目普遍存在融资难、融资贵的问题，还需要借鉴国际经验，结合国内情况，创新金融工具，降低清洁取暖项目融资成本。

（4）精准的补助政策

补贴政策的精准设计是促进政策发挥最大效应的关键，主要体现在以下方面。

①明确清晰的技术转型路径。

英国等国家的补贴政策设计均是以技术转型为基础。在英国可再生能源供热激励计划的目标是提高可再生能源在供热中的应用比例。相比低价的天然气主导能源，可再生能源在技术经济上处于劣势地位，为此英国通过直接补贴方式降低可再生能源供热使用成本，提高技术经济性。在丹麦，1979 年第一部《供热法案》确定了区域集中供热和可再生供热作为供热领域能源转型方向，后续出台的对沼气热电厂的直接投资补贴、对太阳能加热装置的经济资助、对生物质热电厂能源税的免除、对区域供热系统的贷款担保等经济激励措施均是为了实现这一转型目标。

②设计差异化的补贴方案。

英国和德国均对生物质、太阳能、热泵系统等不同可再生能源供热技术制定差异化的补贴标准，德国甚至对不同规模的太阳能供热系统、不同类型的生物质锅炉出台差异化的补助标准，以体现不同技术转型成本的差异性；德国对大型、小型供热系统做了不同的补助方式设计，针对小型供热系统，政府主要采用直接补助方式给予支持，对于大型供热系统、蓄热系统和热力管网则通过德国复兴信贷银行低息贷款以及政府赠款联合的方式给予支持。事实证明，差异化的补贴、补贴标准使补贴政策更加精准、科学、有效。

③设置促进政策协同的补贴门槛。

经济激励政策只是促进供热领域能源转型的一种措施，英国等国家特别重视政策间的协同性和一致性。在英国，RHI 政策要求所有 RHI 申请人都必须提交绿色交易贷款申请改善其住宅能效，确保房屋具有足够的能源效率，体现了与节能政策的协同性。在德国，各类型生物质锅炉供热系统确保锅炉满足功率、污染物排放以及锅炉效率要求时才能获得补贴，确保与环保政策以及节能政策的协同性。必要的配套政策支持促进经济激励政策效益最大化。在国外经济激励政策只是促进供热能源结构转型的手段之一，通常与其他必要的配套政策并存。在丹麦，为了支持区域集中供热的发展，政府除了给予直接补助外，还通过新建建筑禁止使用电采暖的国家禁令、在公共供热管网的地区居民必须连接到公共供热管网。强制入网手段确保入网规模等辅助控制办法，为市场建立可靠的经济收益预期，是对市场化手段的有效补充。在德国，执行 MAP 若干年后，政府又通过了 AP-EE 能效激励措施，通过为现有供热系统的更换或改造提供资金补助来提高供热能源效率，为向基于可再生能源的现代供热系统转型提供更大、更全面的支持。

4. 着力推动建筑节能

国内现在针对建筑节能仅处于尝试阶段，建筑工业化项目的增加，被动式建筑的建造成功，对我国未来大力发展建筑节能都有一定的推动作用。在建筑节能的探索与创新中，可以借鉴德国和丹麦的经验。对于既有建筑改造，我国与德国一样以改造围护结构为主，通过增强围护结构保温性能来减少建筑能耗。除此之外，还可以改造末端用能设备，减少供热末端能耗。对于新建建筑，则要在设计阶段就充分考虑节能，以前瞻性的眼光对建筑进行节能设计。同时，鼓励发展超低能耗建筑、绿色建筑，减少能源消耗。

在供热系统发展的精细化背景下，以建筑供热和生活用水需求为导向，大力谋划低温供热。越来越低的供热温度将更有利于提升能源综合利用效率，降低碳排放。

我国的建筑节能改造工程还需要进行改建和加强，由于改造成本过高，进展不大。因此，需要对已建多年的建筑节能改造进行有效考虑，同时开发、推广和普及建筑节能关键技术，增加施工人才。作为民用建筑，需要设计人员对于建筑本身的材料和资源进行节能设计，对建筑方案进行优化，这样才能使建筑设备新技术和节能减排可持续兼顾发展。作为商业建筑和公共建筑，应优先考虑空调等必备设施的节能优化控制技术，如对于商业建筑的空调采暖技术进行有效改造，减少其能耗，在功率最大的同时节约资源，提高能源使用效率，这样才能推动节能改造技术进步。在进行建筑节能技术研究的同时，加强其应用。政府应该加大支持力度，从多方面考虑节能技术的发展，对建筑节能机制以及节能标准进行强化和贯彻落实，同时设立供热供冷计量的收费制度，依靠法律法规对节能技术的发展进行推动，另外建立奖惩机制，对节能的建筑设计进行高额的奖励，提高建筑节能改造和建设的速度。

5. 提升供热智能水平

在“双碳”目标驱动下，未来灵活性电源、需求侧响应能力建设将是一个必要而持续的巨大需求；储热是大规模储能的一种，必然有所作为。在供热系统中，不管是逐日还是从夏季到冬季，热水都可以被储存，进而达到节约能源的效果。因为断开了生产时间与消耗时间的联系，储热不同于其他存储或任何产品对于集中供热而言，这意味着从热电联产厂、太阳能集热器、剩余风电和工业余热等中得到的热可被储存起来，在需要的时候直接使用。在丹麦，集中和分散区域供热的热电联产地区均有储热设施。逐日储热的解决方案可让热电联产厂依据其电力需求优化配置其热电联供，并且仍然能够在需要时提供热量。随着储热大规模发展，利用更多本被浪费的能量成为可能。大规模热存储考虑的是将热量从温暖季节储存到寒冷季节。热量可从多种来源收集，如太阳能集热器、热电联产以及非稳定生产的工业流程等。储热保障了能源系统的灵活性，不论从经济还是从环境角度看，对于优化整个系统都至关重要。

国外经验显示，供热运行的一大特点是自动化运行水平高，热源、热网、热力站、用户末端均采用自动控制，系统运行维护人员少。我国北方城市集中供热系统运行调节很大程度上仍然依靠运行人员的经验。结合互联网、人工智能、数字化等技术，通过精细化的智慧供热控制技术发展以户用需求为导向的区域供热系统，从传统依赖供应侧的“推动模式”向注重需求侧的“拉动模式”转变，探索更高效、节能和优化的供热系统整体解决方案。通过引入智慧热网服务管理平台，能源供热公司供热区域内的换热站都实现了自动化。该平台运用大数据，在实现量的全面提升的同时达到“精准供热”“按需送热”，确保市民家中的温度和气温同步调节。

系统的监测与评估体系，有助于确保相关政策的执行效果和清洁供暖效率的提高。补贴通过影响技术经济对用户行为产生影响，属于间接政策工具，效果不像管制、行政命令等手段具有可靠的预见性。因此，必须依靠定期监测与评估来分析判断政策执行效果，以便了解政策执行过程中存在的问题，对于偏离政策预期的及时给予纠正，为动态调整政策奠定基础。在英国、德国、丹麦等国家补助政策实施过程中均能见到监测与评估体系的存在。如在英国，天然气和电力市场办公室负责收集数据，并监测补贴方案的有效性。根据被资助者提供的技术类型、安装费用、产生的热能量、替换的热能类型、地理位置、系统原料信息以及可持续情况等数据，天然气和电力市场办公室编制季度和年度监测报告，定期向社会公布季度和年度可再生能源系统安装进展、补助申请及发放、政策重大修订情况、可再生供热系统热能统计等详细数据。同时，商业、能源和产业战略部利用这些数据监测 RHI 政策对可再生能源目标贡献的有效性，并根据每季度补贴预算支出情况调减补贴比例。监测获得的数据还用于预测政策的资金成本，跟踪能源的可持续发展趋势。

CHIC
清洁供热产业委员会
Clean Heating Industry Committee

第八篇　发展趋势与建议

2021年是“十四五”开局之年，是碳达峰碳中和战略蓝图的起始之年，《北方地区冬季清洁取暖规划（2017—2020年）》实施即将收官。回首过去，展望未来，一方面清洁取暖工作仍需要不断巩固取得的成果，建立起长效机制，久久为功，实现可持续运行；另一方面，应以减碳为战略方向和重要抓手，推动清洁供热减污降碳协同增效，促进全社会绿色转型发展。

一、清洁供热产业发展趋势

碳排放与人口、经济、产业、能源、技术等多种因素有关，能源活动是我国二氧化碳的主要排放源，占二氧化碳排放的80%以上，其中电力行业排放约占能源行业排放的40%，因此构建清洁、低碳、安全、高效能源体系是实现碳达峰碳中和的核心。实现全社会碳中和，一是增加森林、海洋、湿地等碳汇量和碳利用封存能力，二是降低化石能源消费、工业生产的碳排放，可从能源供给的低碳化、能源利用的高效化、能源消费的电气化三个方面着手。构建以新能源为主体的新型电力系统是实现碳达峰碳中和的重点，不仅要使电力系统发—输—配—用全环节发生根本变革，建筑、交通、工业等领域用能方式要发生深刻变化。建筑、交通、工业等领域也要找准切入点，主动适应新型电力系统的新特点、新业态、新模式。

1. 政策导向更加精准细化

清洁供热领域涉及热源、热网和终端用户，与能源生产消费紧密相关。我国火电机组中40%以上是供热机组，终端用户与建筑相关，在全球终端能耗中供热占比50%左右。据有关测算，我国建筑全过程碳排放约占碳排放量的50%，其中建筑运行阶段（含供热、冷、电等）占22%。北方地区城镇和农村供热碳排放为10亿~12亿吨。因此，实现碳达峰碳中和清洁供热领域是重要内容。建筑部门能耗约占总终端能耗的20%；随着建筑总量的增加和人民生活水平的提高，建筑能耗总量和占全国终端能耗比例均将呈增加趋势，通过合理规划和控制建筑总规模，到2050年控制在740亿平方米以内。强化建筑节能标准，改进北方建筑供暖方式，以工业和电厂余热等低品位热源取代燃煤锅炉，增建储热等设施，发展分布式智能化可再生能源网络，实现热电气协同。

因地制宜、科学合理的实施方案是清洁供热实施的关键抓手，完善的配套政策机制是清洁供热稳定可持续运行的重要保障。清洁供热长效机制要立足于习近平总书记提出的“企业为主、政府推动、居民可承受”的方针，政府部门通过完善机制、配套政策以及创新模式等多种方式使供热企业有积极性、居民成本可承受，尽可能通过市场化手段减少政府补贴依靠、减轻财政压力。

在消费侧，居民成本可承受意味着居民支付的取暖价格不能太高，不能完全市场化，居民支付能力与居民收入水平密切相关。清洁供热作为一项普惠性民生工程，应涵盖有清洁取暖需求的所有群体，政策上对不同收入群体也应体现差异化；在供给侧，供热企业要维持合理的利润才有积极性去参与供热，在非市场化热价条件下只有尽可能降低供热成本或通过其他增值服务弥补供热成本，才能实现综合收益合理。

随着2021年北方地区清洁取暖热源侧主要改造工作的收官，清洁取暖将进入更加关注后续运维、可持续运行阶段。下一步，清洁供热各项政策应更加具有针对性、精准性，技术方案设计上避免“一刀切”“反复改造”，坚持实事求是、因地制宜、科学论证，补贴政策上避免“撒胡椒面”“大水灌溉”，既要实现全覆盖又要突出重点和特殊人群照顾，加大县城和农村地区及低收入人群财政资金支持力度，强化民生工程，财政资金优先扶植高效节能技术，发挥政策引导作用，优化清洁取暖技术路线结构，不断降低总体运行费用，逐步构建完善的财政精准补贴、能效激励、系统监测与评估、碳市场交易等配套政策体系，建立清洁供热市场化机制，保障清洁取暖的可持续发展。

2. 市场机制发挥主导作用

清洁供热产业长期稳定可持续运行，要立足于“企业为主、政府推动、居民可承受”的方针，通过政策引导扶持力度，运用市场化手段，激活市场资源，调动企业参与积极性，确保居民成本可承受，尽可能通过市场化手段减少政府补贴依靠以及财政压力，充分发挥市场主导作用。

在城镇地区，一是健全供热价格机制。科学合理制定供热价格，兼顾供热清洁化改造和运行成本，疏导清洁取暖价格矛盾，探索建立市场化煤热联动机制，既让企业有积极性开发清洁供暖项目，也让居民可承受，保障清洁取暖顺利推进。**二是鼓励综合能源服务模式。**清洁供热是一项民生工程，由于价格等种种因素，企业单一供暖往往难以实现盈利，鼓励企业提供冷、热、电和气等多种商品的综合能源服务，提高整体收益性，以综合能源服务模式带动清洁供暖发展，鼓励城镇工业园区、医院、机场等能实现冷热电较好收益的场合与居民清洁供热打捆开展综合能源服务示范试点，通过这种“让利”模式，尽可能减少政府直接补贴。**三是鼓励源网一体化供热模式。**对于城镇新建区域及独立区域供热，鼓励热源—热网一体化建设运维模式，力求做到按需供热，在满足用户需求的前提下，减少热能损失，同时尽可能降低管理成本和减少中间环节，打破部门间、上下游企业间利益壁垒，实现较好的经济效益和降低供热成本。

在农村地区，一是推动科技创新和技术进步。鼓励先进设备和创新技术在今后各地实施改造中优先推广应用，尽可能避免使用技术落后甚至质量存在问题的产品，促进先进设备和创新技术的推广应用。**二是鼓励农村多种清洁取暖方式。**从运行成本和环境效益来看，热泵和生物质是农村目前相对容易承受且减排效果显著的方式，结合当地资源鼓励农村空气源热泵、地源热泵以及生物质能供暖等。**三是探索村镇地区合适的市场模式。**比如开展“生物质能村”试点，生物质成型燃料在农村可采用分散式的“一村一厂”代加工模式，降低中间运输成本。

3. 零碳供热加速热源替代

随着碳达峰碳中和目标的推进，未来一段时间内燃煤热电联产集中供热占比会不断下降，但仍要承担基础性热源功能，尤其是在严寒、寒冷地区，预测在2060年碳中和目标下我国电力装机结构中仍会保留一定量的热电机组以保障供热需求，相应碳排放由负碳源抵消；为适应新能源为主的新型电力系统，热电机组会继续推进热电解耦，进一步提高机组出力调节范围和爬坡速度、增加供热能力、降低上网电量，相应地电供热占比会持续增加，尤其是蓄热式，既可增加电力系统灵活调节能力又可提升稳定供热能力（虽牺牲了局部时间的能源利用效率，但提高了系统价值）。

余热和地热等低碳热源占比将逐步扩大。工业余热、生物质能、地热、太阳能等零碳热源作为重要补充应因地制宜推广，宜用尽用，加速替代化石能源供热方式。随着我国城市供热热化率的提高、新建建筑的增加和供热范围的不断扩大，供热需求不断增加。预计 2030 年前供热总能耗会缓慢增加，2030 年之后随着城镇化放缓、节能高效技术的大量应用，供热能耗会逐渐保持平稳。通过热源侧低碳零碳热源占比的不断增加、热网效率的不断提高、用户侧节能的不断推进，预计供热领域将会稍晚于电力行业、早于建筑行业实现碳达峰碳中和。

电气化供热成为最终方向。在“3060”目标下，非化石能源将逐步替代化石能源成为我国主体能源，非化石能源主要利用方式就是电力，全社会各行业碳中和将主要依靠终端电气化，建筑部门电气化水平提升潜力最大，预计 2060 年电气化水平提升至 80% 左右，电供热/制冷最终将成为建筑能源主要供给方式。

4. 节能低碳技术广泛应用

节能低碳技术成为清洁供热技术核心。实现碳达峰碳中和目标，现阶段最直接有效且成本最低的方式是节能，进一步挖掘系统节能潜力，推广应用先进实用节能技术和设备，将对供热节能发挥重要作用。“十四五”期间节能将是能源领域最为重要的工作之一。2021 年 9 月 16 日，国家发展改革委发布《完善能源消费强度和总量双控制度方案》，提出“能耗双控”的目标是要推动能源清洁低碳安全高效利用，倒逼产业结构、能源结构调整升级，助力实现碳达峰碳中和目标。

在热量生产侧，加大现役机组提升供热能力技术应用，如大机组高背压循环水直接供热、大温差吸收式热泵等，优先利用已有热源且最大限度地发挥其供热能力，充分挖掘热电机组的最大供热能力。推动低成本、低能耗、低排放的可利用工业余热供暖作为清洁取暖的优先方式，促进余热资源利用，降低供热成本。

在热量传输侧，随着互联网、物联网、大数据和云计算等技术在供热系统中的应用，供热技术与先进信息技术、智能设备、智能传感器等深度融合，传统供热朝着高效率、高质量、精细化、智能化的智慧供热方向发展，实现源—网—站—荷的可调可控。一是换热站智能调节技术，结合室外温度、室外风速、太阳辐射、负荷变化等因素，做到换热站实时调节，避免过供或欠供现象，实现精准高效供热；二是智能调度技术，利用互联网技术将热源、换热站与热用户之间进行信息互联，实现源—网—荷一体化智能调度；三是管网智能水力平衡技术，基于水压图、流量等管网运行参数及终端温度信息的自动分析，采用连续调节阀控技术，实现系统水力平衡。

在热量消费侧，一是随着终端电气化率的不断提高，改善终端电能质量、提高设备/炉具不同工况下的用能效率和环保水平，这些对于供热领域节能减排具有重要意义；二是加大建筑节能改造力度，节约能源，进一步提高建筑节能标准，探索低成本围护结构节能改造在农村建筑中的应用，大力推进农村取暖方式转变。

《北方地区冬季清洁取暖规划（2017—2020 年）》实施以来，尤其是通过中央奖补资金试点示范的带动，新产品、新技术不断涌现，产业链逐步形成，设备水平不断升级，产品环保、能效和适宜性水平不断提升。比如新型低温空气源热泵技术运行温度范围进一步扩大，智能温控功能的燃气壁挂炉可以节省 20% ~30% 的用电费用，某系列壁挂炉采用冷凝技术通过烟气凝结实现废气中能量的回收，提高了热效率。科技创新和技术进步是降低运行成本的重要推动力，应当鼓励先进设备和创新技术在今后各地实施改造中优先推广应用，尽可能避免使用技术落后甚至质量存在问题的产品。**建议建立清洁取暖“领跑者”设备和技术推荐名录**，促进先进设备和创新技术的推广应用。

5. 建筑节能改造势在必行

我国北方城镇集中供暖建筑中，约 30 亿平方米是 20 世纪八九十年代建造的，这些建筑普遍围护结构保温性能差，如外墙无保温、窗户为单层玻璃、门窗缝隙漏风严重等。这些都会导致建筑物室内能耗增加，其热耗是同一地区节能建筑的 2 ~3 倍，加快推进既有建筑的节能改造显得尤为必要。

随着建筑保温水平、高效热源方式（热电联产）占比和供热系统效率的提高，从2001年起，我国北方城镇供暖的能耗强度逐年下降。目前，北方地区城镇单位面积实际供暖能耗在10千克标准煤/平方米以下，与2001年相比，单位面积供暖能耗降低50%以上。在目前水平基础上，通过热网系统优化，北方地区供热至少还有15%～20%的节能潜力。随着各种节能方式的采用，未来北方城镇地区供暖能耗有望降低到4千克标准煤/平方米以下。

建筑节能改造势在必行。按照中共中央、国务院关于做好碳达峰碳中和工作的意见及行动方案，我国将加快提升建筑能效水平，加快更新建筑节能、市政基础设施等标准，提高节能降碳要求，加强适用于不同气候区、不同建筑类型的节能低碳技术研发和推广，推动超低能耗建筑、低碳建筑规模化发展。加快推进居住建筑和公共建筑节能改造，持续推动老旧供热管网等市政基础设施节能降碳改造。提升城镇建筑和基础设施运行管理智能化水平，加快推广供热计量收费和合同能源管理，逐步开展公共建筑能耗限额管理。到2025年，城镇新建建筑全面执行绿色建筑标准。

北方地区在新建建筑节能率实现30%、50%、65%三步式跨越发展的基础上，严寒、寒冷地区居住建筑逐步执行75%的节能标准，建筑节能不断向更高水平发展，长寿命、高性能的建筑保温材料将会研发应用，超低能耗建筑、近零能耗建筑、零能耗建筑将逐步推广应用，建筑供热能耗降低到2.6千克标准煤/平方米以下，用能成本大幅降低。

城市更新中老旧小区供热改造将成为重点工程。2021年9月，国家发展改革委、住房和城乡建设部印发《关于加强城镇老旧小区改造配套设施建设的通知》（发改投资〔2021〕1275号），提出加强城镇老旧小区改造配套设施建设关乎人民群众生命财产安全，关乎满足人民群众美好生活需要，是“我为群众办实事”的一项生动实践。以城镇老旧小区改造配套设施建设为契机，燃气、电力、排水、供热等配套基础设施为重点进行优先改造。

6. 试点城市规模有序扩大

中央财政支持城市试点是积极推动北方地区清洁取暖的有效方式，一方面可以带动地方及社会资本大量投入清洁供热产业，促进相关技术、政策、模式的创新发展；另一方面在试点期内，地方研究论证试点方案并积极协同相关部门组织实施，国家组织考核评价，有效推动了清洁取暖快速实施。

清洁取暖试点城市已经从“2 +26”城市进一步扩大到汾渭平原城市及东北、西部部分城市，2021 年又新增 20 个地市确定为大气污染防治资金支持的北方地区冬季清洁取暖项目，中央财政资金每年投入 68 亿元，3 年累计 204 亿元（如图 8 –1 所示）。

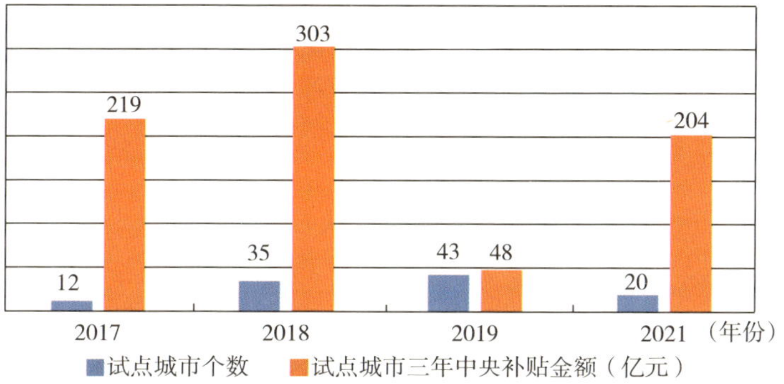

图 8 –1　试点城市及中央补贴金额

持续改善生态环境和空气质量依旧任重而道远，清洁取暖试点城市还会进一步有序扩大范围，未来京津冀周边地区全覆盖，西北东北减排压力大的地区逐步覆盖，推动减污降碳协同发展，生态环境持续改善，主要污染物排放总量持续下降。同时，建议在试点城市示范期结束后，中央和地方各级财政继续安排资金对试点城市的清洁取暖运行进行补贴，防止突然取消补贴导致居民采暖费用增加较多而出现“返煤”现象，对清洁取暖工程建设运行进行补贴，加大初始投资补贴，发挥财政资金的引导作用。

7. 农村供暖突出因地制宜

在北方农村地区，以分户式采暖为主，主要方式有生物质户式采暖炉具、燃煤户式采暖炉、热泵、电暖器、热风机、燃气壁挂炉、地热等。推进农村地区供热，要统筹考虑经济性和低碳环保性，因地制宜、因时制宜，综合考虑农村地理条件、资源禀赋、气候特征、经济承受能力等多方面因素，优化农村清洁供暖技术路线选择。总体而言，我国北方农村地区应优先就地或就近利用生物质能供热，发展农村循环经济模式；其次是利用电供暖（优先考虑热泵等高能效电供暖方式），与分布式光伏充分结合，洁净煤短期内仍是严寒、寒冷等地区不可或缺的重要兜底保障能源，其他热源作为补充热源进行因地制宜的利用。

同时要结合农村实际情况，积极探索村镇地区生物质能供暖合适的市场模式。开展“生物质能村”试点，生物质成型燃料在农村可采用分散式的“一村一厂”代加工模式，选用燃烧效率高、污染物排放低的小型清洁生物质专用炉具，在小城镇或集中居住的村镇可采用大中型生物质锅炉集中供暖。

8. 南方供暖成为蓝海市场

我国南方地区由于气候特征和中华人民共和国成立初期的经济情况，没有建设集中供暖设施，随着我国经济的快速发展，人民对生活质量的要求也越来越高，南方夏热冬冷地区的供暖诉求越来越强烈，市场潜力巨大。需结合南方各地自身的能源供给、产业结构、热源条件、市场条件因地制宜积极探索分散为主、局部集中的清洁供暖方式，以水源、空气源、地源热泵、分布式燃气、生物质等为主要技术路径，探索发展燃料电池分布式冷热电联供技术，兼顾供热与制冷需求，以市场化方式推进为主。

二、产业发展建议

清洁供热产业仍处于快速发展阶段，化石能源供热比例将会有所下降，电、地热、生物质等清洁能源供热比例会进一步提高。在能耗“双控”背景下，供热行业需要进一步挖潜增效，提高系统总体效率，深度回收低碳热源、开发零碳热源，加快调整热源结构，加快节能降耗、提质增效、减排降污技术的开发与应用，尽快实现高效、智慧、精细化运营。

1. 做好顶层设计，引导行业发展

完整、准确、全面贯彻新发展理念，力争实现 2030 年前碳达峰、2060

年前碳中和成为我国重大战略目标，是未来社会经济、能源转型发展的根本遵循。

建议清洁供热行业未来重点研究以下三方面内容：

一是构建适应新型电力系统的新型热力系统。在“双碳”目标导向下，新型电力系统将对能源生产、传输、消费产生根本性、颠覆性变革，可再生能源发电逐步从新增电量到存量电量渗透替代，成为电量供给主体，由于新能源发电固有的强随机性、波动性和间歇性，以及通过电力电子装置并入电网的特征，以新能源为主体的新型电力系统将呈现“一低、两高、双峰、双随机”的特点，即低系统转动惯量、高比例新能源 + 高比例电力电子装备、夏冬负荷双高峰、发电出力和用电负荷双侧随机波动，对电力系统安全稳定运行带来重大挑战。清洁供热行业也应主动适应新型电力系统的新特点、新业态、新模式。

随着新型电力系统的建设，煤电的功能定位将由主体性电源加快向提供可靠容量、调峰调频等辅助服务的基础性、调节性电源转型。建议大力推进各种调峰蓄热技术应用，发展不同介质（水、熔盐、固体、相变材料等）储热技术，如“煤电 + 熔盐”，实现热电深度解耦，在提高机组深度调峰能力和运行灵活性的同时，增加供热能力和尖峰负荷出力。

对于热电联产企业而言，热电解耦改变了热电企业传统“以热定电”模式，在“市场煤、计划热”且电量电价进一步市场化的情形下，发电机组利用小时数逐年下降，供热价格长期倒挂，企业经营愈发困难，灵活性改造积极性普遍较低。随着以新能源为主体的新型电力系统的构建，电力系统调峰调频需求日益增加，热力需求仍会不断增加，通过调峰蓄热等技术，热力公司在保证供热能力的同时也具有通过调峰等电力辅助服务市场获得收益的机会。建议热电企业及时转变经营思路，降本增效，适应电力市场新形势，供热业务实现上下游一体化发展。

二是清洁供热行业稳定可持续运行。建议研究进一步完善清洁取暖稳定运行长效机制，完善农村地区清洁取暖运行补贴政策，指导各地精准施策，更多照顾低收入户和困难户，进一步研究完善采暖气价电价优惠政策等。

三是清洁供热行业规范有序发展。各地要完善工作方案，精准施策，既要立足长远，又要结合地方实际，区分城区与边远地区的差异；规范完善招投标机制，严把质量关，避免使用质量不合格、存在安全隐患的产品，保障清洁取暖产品质量和用户取暖效果，规范市场运行。

2. 加大研发投入，引领技术方向

清洁取暖规划实施以来，新平台、新技术、新模式不断涌现，产业链逐步形成，设备水平不断升级，建议及时总结评选对提高能源利用效率、降低污染物排放、降低运行成本起到示范引领作用并经实践验证成效显著的关键设备和技术，对于能效参数、性价比、产品质量等指标达到行业领先或先进水平的各类产品或技术积极推广应用。同时加大科技创新，针对农村取暖设备重点是在“太阳能 +”、物联网、大数据、远程控制、智能温控、一键启停、操作简单、终生免维护等方面加大科技研发投入。

在热源侧，积极推动热电机组深度解耦技术研发与应用，提高机组深度调峰能力和运行灵活性，增加供热能力和尖峰负荷出力，示范应用核能供热技术，加大高效热泵技术研发与推广，大力发展中低品位工业余热利用技术，可利用热泵、储热、移动式供热等技术使得余热资源可及性得到进一步提升，以生物质能为核心建立（农村）循环经济体系，满足热、电、气等部分需求，实现农林废弃物等生物质的资源化、减量化、能源化利用是未来构建农村低碳能源体系、低碳社区等的重要内容。

在热网侧，将传统的供热技术与先进信息技术、智能设备、智能传感器等深度融合，积极发展智慧供热技术，使供热行业更加高效率、高质量、精细化、智能化，实现源—网—站—荷的可调可控；在热源、换热站和热用户应用热计量技术，通过热用户所反馈的数据信息，换热站可及时做出合理的调整，实现“精准供热”和“按需送热”，激励供热企业加强内部管理，节能减排、降低能耗，同时可以培养和调动热用户节能用热的习惯，促进居民自行采用节能措施以降低既有建筑的能耗。

在用户侧，积极研发长寿命、高性能建筑保温材料，逐步推广应用超低能耗建筑、近零能耗建筑、零能耗建筑，进一步降低能源消费总量和用能成本；积极采用“建筑 +”模式，如光伏建筑一体化（BIPV）、“光伏

+储能+直流配电+柔性用电”一体化即光储直柔建筑，将建筑由耗能建筑变成产能建筑，由单纯的用能建筑转变为供用能建筑，满足建筑自身用电、用冷/热需求，实现新能源的自发自用及就近消纳，大电网发挥兜底保障作用。

3. 加大政策激励，降低融资成本

建议试点城市在示范期维持现有清洁取暖补贴力度，加快研究示范结束后的相关财政政策，防止突然取消补贴导致居民采暖费用增加较多而出现“返煤”现象。结合前期工作实践，建议加大县城和农村地区财政资金支持力度，同时鼓励侧重支持可靠性高、使用成本低、可持续性好的清洁取暖技术路线，重点解决工艺路线问题，逐步建立市场化机制，引导补贴退坡。

建议相关部门将清洁供热项目列为政策性低息贷款的重点支持项目，对于实施清洁供热项目贷款的企业，适当延长相应项目贷款年限，下调贷款利息。支持清洁供热项目通过绿色债券、政府和社会资本合作（PPP）等方式拓宽融资渠道。鼓励社会资本设立产业投资基金，投资清洁供热项目的技术研发。

加快体制改革，促进市场产业融合。稳步推进城镇用热商品化、供热社会化，逐步建立符合我国国情、适应社会主义市场经济体制要求的城镇供热新体制，进一步转变政府职能，加快供热企业改革，引入竞争机制，培育和规范城镇供热市场。要加强供热企业内部管理，加快企业技术进步，强化成本约束机制，逐步实行按用热量计量收费制度，积极推进城镇现有住宅节能改造和供热采暖设施改造。鼓励国有大中型供热企业以参股、控股、兼并等形式跨地区经营城镇供热，推动城镇供热的规模化、集约化经营。推进业态和模式创新，促进信息技术与产业深度融合，强化市场与产业融合，加快产业清洁低碳高效发展。

4. 培育龙头企业，打造示范样板

清洁供热公司应由传统的供热企业向综合能源服务商、城市综合运营服务商转型，不断挖掘自身潜力，为终端用户提供多品种能源，为电力市

场和热力市场提供多种服务。热源、热网及换热站应加强经营管理一体化发展，鼓励清洁供热公司做大做强，培育行业龙头企业，带动行业技术不断升级，规范行业竞争秩序。

清洁取暖主要技术路线具有减污与降碳协同作用，过去通过在京津冀周边地区、汾渭平原城市以及部分重点城市的试点示范积累了众多经验，发展了各种清洁低碳技术和设备。随着“双碳”战略的深入推进，有必要以清洁取暖试点城市或工程为抓手，进一步加强试点推广，推动北方地区逐步全覆盖，减污降碳协同发展，生态环境持续改善，同时以低碳为目标，推动清洁低碳示范区建设，打造示范样板，探索可持续发展路径。

5. 推进国际合作，讲好中国故事

积极推动国内清洁供热产业与德国、丹麦等国家的国际合作，探讨能源转型中清洁供热产业发展变革，在相关理念、方案及技术等方面开展交流合作，国外先进技术积极“引进来”，中国优秀方案积极“走出去”，通过国际合作输出到全世界，讲好中国故事。

强化宣传平台，提升产业影响。加强清洁供热产业先进设备、创新技术和成功经验的推广应用，加强行业交流，积极搭建合作交流及宣传平台，提升清洁供热产业影响力和社会效益，促进新技术、新模式、新产业不断创新以及政策机制的不断完善。

6. 加强平台建设，赋能产业发展

围绕碳达峰碳中和国家战略目标，积极顺应能源转型发展趋势，加强清洁供热领域产、研、融、学、用资源协调与优势互补，着力打造以清洁供热产业高质量发展为核心的“科研—资本—产业”共享平台，合力构建开放合作、互利共赢的生态圈，促进产业升级优化，加快能源转型，推动能源行业高质量发展，助力构建清洁低碳、安全高效的能源体系。

开展专业培训，加强能力建设。针对清洁供热行业自身特点、产业政策以及双碳目标下呈现出的新特点、新业态、新模式，建议各地政府、相关企业强化专业培训，加强队伍能力建设，提高行业认知水平，积极组织骨干人员、管理人员示范培训班。

清洁供热产业委员会
Clean Heating Industry Committee

附 录

附录一　煤价居高不下也要确保居民温暖过冬的建议

清洁供暖，是重大的民生工程、民心工程，党中央、国务院对此高度重视，提出明确的要求。2021 年 10 月 8 日国务院召开常务会议，研究部署今冬明春电力和煤炭等供应。各有关部门按照国务院会议精神，出台相关政策措施，释放煤炭产能，以确保发电供热用煤。然而，煤炭价格依然居高不下，必然将对清洁供暖和相关企业产生明显影响。

一、煤价居高不下将是 2021—2022 年供暖季的最大挑战

通过调研分析，我们认为以下原因导致煤炭价格居高不下：

1. **近期煤炭价格仍在上涨。**根据河北港口集团秦皇岛海运煤炭交易市场发布：10 月 13 日环渤海动力煤价格指数报收于 848 元/吨，环比上涨 96 元/吨，创下价格指数发布以来单期最大涨幅。从环渤海六个港口交易价格的采集计算结果看，24 个规格品价格全部上涨，涨幅为 70～100 元/吨。本周期适逢月度调价节点，受市场价格持续攀高影响，大型煤企长协价格出现适当上浮，这也是造成近期综合价格大幅上涨的重要原因。

2. **煤炭释放产能需要一个过程，**不像“按下开关电灯就亮”那么简单。一是煤炭生产的恢复，需要在符合安全生产等前提条件下循序渐进，这就需要一定的时间。二是我国主要产煤的地区，包括山西、陕西、内蒙古、黑龙江等地，受自然灾害和安全事故影响，煤炭产量和储运均受到影响。煤炭供给数量的不确定性、释放产能的时滞性，均将增加消费端的忧虑，需方在采购煤炭的同时也放宽了价格的接受度，也促成市场价格持续上涨。

3. 国家有关部门推动的长协合同，进入操作层面尚需要一定的条件，尤其需要可以操作的指南和推动的措施，以免达不到预期效果，最后停留在文件上。

综上，我们的基本预判是，2021 年供暖季的煤价将居于高位。

二、高煤价使得供暖企业难以承受巨大的资金压力

供暖是一项民生工程，供暖行业受地方政府关注及监管。一直以来，供暖价格执行政府定价，而燃料是市场定价，企业基本维持在微利水平。煤价居高不下，供暖企业首当其冲。

1. 煤炭价格暴涨，热电联产的电厂供热成本一般将增加20元/吉焦左右。当前，电厂一是要求上调出厂热价，二是可能出现煤炭储量不足而限量供应热量。换言之，本供暖季的安全、稳定保障存在较大隐患。

2. 由于火电企业发电成本上涨导致亏损加剧，加上火电企业煤炭库存普遍偏低，导致下游余热供热企业购热成本涨价5元/吉焦，而供热企业又要提前预付购热费用，在供热下游居民端供暖费不能同步上调的前提下，余热供暖企业面临供热成本倒挂和巨大付现资金压力。

3. 煤炭价格波动大，供热企业选择随价格灵活购煤，今年煤炭消费还超预期增长，煤炭资源紧张，导致库存不足，加之部分企业存煤水平低、储煤能力差，资金短缺，煤价高位运行对这类供暖企业而言无疑是雪上加霜。

4. 热电联产调峰以及城市非禁煤区域热源的供暖企业，对煤炭的直接依赖胜于其他供热企业，煤价上涨对这些企业的生存造成威胁，虽然有政策补贴，但为了保障整个供暖期的正常供暖，供暖质量会有很大程度的下降。

综上，煤价居高不下势必对2021—2022年供暖季的供暖企业产生较大的冲击，尤其是县级城市的供暖主要由民营企业承担，资金压力更大，如果问题得不到合理解决，将对基层城镇供暖以及居民的温暖过冬产生影响。

三、避免高煤价影响居民温暖过冬的对策建议

以北方地区居民温暖过冬为前提，为供热企业（特别是中小型供热企业）持续运营提供保障，建议如下：

1. **责任落实到基层，确保供热正常运行。**将国务院常务会议的精神要求真正落实到基层，有关部门应尽快组织人员下基层了解落实情况，保证今冬明春北方地区供热安全、有序进行。

2. **依法实施政策干预，促进煤炭价格回归合理区间。**煤炭是重要基础能源，与国计民生密切相关，目前价格涨幅已完全脱离供求基本面，且临近采暖季，价格仍呈现进一步非理性上涨的趋势。依据《价格法》相关规定，建议研究对煤炭价格进行干预的具体措施，促进煤炭价格回归合理区间，确保煤炭安全稳定供应，确保人民群众温暖过冬。

3. **加强基础设施建设，提高煤炭存储能力。**支持地方和企业加强煤炭储备能力建设，提升煤炭存储能力。完善煤炭应急管理体系，建立煤炭应急保障储运基地，主要用于应对重大自然灾害和突发性事件引起的煤炭价格上涨、供应中断或严重不足等情况。"冬煤夏储"，确保供暖期煤炭保障供应。

4. **分类指导，精准施策，助推供热企业发展。**应当坚持分类指导、精准施策。财政补助，对财政困难地方的企业给予适当补助，优先保障供热中小企业平稳度过2021—2022年供暖季；政策支持，大型供热企业通过税收减免，保障企业正常运营。政府引导金融机构发展绿色金融，对清洁供热的中小企业给予低息贷款等政策，降低企业因购煤产生的负债，同时也可以逐步减少供暖企业对补贴政策的依赖。

5. **多元互补，提高清洁能源对煤的代替作用。**坚持因地制宜、清洁便利；安全生产，坚持节能提高效率；绿色低碳，优化热源结构，降低环境污染；多元互补，增加低碳能源利用。优先利用可再生能源，鼓励使用风能、太阳能，特别是生物质燃料供暖，不仅节约煤炭和企业能耗成本，还能降低热电联产调峰及城市非禁煤区的区域对煤炭的依赖。生物质燃料原料丰富，工艺简单，对煤的代替成本低。

建议单位：中国建筑节能协会清洁供热产业委员会

2021年10月15日

附件：建议相关单位名单

兰州市热力集团有限公司

济南热力集团有限公司

龙基能源集团有限公司

中环寰慧科技集团有限公司

北方联合电力有限责任公司包头第二热电厂

辽宁绿源能源环保科技集团有限责任公司

双良节能股份有限公司

北控清洁热力有限公司

同方能源科技发展有限公司

易普优能热力能源有限公司

张北华盈热力有限公司

赤峰和然节能科技股份有限公司

商都县恒汇热电有限公司

福建永恒能源管理有限公司

北京金茂绿建科技有限公司

北京首创热力股份有限公司

中瑞天新科技（北京）有限公司

附录二 关于避免煤炭供应缺口及高价影响冬季供暖的建议

一段时间以来，煤炭供应不足及价格居高不下，已造成部分地区“拉闸限电”，甚至十多年来没有出现过电力短缺的东北电网也出现事故性“拉闸限电”。由此我们担心，一旦北方地区在供暖季节出现供热燃料供应不足或者“拉闸限电”，势必影响群众温暖过冬。

冬季清洁供暖，关系北方地区广大群众温暖过冬，关系雾霾天能不能减少，是能源生产和消费革命、农村生活方式转变升级的重要内容，是重大的民生工程、民心工程，这是习近平总书记提出的明确要求。北方地区陆续开始供暖，而供热企业却面临两大问题：

一是由于煤炭供应不足，供热企业煤炭库存普遍偏低，多数企业库存量甚至不足往年的一半。据清洁供热产业委员会（CHIC）和清华大学的研究表明，北方地区供暖面积 218 亿平方米，其中城镇供暖面积 148 亿平方米，农村供暖面积 70 亿平方米。冬季供暖以燃煤为主的供暖面积约占 75%，年耗煤约 3 亿吨标准煤。由于煤炭生产满足不了消费需求，供需严重失衡，部分地区甚至出现有资金也买不到煤炭的极端情况。

二是煤炭价格大幅上涨，超出供热企业的承受能力。供暖价格由政府确定，供暖燃料价格则由市场决定。以往供热企业基本维持在微利水平，而在价格大涨情形下，供热企业普遍呈现入不敷出的局面。2021 年以来，全国煤炭价格大幅上涨，并持续高位运行，以供暖常用 5500 大卡动力煤为例，当前蒙西地区坑口价格约 1200 元/吨，较去年同期的 450 元/吨上涨了 750 元/吨，涨幅达到 167%；进口 5500 大卡动力煤，到港市场报价 1600 元/吨左右。以辽宁省沈阳市、甘肃省兰州市为例，供暖期为 5 个月，供暖收费分别为 26 元/平方米、25 元/平方米，按当前煤炭价格核算两地供热企业今年将分别亏损 10 元/平方米、11 元/平方米。换言之，供热企业的供热成本和供热价格严重倒挂。

总之，现在距离法定供暖季节还有不足一月时间，供热企业的煤炭储备、库存量普遍偏低，势必严重影响今冬的供热运行安全，甚至对居民生活和社会和谐稳定产生较大影响。

鉴于此，以供热企业持续运营为前提，为群众温暖过冬提供保障，建议如下：

1. **迅速开展供热企业煤炭需求普查，以便对北方地区清洁供暖地区的热源供需平衡做到心中有数。**清洁供热产业委员会（CHIC）愿意为相关调研工作提供支撑服务。

2. **敦促各地主管部门协调解决热源保障问题。**只有可靠的热源保障，才能避免类似“煤改气”“煤改电”工程推进过程中出现的群众不能温暖过冬的情形。结合国家清洁取暖政策，落实好供热终端建筑区域能效提升改造。

3. **研究供热企业和煤炭生产企业之间的直供机制，落实供热用煤中长期合同全覆盖，优先保障供热企业燃料充足供应，保障群众温暖过冬。**

4. **研究出台对供热企业的临时性补贴政策。**鉴于供暖的局部性或地域性特点，各级相关人民政府应主动承担责任，对供热企业按保本微利原则进行补贴。在可能的条件下，中央财政在舒缓中小企业困难资金中对财政困难的地方供暖进行补贴，以缓解煤炭紧张和供热成本倒挂问题，实现供热企业的可持续发展。

建议单位：中国建筑节能协会清洁供热产业委员会

2021 年 9 月 29 日

附件：建议相关企业名单

济南热力集团有限公司

兰州热力集团有限公司

唐山市热力集团有限公司

承德热力集团有限责任公司

秦华热力集团有限公司

龙基能源集团有限公司

北控清洁热力有限公司
中环寰慧科技集团有限公司
双良节能股份有限公司
联美量子股份有限公司
辽宁绿源能源环保科技集团有限责任公司
商都县恒汇热电有限公司

附录三　关于在边远农村地区推广生物质型煤及其炉具的建议

北方农村清洁供暖是重大的民心工程、民生工程。随着北方地区清洁供暖工作的深入实施，清洁供暖工作也已经进入下半场。总体上看，城镇清洁供暖进入扫尾阶段，而农村的清洁供暖已经起步，却是一块难啃的“骨头”。我国北方农村清洁供暖面临补贴依赖度过高、设备购置费高及售后服务有待提高、需求多元化等方面的问题。随着我国人均收入水平的提高，农村能源消费结构逐步由以薪柴为主向煤炭和薪柴为主升级，两者约占农村能源消费的69%。农村传统燃煤取暖不仅污染环境，增加了雾霾发生的概率，还易引发安全事故，燃煤会释放一氧化碳、氟、砷等有害物质，影响居民人体健康，甚至出现慢性蓄积性中毒事件。由于村镇居民炊事和取暖习惯各异，采暖用气或用电直接套用炊事用气或用电的阶梯价格会使得居民支出大幅增加，甚至超出居民的承受能力，影响人民群众生活质量的提升，阻碍人民群众追求更高品质的生活。边远农村人口流动性大，对其清洁供暖建设电力网络或天然气管道投资大，既不能用污染环境的散煤取暖更不能不取暖，而应从实际情况出发，现阶段采取清洁煤配专用炉具取暖，这样不仅可以减少污染，也是满足群众温暖过冬的最经济途径。为此，提出如下建议。

一、将生物质型煤及节能环保炉具纳入清洁供暖体系

为确保群众温暖过冬，中央和地方出台了一系列散煤治理政策。2018年，国务院印发《打赢蓝天保卫战三年行动计划》，明确要求“坚持从实际出发，宜电则电、宜气则气、宜煤则煤、宜热则热，确保北方地区群众安全取暖过冬”。

应站在战略和全局高度推进北方农村清洁供暖工作，从实际出发，因地制宜，寻找一种热源有保障、安全（不能出现群众煤气中毒事件）、清

洁（推广改进真实有效，不能带来乌烟瘴气的环境）、高效（热利用效率高）；既保证群众用得上，满足温度舒适、“温暖过冬”的需求，经济上又要能承受，运行能持续的清洁供暖方式。

出台切实可行的北方农村清洁供暖规划，突出“宜柴则柴”，将“生物质型煤”“洁净煤”与节能环保炉具纳入清洁供暖范围，以燃烧全过程污染物排放水平界定清洁与否，尽量减少政府补贴，要形成明确、稳定、连续的政策导向和预期，减少“兜底性”“过渡性”等政策给市场带来的不确定性。

二、起草边远农村地区应用的炉具标准，建立高效低排炉具及燃料产品数据库

应切实按照习近平总书记提出的“四个面向”和“两个更加”要求，尽快组织农村能源清洁利用的国家级科研团队开展科技攻关，研发北方农村清洁供暖需要的煤炭燃烧配比、技术和炉具。“洁净煤”技术仍是现阶段农村清洁供暖最经济、最有效的措施，也是农民愿意用、用得起的清洁供暖方式。

民用生活散煤消费的重点区域为农村，包括城中村、城郊和城乡接合部，主要用于采暖、炊事和热水。治理农村炊事采暖污染，一要少烧煤、烧好煤，使用洁净煤或生物质成型燃料。二要靠炉具技术创新。民用炉具不可能像工业锅炉一样加装脱硫脱硝等设备，既要控制煤炭质量，又要改进燃烧技术，推广“洁净型煤＋环保炉具”“生物质型煤＋专用炉具”等作为重点，推广清洁燃料及适配炉具，杜绝散烧、固体垃圾等的直接混烧，满足群众温暖过冬需求。

要构建标准体系，引领提升清洁供暖普及程度。基于经过实践检验的企业标准，由行业协会牵头组织专家研究并起草适合北方农村应用的炉具标准，要覆盖燃料、燃烧条件、污染物排放、残留物等内容，构建清洁供暖产品评价指标体系，力争形成更加贴近实际的清洁供暖行业标准乃至国家标准。

三、更精准政策实施，提升企业推广模式的精细化水平

完善招标规则，规范产品推广采购流程，既要依据企业论证和检测材料，更要听取用户体验和反馈意见，以降低取暖装置购置和运行成本；制定清洁供暖模式和推广方案，实施“一镇一策”“一村一策”，保障群众取暖安全、清洁、省钱。要加强企业信用管理，避免政策变化造成资金和资源的巨大浪费。在有条件的地方，开展基于数字化平台的清洁供暖服务体系试点。鼓励企业在推广产品时为用户加装一氧化碳报警器、物联网监控模块等，防范运行安全事故。

鼓励相关清洁供暖产品经营主体市场化发展。充分运用线上线下手段，定期在取暖季前开展覆盖面广的安全培训，通过现场演示、案例回放和问题分析等途径提高用户的取暖安全认知。专家调研发现，一种生物质型煤及专用炉具有超低排放（明显低于散煤排放）、高效率（热效率国内领先）、低成本（低于散煤）、稳定性能好（稳定燃烧）、用户评价好（恒温、干净、方便）等特点，并可经受随机检查，可在城乡接合部、农村、山区和半山区推广应用。

四、将环保达标的清洁供暖产品纳入采购目录

坚持实事求是，一切从农村实际出发。应当清醒认识到，我国城乡二元结构将在较长一段时间内存在。因此，农村清洁供暖不能照搬城市模式，而应坚持宜集中则集中、宜分散则分散的原则，从建筑密度、能源可供性、工程实施条件和一次性投入、经济可承受、居民生活习惯等实际出发，尊重农民意愿，选用合适燃料配上合适炉具，而不能硬压某种指标或某种产品，更不能搞“一刀切”。

生物质成型燃料加工、生物质清洁供热、生物质天然气等都应纳入农村用电支持范围。这样，更能促进我国农村实现能源革命，推行以生物质能为主要利用方式的绿色低碳、循环发展模式。

五、现阶段利用好清洁煤技术，逐渐形成多能互补的农村清洁供暖方式

北方农村清洁供暖具有长期性、艰巨性和复杂性等特点，不能操之过急，应通盘考虑。既要考虑热源供给的持续性和稳定性，又要依据技术和经济可行性比较技术的成熟度、能源利用效益、使用寿命等因素。在市场配置资源发挥主导作用的条件下，应减少不计成本推进和实施项目的情形，而将建设、运行和管理成本作为重要考虑因素。

从用户侧看，美好生活的诉求对用能多元化提出更高要求。要创新更有发展优势的多能互补方案，保证保护环境，降低成本提升效益。地方政府在执行清洁供暖规划时，应优先选取技术经济可行性高的方法，既可以提高群众满意度，还能减轻财政支出压力，可谓一举多得。相关企业要不断改进、提高，加强技术集成，增加清洁环保产品供给。应动员群众广泛参与，选择既舒适安全又能减少支出的清洁供暖方法，形成多元互补的清洁供暖发展新格局。

参考文献

[1]郑忠海．低碳供热路在何方?[J]．环境与生活,2021(Z1):108－111.

[2]孙健,等．碳中和目标下热泵技术应用现状及前景分析[J]．华电技术,2021,43(10):22－30.

[3]初雷哲,张衍国,严矫平．多流程循环流化床生物质锅炉在园区集中供热中的应用[J]．华电技术,2020,42(05):79－82.

[4]清华大学建筑节能研究中心．中国建筑节能年度发展研究报告2020[M]．北京:中国建筑工业出版社,2020.

[5]清华大学建筑节能研究中心．中国建筑节能年度发展研究报告2021[M]．北京:中国建筑工业出版社,2021.

[6]清华大学,中国建筑节能协会,世界银行．中国城乡清洁能源供暖技术路径与政策研究[R].2019.

[7]邱越,等．燃气吸收式空气源热泵运行性能与经济性分析——以石家庄某小区为例[J]．建筑节能(中英文),2021,49(10):76－81.

[8]胡亚飞,等．基于余热回收的燃气热泵系统高温制热特性[J/OL]．化工进展:1－17[2021－11－18].https://doi.org/10.16085/j.issn.1000－6613.2021－1869.

[9]清洁供暖的国际经验借鉴及启示[EB/OL].(2018－03－27).https://bbs.zhulong.com/104020_group_3000033/detail32504388/.

[10]宋玲玲,等．促进供暖能源转型的经济激励政策国际经验研究[J].中国能源,2020,42(01):39－44.

[11]郑新业,魏楚．南方百城供暖市场:模式、潜力与影响[M]．北京:科学出版社,2021.

[12]澎锦．丹麦区域供暖(DH)和热电联产(CHP)经验分享参考[EB/OL].(2015－07－09).http://www.china－heating.com/news/2015/

27419. html.

[13]宋晨晨,何继江,张浩然. 欧盟国家生物质能源供热利用综合分区——欧洲经验对中国的借鉴[J]. 中国人口·资源与环境,2021,31(5):67 -76.

[14]张知足,等. 热电联产应用技术国内外研究现状[J]. 北京石油化工学院学报,2020,28(2):29 -39.

[15]何斯征. 国外热电联产发展政策、经验及我国发展分布式小型热电联产的前景[J]. 能源工程,2003(5):1 -5.

[16]杨怡彤,付宇,吴景山. 农村清洁供暖的市场机制研究[J]. 建设科技,2021(19):68 -73.

[17]张寒. 余热资源行业发展现状分析,工业余热发展前景广阔"图"华经情报网.

清洁供热产业委员会（CHIC）简介

清洁供热产业委员会（Clean Heating Industry Committee ，CHIC），成立于2018年，是由清洁供热企业、产品设备生产商、节能环保公司及金融投资机构等单位和个人组成的跨地区、跨部门、跨领域的中国清洁供热行业协会组织，是中国建筑节能协会的分支机构，业务上接受国家发展改革委等部门指导。

CHIC 宗旨：宣贯清洁供热产业政策、引导市场有序合理竞争、促进产业健康持续发展。

CHIC 理念：共创、共享、共赢。

CHIC 任务：清洁供热产业政策和规划研究、行业标准制定、技术推广、融资服务、能力建设、品牌宣传、市场拓展、国际交流等。

CHIC 常设机构：CHIC 秘书处是日常工作执行机构，下设会员部、研究部、宣传部、融资部、培训部、国际部、综合部、合作部、法律中心等部门，办公地点在北京西城。

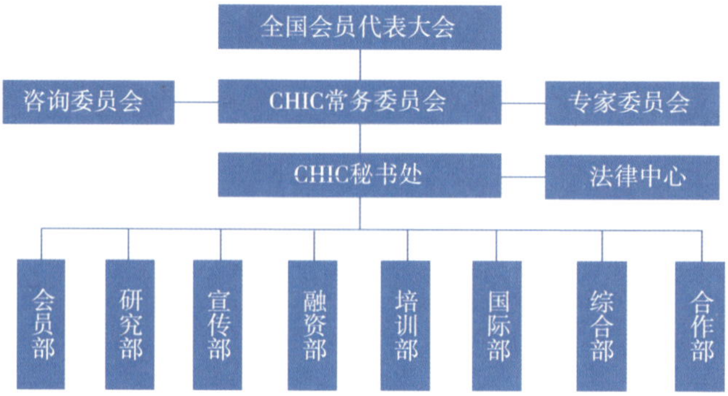

CHIC **咨询委员会主任委员：**刘燕华（国务院原参事、科学技术部原副部长）

CHIC **专家委员会主任委员：**綦升辉（住建部供热计量与节能工程技术研究中心主任、山东省节能技术研究院院长）

CHIC **主任委员：**周宏春（国务院发展研究中心研究员、原副巡视员）

周宏春，总理雾霾治理专项 15 人顾问组成员，中国循环经济 50 人之一，国务院特殊津贴获得者，国家林业和草原局应对气候变化专家咨询委员会成员等。长期从事清洁供热、资源环境和可持续发展等领域的政策研究，主持或参与国家级课题项目 100 余项，发表学术论文 500 余篇，出版著作 20 多部，先后获得中国发展研究奖特等奖、一等奖和二等奖，北京市人民政府科学技术进步二等奖等多个奖项，是我国著名的生态文明和碳中和研究方面的专家。

CHIC **会员类别：**会员单位分为常务委员单位、副主任委员单位和主任委员单位三个类别。另外设有个人会员，主要成员为清洁供热行业专家及学者。

产业公共服务平台：

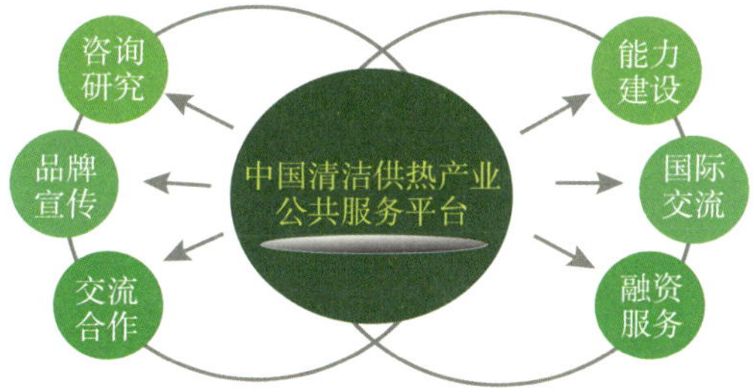

CHIC **品牌：**中国清洁供热产业发展报告、中国清洁供热产业峰会、清洁供热中国行、清洁供热服务认证、CHIC 清谈小会、CHIC 网络课堂、CHIC 周报等。

《中国清洁供热产业发展报告2019》

《中国清洁供热产业发展报告2020》

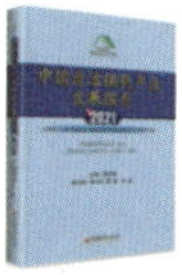

《中国清洁供热产业发展报告2021》

首届中国清洁供热产业峰会领导合影

首届中国清洁供热产业峰会现场

清洁供热中国行——泰安行

第二届中国清洁供热产业峰会领导合影

第二届中国清洁供热产业峰会现场

清洁供热中国行——永嘉行

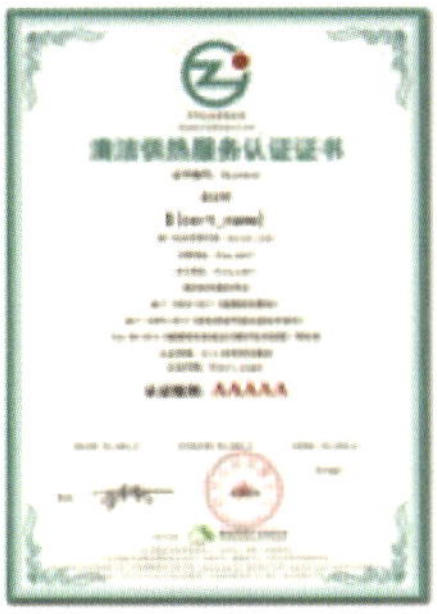

清洁供热服务认证证书（模板）

《清洁供热服务》团体标准立项

咨询服务：

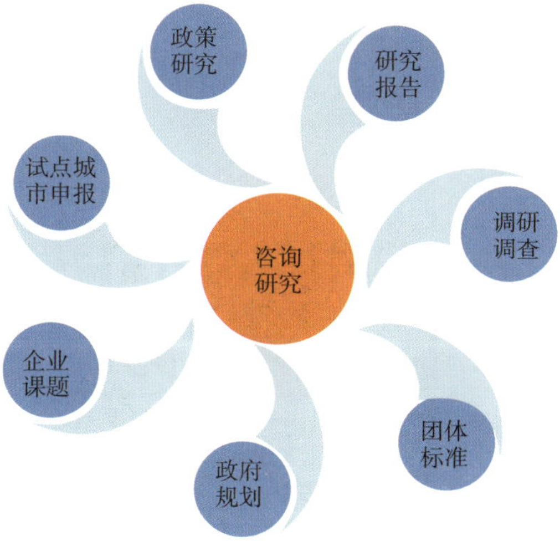

CHIC 办公环境：

联系人：周春（CHIC 秘书长）

邮箱：3262006361@ qq. com

网站：www. chic. org. cn

地址：北京市西城区月坛南街 59 号新华大厦二层

欢迎关注CHIC官方微信